Yonca T

KOŞMAK VE KENDİNİ BULMA SANATI

KOŞ YONCA KOŞ!

Sadife Hanım,

İsminizde tüm sihir!

Ta kendisisiniz!

Umarım kitabım sizin de

yol serdanınızla kesişir!

Yonca :)

LİTERATÜR HAYAT: 12

Koşmak ve Kendini Bulma Sanatı
Yonca Tokbaş

Yayın Yönetmeni
Senem Kaleli

Editör
Mesut Varlık

Düzelti
Deniz İpek Zeynioğlu

Kapak Tasarımı
Aylin Güler

Baskı Öncesi Hazırlık
Emel Atik

Birinci Basım, Temmuz 2024 (2.000 Adet)
İkinci Basım, Eylül 2024 (2.000 Adet)

Baskı ve Cilt:
Umut Matbaacılık San. Tic. Ltd. Şti.
Fatih Cad. Yüksek Sok. Başak Han, No: 11
Keresteciler, Merter - İstanbul
Sertifika No: 45162
Tel: (0212) 637 04 11

ISBN: 978-975-04-0991-2

Literatür Hayat, Literatür Kitabevi Basın Sanayi ve Ticaret Ltd. Şti.'nin alt markasıdır.

Sertifika No: 10846

Literatür Hayat
Katip Mustafa Çelebi Mahallesi, İstiklal Caddesi, Mim Han, No: 55 Kat: 4
Beyoğlu 34433 İstanbul
0(212) 292 4120
literatur@literatur.com.tr
www.literatur.com.tr

Yonca Tokbaş

KOŞMAK VE KENDİNİ BULMA SANATI

KOŞ YONCA KOŞ!

Literatür
HAYAT

Yonca Tokbaş, Ankara Lycée Charles De Gaulle Lisesi, ardından Boğaziçi Üniversitesi'nde İngiliz Dili ve Edebiyatı okudu. Sivil toplum kuruluşlarından, expat olarak taşındıkları Dubai'deki çok uluslu dünya devi şirketlere dek, çeşitli sektörlerde çalışma deneyimi var.

Hurriyet.com.tr, *Kelebek* ve *Elele*'de yazdı. Dubai'de Türk kadınlarının iletişim ağı "Sultans of Dubai" oluşumunu kurdu. Profesyonel koç ve danışman. Sanal Yazı Evi'nde yazı dersleri ve "Çöldeki Bereket" seminerlerini veriyor.

İlk kitabı *Karışık Kuruşuk Şeyler 2012* yılında Goa Yayınları tarafından yayınlandı. Permakültür tasarımcısı eğitmen. Ziyansızlığı önemseyen bir çiftçi ve bahçıvan. Çevresini kişisel çabasıyla harekete geçirerek TEMA ile oluşturduğu üç ormanı var. Şiddetsiz aktivist. Kovansız Arıcı yazarımız, "Arı Sevgisi Eğitimleri" marka ve içerik hakkı sahibi olarak arılar için arı gibi çalışıyor.

"4 Yapraklı Yonca" markası ile sağlık için içimlik, ödüllü bir butik zeytinyağı üreticisi. Kadın girişimci. Likya Yolu Ultra Maratonu'nun 256 km'lik parkurunu bitiren ilk 3 Türk kadınından biri. Yonca, olimpiyat meşalesi de taşımış. Venedik, İstanbul, 2 kez Paris, Amsterdam, Malta, Medoc, Dubai, Barselona maratonlarını koştu. Dünya patika koşularının olimpiyatı sayılan UTMB'ye katılma hakkı kazandı ve 56 km'lik OCC kategorisini koşup bitirdi. UTMB'nin 101 km'lik CCC kategorisine de katıldı, ancak bitiremedi.

TEGV, TOG, TOFD, TEMA, Buğday Derneği için koşarak rekor sayılan kaynakların sağlanmasına katkıda bulundu. Başarıyı keyifle çıkılan yol, yavaşlık, süreç ve o yolda gösterilen erdemler bütünü olarak gören Yonca'nın, TEDx'de "Kır Kabuğunu Çık!" ve "Düştüğüme Sevindim" konuşmaları var. Yazarımız sohbet muhabbeti çok sevdiğinden, aynı zamanda etkileşim odaklı bir konuşmacı.

Fransızca ve İngilizce bilen Yonca, Arda'yla evli. Çocuklarının adı Destina ve Aslan Cem. Bir maşallahınızı mutlaka alırlar.

www.4yaprakliyonca.com
4yaprakliyonca@gmail.com
Instagramı @4yaprakliyonca
Linkedin'i de var.
Spotify müzik listeleri çok hoş.
(Adı zaten "X" olanı bıraktı)

İçindekiler

2. Baskıya Önsöz

Merhaba Sevgili Okur,

Kitabımın şu anda elinizde olduğunu düşünmek büyük heyecan.

2016'da, bu kitabı yazmaya karar verdiğim ilk günden bugüne, 8 yıl boyunca, kendimden çok ümidi kestim. Kendi kendimi oyalıyor olmaktan, zaman kaybediyor olmaktan duyduğum kaygı, içimi sinsi bir kurt gibi kemirip durdu. Bir kitap kurdu olarak 8 yıl kurtlarla beraber yaşamışım.

Kitabımı elime alıp rastgele iki sayfanın arasına burnumu dayayıp çok sevdiğim taze kitap kokusunu içime çekince ayıldım.

Dokunabildiğim, görebildiğim, koklayabildiğim, sesimi duyup tadını çıkarabildiğim kitabım nihayet elimde.

8 yıl süren kitap yazma koşturmacam, çok etaplı bir başka ultra maraton oldu.

Kitabımı yazarken fikrimden saptım, yazıların içinde kayboldum. Bitiremeyeceğim diye perişan oldum. Meğer vazgeçmeden kendi hızımda ilerlemişim. Çocuklar, işler, eğitimler, hastalıklar ve hayat olurken azim ve sabırla kitabımı yalnız bırakmamışım. Yazmışım.

Burada ve kitapta özne her ne kadar ben olsam da dilediğiniz cümlenin başına kendi adınızı yazarak okumanız acaba nasıl olurdu?

Sanal Yazı Evi'nde yazı derslerimde bir metni, hikâyeyi kimi zaman sondan başa okur, okuturum. Kitabımı sondan başlayarak okumak da eğlenceli bir fikir. Her hikâye, her yol, her zaman ters yüz edilebilir. Bu kitabı "Samimiyette pazarlık olmaz." diyen Ercan Kesal'dan aldığım ilhamla, olabildiğince açıklıkla yazdım. Açık kalbin, güven bağlarımızı tazeleyeceğine inanıyorum.

Kitabımı basım için teslim ettikten sonra bir süreliğine unutmak istedim.

İnsanlar kitabımı okur mu, beni yargılar mı, hayal kırıklığı yaşar mı gibi düşünceler, tabii yine belirdi. Heyecanlarım, kaygılarım iyi ki var.

Kitap elime geçince, "Merak ettiğim konuda kadının biri bir kitap yazmış, adını da çok iddialı koymuş, bu ne ego?" diyerek elime aldım.

Okudukça bu kadının çocuk gibi olduğunu; abidik gubidik şeylerden korkabildiğini, ha bire bir şeylerden utandığını, kendini sürekli azaltmaya çalıştığını, her şeyi yapıp yine de yeterli hissedemeyip koşturup durduğunu gördüm. Boşuna "ultrACI" kelimesi icat edilmemiş olsa gerek. Aynı zamanda, "Bu kız büyümek için riskler alabiliyor," dedim. Aferin ona.

İlahi Yonca kız, dolu dolu yaşıyorsun, dedim. Yazarken çok ağlamıştım, okurken çok gülüp eğlendim.

Sevgili Okur,

Kitabım benden çıktı. Size vardı. Okurken ne hissedeceksiniz, merak ediyorum.

Yorum ve eleştirilerinizi paylaşın. Kitap çıktığından beri "Okuru bol olsun," diyenlerle, "Satışı bol olsun," diyenler ilgimi çekiyor. Ben iyi okurdan yanayım.

Sezen Aksu "Masum değiliz hiçbirimiz," demiş. Bence, yalnız da değiliz.

Kitabı dilediğiniz hızda, yerde, şekilde okuyun olur mu?

Yavaşlık ve durabilmek, bu devirde güç ve cesaret istiyor. Bu güç hepimizde var. Her çiçek kendi zamanında açıyor. 10 tohumdan bazen sadece biri meyve veriyor. Diğerleri asla ziyan değil. Toprak Ana'nın kucağında. Olması gereken yerde.

Sihirli slogan "Yeşil Düşün!"

Yol sizin. Nasıl ve ne zaman çıkıp gideceğinize, kalacağınıza, bırakacağınıza özgürce karar verebilirsiniz. Yolunuz açık, adımlarınız rahat olsun.

Evet, artık start alıyoruz. Geri sayım için fonda Orhan Gencebay çalsın o vakit.

"Arkadaşlar hazır mısınız?

Daha güzel, daha mutlu, daha adil, sevgi dolu bir dünya için, barış için, insanlık için...

Batsın bu Dünya!"

3-2-1...

Yonca

"Yolcu"

Her Şey Nasıl Başladı?

Yatakta yatıyorum. Pestilim çıkmış durumda. Kafamı toplamamın imkânı yok.

Oda loş. Ofis jaluzilerinden var yatak odamızda. Kirli beyaz. Pencereler kapalı. Jaluzilere bakıyorum yattığım yerden. Keşke eski kiracıdan kalma bu perde bile olmayan iğrenç jaluzileri değiştirseydim.

İkinci kez Dubai'ye tayin olduğumuzda gelip yerleştiğimiz ev burası. Kendi yatak odamda baygın yatıyorum. Neredeydim, nasıl geldim buraya, bu yatağa nasıl yapıştım?

İlk seferinde beş yıllığına gelip 11 ayın sonunda 11 Eylül olunca apar topar İzmir'e dönmüştük. Üzerinden 10 ay geçti geçmedi, haydi hoppa yeniden Dubai'ye taşındık. Üst üste ne çok taşınma! Yorulmuşum...

İlk taşındığımızda, kızımız Destina kucağımda, 52 günlük bebekti, lohusaydım. İkinci gelişimizde ne olur ne olmaz diye, daha az eşya ile geldik, tecrübeliyiz artık.

Az ne! Hiç eşya! Yok öyle yüz yıl yaşayacak gibi ev eşyaları bakmak. Her şey az, öz. İkea! O yüzden bu perdeleri değiştirmek bile saçma geldiydi. Değiştirsem iyi olacakmış!

Çok karamsar bunlar, ev gibi değil.

Ev neresi Yonca?

Kim Bu Bütün Dünya?

Daha Dubai'ye indiğimiz gece Arda'nın gösterdiği iş ilanına gönderdiğim özgeçmişimle ertesi gün İkea'da dolaşırken gelen telefonla iş bulmuş oldum.

Evi düzmeden, kızımı yuvaya yerleştirmeden dünyanın en büyük, çok uluslu şirketinde işe başlamak için kontrata imza attım.

Türkiye'de acılar içinde geçen on ay boyunca her gün iş arayan ve bulamayan Yonca nerde!

Bu işte bir acayiplik var. Kendi ülkemde bunca tecrübeyle iş bulamıyorum veya bulduğum işte verilen maaş, çocuğumu emanet edeceğim Abla'ya bile yetmiyorken... Dubai'de dünyanın en iyi şirketlerinden birine; "Çocuğuma yuva bulup yerleştirmem lazım," diyorum.

"Hay hay, siz bulup o alışana kadar dilerseniz haftada bir saat gelin, yeter ki başlayın," diyorlar.

"Bakın ben daha dün geldim, siz beni İkea'da evime yastık filan alırken aradınız, daha evim yok," diyorum.

"Hiç önemli değil, evinizi rahat rahat yapın, arada gelip burada olanları da gözleyin, yumuşak geçiş olsun, yeter ki 1,5 ay içinde tam zamanlı çalışmaya başlayın," diyorlar.

Gösterilen bu anlayış ve değer karşısında tam sevineceğim, ağlayasım geliyor. Böğürerek ağlıyorum, bu kirli gri jaluzileri parçalamak istiyorum. Yatak odamdaki bu ofis hissi ne fena. Soğuk. Gıcık. Özensiz... miyim? Özensiz mi oldum?

Yatakta hıçkırarak ağlamaya devam ediyorum.

Destina, salonda oyun oynuyor. Daha 2,5 yaşında, her sabah yuva kapısında ağlıyor. Ben ondan daha çok ağlıyorum. Sıkıyorum kendimi. İşe gitmem lazım. Kızımdan bir saniye olsun ayrı kalmak istemiyorum. En azından 7-8 yaşına kadar yanında olmak, anneliğime doymak, anneliğimi yaşamak istiyorum. Üstelik Türkiye'de değiliz. Zaten bütün sevdiklerimizden uzağız, bir de çocuğumu yuvaya bırakıyorum. Oysa daha çok küçük!

Lübnanlı Ermeni Madam Maha beni de Destina'yı da bağrına basıyor. Teselli ediyor. Anne gibi. İkimiz de onun koynunda ağlıyoruz her sabah. Sabah krizlerini aşamıyorum. Gözlerimi silip kızımı yuvada bırakıp işe gidiyorum.

Gurbet çok zor. Adı Dubai kadar şık olsa da, çok zor.

İşe gitmek lazım diyor bütün dünya. Kadınları daha çok iş sahnesinde görmek gerekiyor. Sahne. Ben de o sahnede olmalıyım. Çok çalıştım, çok para döküldü bana. Zeytinlikler, evler, apartmanlar yatırdı canım anam-babam eğitimime.

Kadınlara eşit haklar, "women empowerment" yani "kadınların güçlendirilmesi" adına moda laflar dolaşıyor ortada.

Ben burada yatağa yapışmışım, çocuğuma benden başka herkes bakıyor ve birileri bunun beni güçlendirmek, haklar ve eşitlik için olduğunu söylüyor. Eşit olacağım diye ezildikçe eziliyorum. Ağlıyorum.

Kim yahu bu bütün dünya; ne işi var benim yatak odamda, kafamda, kızımla aramda?

Sesleri duyuyorum.

Destina ile Sevda ne güzel oyun oynuyorlar. Gülüşüyorlar, kıskanıyorum. Çok canım yanıyor. Çişim geliyor sanki, emin olamıyorum. Her şey bulanık. Kim bilir nasıl bir eski kiracıdan kalma ofis jaluzileri var yatak odamızda.

Çok üzülüyorum.

İyi ki Sevda bizimle Türkiye'den geldi. İzmir'de bizim yanımızda, kızımıza bakmak için tam zamanlı çalışmaya başlayan, sevgi dolu, güvenilir bir insan. Kızım, kız kardeşim gibi. Anne yarısı bir Abla. İçim çok rahat.

Ve içim hiç rahat değil.

Ben çılgın bir iş kadını olacağımı önceden öngörüp bildiğim için, kocam da ayrı bir işkolik olduğundan, bu sefer tedbirli geldik.

Şansıma küfrediyorum. Belki de Sevda çok iyi olduğu için kızımla oyun oynamaya kalkacak hâli bulamıyorum. Bende bir sorun olmalı. Belki de beynimde ur var. İnsan yataktan kalkamayıp ağlayarak çişini altına kaçırır mı yahu?

Kesin Beynimde Ur Var!

"Arda beni doktora götür, acil!"

"Hangi doktora?"

"Beynimdeki uru bulacak birine..."

Jumeirah Beach Road üzerinde bahçeli, eski Muğla evlerine benzer, avlulu bir klinik var. En erken randevuyu oradaki GP, yani pratisyen hekimden buluyoruz.

Ayakta zor duruyorum, sürünerek gidiyoruz kliniğe.

Doktor beni dinliyor, dinliyor. Ağzıma, boğazıma, gözlerime bakıyor. Çubukla öğürtüyor. Göğsümü dinliyor. Nabzıma bakıyor. Derdimi anlatamıyorum doğru düzgün. Beyin tomografisi mi yaptırsak diyebiliyorum, ağlamak istiyor ağlayamıyorum. Koltukta jöle gibi sallanarak dağılıyorum.

Doktorun arkasındaki duvarda kocaman, sürüyle balık olan bir deniz-derya-okyanus resmi. Gözüm ona takılı. O denizdeki balıklardan kendimi alamıyorum.

Doktorun ağır İskoç aksanından ne dediğini anlamak için dudaklarına odaklanmaya çalışıyorum. Her şey çok zor.

"Önce kan değerlerinize bakalım. Bence kötü bir şey çıkmayacak. B vitamini ve demir düşük gelebilir. Hâlsizlik, odaklanamama ondan olabilir. Bence siz ağır bir depresyondasınız. İhtiyacınız olan beyin tomografisi değil, doğaya çıkabilmek, stresinizi dağıtabilecek bir şeyler yapabilmek; dinlenmek ve mesela spor. Spor yaparsanız iyi uyursunuz. Rahatlamak için ağlamaya ihtiyacınız var, terapiye gitmelisiniz diye düşünüyorum."

Atom bombası düşüyor suratıma.

Balıklar kendi okyanuslarında boğuluyor duvarda.

Bu ne biçim doktor! "Doğaya çıkmak"mış! Hadsiz İskoç. Sanki biz neredeyiz haberi yok. Burası çöl. Hava zebani sıcağı. 47 dereceyse, serin bir yaz günü. Deniz desen 44 derece. İşim çok yoğun.

Doğa nerede?

"Stresini dağıtmak," dedi. Tabii şekerim, kliniğini nasıl dağıtmamı istersin?

Spor diyor terbiyesiz. Sen biliyor musun ben kendimi bildim bileli spor yapan bir insandım.

DIM!

Bana spor yap diyor. Benim kolum kalkmıyor. Koltuğa yapışmışım!

Terapi mi?... Terapi olabilir. Birisine gidip öyle otursam karşısında, sanki iyi gelebilir.

Beynimde ur bulacağına, Arda'nın yanında, "depresyon olabilir" dediği için çok utanıyorum. Utanması gereken ben miyim, moda ve olması gerekenler baskısı yapan bazı dünyalılar mı, emin değilim.

Oysa daha yeni okuma-yazma öğrendiğim yaşımdayken Prof. Dr. Atalay Yörükoğlu'nun çocuk ruh sağlığı kitaplarını okuyup, benimle ilgili olabilecek kısımları özet olarak bir mektuba yazıp, annemle babamın ceket-pantolon ceplerine yerleştirirdim.

"Bakın bu doktorun yazdığına göre siz bana yanlış bakıyorsunuz..." gibisinden.

Terapi iyi fikir. Bu doktor o kadar da balık değil. Ama ya ur varsa beynimde ve atlıyorsak?

Kan tahlilleri sonucunda B vitaminlerimin yok olduğu, demirsiz olduğum anlaşılıyor. Takviye ve bir de antidepresan veriyor. Terapiye gideceğim diyorum, buluyorum birini.

O da Lübnanlı çıkıyor. Anadilimde ağlamayı, küfretmeyi, tıkanmayı özleyeceğimi daha bilmiyordum. Lübnanlı o pek hoş ve havalı doktora, beni acilen düzeltmesi için geldiğimi anlatıyorum.

Çok soru soruyor. Cevap veriyorum. Acelem var. Spor yapıp yapmadığımı soruyor o da. Ömrümce spor yaptım diyorum. Detay verirken ağzımın sularının hasretle aktığını hatırlıyorum.

Şimdiyi soruyor, şimdi spor yapıp yapamadığımı.

"Zamanım yok, olmadı, olmuyor, burada ne yapacağımı nasıl yapacağımı bilemiyorum," diyorum... Bu cevabı verirken içim burkuldu, çok iyi hatırlıyorum.

Bu doktorlar da amma takık spora. Beni neden zorlayıp üzüyorlar?

Birkaç seans gidiyorum. Sonra bir soru soruyor ve tek bir soruyla canımı çok acıtan bu doktora bir daha asla gitmemeye karar veriyorum.

"Yonca, kaç yaşından beri ailendeki herkesin annesisin?"

Ardından şunları duyuyorum, hayal meyal:

"Çok erken yaşta sorumluluk almak, çok yorucudur. Kendi çocuğuna annelik yapacak hâli kalmaz insanın. Doğum, iş-ülke-ev değişikliği, taşınma, yalnızlık hepsi çok kısa zamanda olmuş, çok doğal bir tükenmişlik yaşıyorsun."

Ne tükenmişliği? Ben niye tükeneyim? Süperiz biz. Süper yetiştik.

Tükenmişlik, "burnout" kelimesini ilk duyduğumda yıl 2002. Yıllar sonra, Meryem Uzerli ile Türkiye tükenmişlik sendromunu tanıdı. Magazin programlarında bir insanın tükenmişliği ile alay edilebiliyordu.

Çocukluğumdan beri en sevdiğim ve alışık olduğum, bedenimin de ruhumun da açlığını hissettiği spora geri dönmemi, gittiğim her doktor tavsiye ediyordu. İlaçların değil, doğaya, spora dönmenin bana iyi geleceğini söylüyorlardı.

Anladık.

Anladım ama yataktan kalkıp işe zor gidiyorum.

Ya-Pa-Mı-Yo-Rum!

Herkes spora, doğaya git diyor. Çöldeyiz, çölde!

Birinin arkasında duvarda okyanus ve balıklar. Öbürü zaten annelikten vurmuş beni. Beriki habire çölün ortasında doğaya git diyor.

Ne olmuş yani? Herkesin işi gücü, hayatı böyle. Bir ben mi çöküp tükenmişim... Ne boş, ne arızalı, ne şımarık, ne vefasız bir kadınım ben!

İlaçlar biraz iyi geliyor yine de. Zaten, yediğimin önümde, yemediğimin arkamda olduğu bu hayat içinde "tükenme" becerisi gösterdiğim için çok şımarık olduğuma karar verdim ve tükenmeye hakkım olmadığına inandırdım kendimi; keyfim geri geldi.

Keyfim geri geldi, kilom 46 filan oldu. Ağzıma lokma koyamıyorum.

Sex and The City izlerken Samantha karakteri kanser oldu o ara. Saçlarını kaybetmeye başladı kemoterapide. Ona o kadar içerledim ki gidip ben de belime kadar uzanan saçlarımı dipten kestirdim. Arda şoka girdi!

"Güzelim ne yaptın sen ya, yani güzel olmuş da... neden?"

"Samantha kanser oldu, Arda."

"Yonca, Samantha kim?"

"*Sex and the City*'deki Samantha yok mu, o!"

"Güzelim, dizideki Samantha'dan bize ne ya..."

Konuyu hemen değiştirdim.

Hayat öylece akıp gidiyor, herkesi farklı zorluyordu.

Arkadaşlar ediniyordum, ortamlar, muhabbetler yavan geliyordu, özel hayatıma dair kafam çok karışık, işime gelinceyse süper net. Dubai'ye uyumlanmaya zorluyordu hayat beni. İşimde çok başarılıydım. Yavan olan bendim.

İşimde gerçekten başarılıydım.

Boğaziçi Üniversitesi'nde çok isteyerek seçtiğim İngiliz Dili ve Edebiyatı'na Türkiye 43'üncülüğüyle girmiş olsam da, "Senin gibi zeki ve çalışkan bir kıza da yazık oldu," diyebilmiş olanlara inat, edebiyat diplomamı hor görüp işe yaramaz olarak değerlendiren her kendini bilmeze bir güzel nanik yapmıştım.

Kendimi öyle bir kanıtlamıştım ki... Şimdi desinler bakayım diplomama işe yaramaz diye.

İnanılmaz bir maaş. İnanılmaz bir paket. İnanılmaz imkânlar sağlayan dünya devi bir şirkette süper bir iş kadınıyım.

Alın size işte, alın!

"Yonca, İşteyken Doğuramıyorsun!"

Sporu çok özlüyor, biraz olsun yapmaya çalışıyordum. Ama alışık, tanıdık olduğum hiçbir spor ortamını bulamıyordum. Ne istediğimi de bilemiyordum.

Zaten "expat"* hayatı sürekli kendini güncellemen gereken bir hayat. Tam arkadaşın oluyor, alıştım diyorsun, hop tayin olup

* "Expat"; İngilizce "expatriate" kelimesinin kısaltmasıdır ve genellikle iş nedeniyle başka bir ülkede yaşayan profesyoneller için kullanılır.

gidiyor. Sürekli bir değişim. İnsan aidiyet duygusu peşinde koşmaktan perişan oluyor.

Spor salonlarındaki klimalı ortam çok boğucu. Üstelik çocuğumdan zaman çalıyordu. Dışarısı çok sıcak ve nemli. İçerisi buz gibi ve pencere dahi açılamayan bir fanus. İçim sıkışıyordu.

Sanki her şey vardı da ben yoktum. İyiydim sanki ama hayat konusunda beceriksiz gibiydim.

Bunlar yetmezmiş gibi ikinci çocuğumuz da olsun istiyorduk.

Ve!

İkinci kez hamileydim. İnsanlar hamile kalmak için uğraşır, bense denesek mi dediğim gün hamileyim. Allahım, bana verdiğin mucizelere müteşekkirim... Bir şey dilerken zaman konusunda da net olmalıymışız.

Şirket hamile olduğumu duyunca beni işten atar zannederken, bir havai fişek patlatmadıkları kaldı. Öyle bir kucaklandım ki...

Bu kucaklama ve sevgiye çok şaşırdım. Çünkü ilk hamileliğimde, Türkiye'de çalıştığım şirkette, bugünün "mobbing" kelimesi ile anılan şey, o zamanın normaliydi.

Türkiye'de o dönem çalıştığım şirketteki genel müdür, hamile olduğumu duyunca bana acıyıp ıyyyylayarak "off senin şimdi ayakların şişer, miden de gaz yapar," gibi cümleler kuruyor, ben de şaşkınlıkla "ama olsun, çalışmam lazım," diyerek çalışıp kalpten şişiyordum!

Hey gidi bir zamanlar.

Neyse, Dubai'de zıpkın gibi bir hamileydim. Çalışmaktan doğuramıyordum. Hamilelikte 42. haftama girerken, doğum tarihim üzerine bahse giren tüm iş arkadaşlarım kaybetti.

"Yonca evine git, işteyken doğuramıyorsun," dendi. Eve doğum için beklenen tarihten iki hafta sonra, son gün kalmışken gittim. Çünkü doğum iznim çok azdı. Dubai'de, Dubai'nin yerlisi olmayan bir kadına verilen doğum izni kuş kadardı. Kaybedecek tek günüm olamazdı.

Oğlumuz doğdu: Aslan Cem. Oyy canım!

Mememde oğlum, elimde bilgisayar, hem emziriyor, hem çalışıyorum. Marifet! Çocuk da yaptım, kariyer de!

Hadi, Sen de Gel...

Ben bu kitapta başka bir şey yazıyorum aslında. Çıktığım o depresyonların üstünden başka depresyonlar geçti. Bitti. Az yol aşındırmadım geçip gitmek için.

Her şey nasıl başladı diye yazayım dedim, hey mübarek yaz yaz bitmedi. Editörüm, "olsun, sen yaz" dedi. Yazıyorum...

İş çoktu. Kimin işi az olmuş ki! Ama ben işimin ne kadar çok olduğunu yıllar sonra işten ayrılınca anlayacaktım. İşten ayrılınca, yaptığım işleri yedi kişiye verdiler. Bununla da övüneyim mi, üzüleyim mi... bilemiyorum.

İçimde birazcık da böbürlenme var. Başarılı, aynı anda çok farklı işleri becerebilen bir insan olmakla övünüyorum. Şimdi, bu tecrübelerimin faydasını yaşıyorum. Zararının izlerine gülümsüyorum, gözlerim dolu dolu.

Arda, onca işi arasında her yakaladığı boş zaman diliminde, Dubai'nin ilk ve en büyük insan yapımı parkı olan Safa Park'ın etrafında Sarper ve Ömer'le buluşup koşuyordu. Bana da habire "hadi, sen de gel" diyordu.

Sinirleniyordum her gel dediğinde. Sanki hâlim mi var! Çocuklarımla zaman geçirmek için, o kalan son zamanımda da evdeyim.

Evde, yatakta, kanepede, pestilim çıkmış hâlde. Çocuklarımla oynamaya çalışıyorum. Oynuyorum ama yorgunluktan bitiyorum.

Arda parktan keyifle dönüyor. "Bir dahakine sen de gel," diyor.

O parka sadece çocukları göl kenarında dolaştırmak için zar zor gidebiliyorum. Nasıl da güzel bir park. İçinde binbir çeşit ağaç, gölet, piknik yerleri. Eski zamanlarda, çocukluğumda gittiğim Ankara Eymir Gölü ve hatta Güven Park gibi ama tek fark; insan yapımı, suni bir park. Yahu suni muni!

Park mı? Park.

Ağaçlar var mı? Var.

Kuşlar, bukalemunlar, papağanlar var mı? Var.

Tamam işte.

Meğer zaten New York'taki Central Park da insan yapımıymış, iyi mi! Keşke o seneler bunu bilseydim. Ne fark edecekti acaba?

İçimde "kendiliğinden doğal" olmayan şeylere neden böyle bir kesin yargı ve tepki vardıysa artık...

Hem Dubai saatiyle çalışıyorum hem Amerika. Gecem yok, gündüzüm yok çalışmaktan. Sağolsun, Aslan Cem de geceleri hiç uyumuyor. Saat kurmuşsun gibi 50 dakikada bir uyanıyor. Emziriyorum. Destinacığım nasıl tatlı ve hâlden anlayan bir çocuk. Çocuk hâlden anlamak zorunda olmamalı asla!

Ebeveyn, çocuğunun hâlinden anlamalı... Ah be, şimdi geriye bakıp bugünkü tecrübemle yaşayabilseydim o günleri diyorum. Nice anne gibi.

"Sultans of Dubai"

Bu arada depresyondan hiç bahsetmiyorum. Doğumdu, çocuktu derken yendim o depresyonu. Geçti o şeyler...

Bu yeni dönemde, evde ne pişireceğiz sorunsalı öyle dert ve yük oluyor ki bir çay saati buluşmasında, kadın arkadaşlarla bir e-posta grubu kurmak fikri doğuyor. Herkes ne pişireceğini yazıp paylaşacak, fikir oldu mu pişirmek de kolay olacak.

Pratik uygulamalar, ipuçları, Carrefour'a can erik gelmiş mi, dolmalık biber varsa haber vermek gibi şeyler yapacağız. Ayy, ne büyük rahatlık.

Adını ne koyalım bu grubun derken, seçim yapalım diyorum. Herkes fikrini yazsın yollasın, en çok oy alan isim kazansın. Ben de grubu kurayım.

7-8 kadın, isimler öneriyoruz. Arasından biri seçiliyor: "Sultans of Dubai" oluyor grubun adı.

Yemek tarifi, yol tarifi, kim nerede nasıl haberleşeceğiz, paylaşacağız derken, ben de işte nefes alıp azıcık geyik yapacağım.

Kurduğum bu grup gitgide büyüyor ve eşi benzeri olmayan bir samimiyette, örneklerini çok sonraları gördüğümüz bir kadın iletişim ağına dönüşüyor.

"Sultans of Dubai" Türk kadınlarının iletişim ağı, buluşma noktası, bugün bünyesinde 5.000'den fazla kadın üye barındırıyor.

Dubai Otizm Merkezi'nde 23 Nisan kutlamalarımızla sağladığımız bağışlar sayesinde bir özel çocuk odası yaptırıyoruz. Türkiye'de TEMA ile ormanlar, TEGV ile binlerce çocuğun eğitimine katkı sağlıyoruz.

(Dağılma Yonca. Onu da sonra anlatırsın. Hatta o başka bir kitap olur.)

İşte o günlerde, yine bir halsizlik, yataktan kalkamama hâli musallat oldu bana. Geliyordu yine gelmekte olan veya aslında hep orada olup hiç gitmemiş olan. Yorgunum. Yorgun olmak şımarıklık diyorum. Neyim eksik.

Sadece araya ikinci bebek, işte terfiler, yükselen ve artan sorumluluklar, artan seyahatler filan girmişti.

Günler geceleri kovalıyordu. Ben yine mi tükeniyordum... Çocuklarla zaman geçireyim diye evden çalışma saatleri de ekliyorum. Çocuklarımlayım, bilgisayarda. Zaten haşatım çıkmış. Oynuyorum onlarla, gözüm yatakta.

Of ne haksız ne anlamsız geliyor o tempo şimdi. Canım Yonca!

Çocuklarla şimdilerde bebeklik videolarını izlediğimizde, çok duygulanıyorum. O zamanlarda kendimi kötü anne, eksik anne olmakla döverken, meğer gerçek pek de öyle değilmiş. En zor, yorgun ânımda bile, biri düşüp öbürü berikinin saçını çektiğinde ne kadar tatlı ve şefkatli yönetmişim meğer durumu. İçindeyken hiç öyle gelmiyordu.

İnsan keşke o anlarda kendini izleyebilseymiş. Videolar ne olağanüstü bir kanıt. Neyse, bu kadar özşefkat ve kendime saygı, takdir yeter. Dönelim, koşmaya nereden ve nasıl başladığımın hikâyesine. (Ha gayret, Start'a geliyoruz.)

Arda'yı koşarken gördükçe "Yaşlandığında dizlerin ağrırsa, sakın şikâyet etme, sana bakmam. Koşmak dizlere çok kötü, çok sağlıksız," diyordum. Arda, Ömer, Sarper koşuyorlar habire. Sinir oluyorum.

Arda teklif ediyor. Kıl oluyorum.

Bir gün ısrarcı oldu. "Yonca, bari parkın etrafında yürü. Koşma. Sadece orada olmak bile iyi gelecek sana. Bir dene. Sevmezsen bir daha gelmezsin."

Çok çaresizim. Nefes almak istiyorum. Arda'yla vakit geçirmek istiyorum. Arda da benimle vakit geçirsin istiyorum. Çocuklarımı da istiyorum. Arda'yla beraber, Sarper ve Ömer ile buluştuğu Safa Park giriş kapısının oraya, midemde kramplar, gözüme tıkıştırıp sakladığım gözyaşlarımla, çocuklarımı sanki ebediyen terk etmişim gibi bir hisle gidiyorum.

Safa Park'ta İlk Koşumsu

Bu ne kalabalık!

Parkın etrafındaki koşu parkurunda yürüyenler, koşanlar. Parka girenler, çıkanlar...

Akşam akşam iş çıkışı ne yapıyor bu insanlar burada? Evlerinde olmaları gerekmez mi? Hayır hiç mi çocuklarını düşünmüyorlar? Kafam allak bullak. Avrupalısı, Hintlisi... Dubai ortamı işte, 40 milletten insan var.

Biz çocukken Avrupalılar için çocuğunu çok iplemez diyorlardı, "18 yaşına gelince bırakır bir daha bakmaz," filan. Oysa ben Dubai'ye geldiğimden beri gördüğüm Avrupalıların çocuklarla ilişkisi, iletişimi... gözlerim doluyor. Peki ya Hintliler? Onlar bizim gibi düşkündür çocuklarına... Düşkünlük ne ola ki?

Çocuğuna yapışmak mı? Kendini hayata ve çocuklarına borçlu hissetmek mi? Çocuklarına sürekli kendilerini de hayata borçlu hissettirebilecek bir annenin çocuğu olarak bakıp büyütmek mi?

Belki bu insanlar da kendi ülkelerinde olsalar, şu anda evlerinde çocuklarıyla olurlardı. Burada herkesin "yardımcısı" var. Ondan herkes parkta olsa gerek. Keşke ben de çocuklarımı getirseydim. Açılırdı herkes.

Hayat Ağacı'nın Kokusu

Hayatım sürekli işten eve koşmakla geçiyor. Ben evdeyim, çocuklar da evde. En fazla sitenin parkındayız, koşullu hapis sanki. Burada, Safa Park etrafında kocaman bir dünya var. Başka bir dünya. Ben bunu daha önce neden görmedim? Çok kötü, salak hissediyorum kendimi. Üstelik bu park, iş yerimin dibi. Yürüyerek beş dakika. Dubai'de bir yerden bir yere yürüyerek gidilmiyor ki! (O yıllarda öyleydi, sonra sokak hayatı kuruldu Dubai'de ve artık hava normalse bir yerden bir yere gayet yürünüyor.)

Moralim bozuluyor. Ben çocuklarımı iş çıkışı hiç böyle Safa Park'a getiremiyorum... Çok üzülüyorum, gösteremiyorum.

Arda, Sarper, Ömer bir güzel hazırlar koşmaya.

Ben de gülüyorum, gülümsüyorum. İçim ağlıyor. Ama olsun. Şimdi hiç bunları düşünüyormuş gibi yapmamalıyım. Kimsenin tadını kaçırmak istemiyorum.

Onlarla beraber start alıyoruz koşmak için. Sonra bir noktada, hızlanıyorlar. Benim nefesim kesiliyor. Çok iyi bir sporcuyum ve yine de erkek/kadın yarış kafalarına girmek istemiyorum. İyi koşamayacaksam asla koşmam. Zaten koşmak dizlere zararlı. Sinir oluyorum.

Yaşlanınca dizleri koşmaktan sakatlanmış bir adama bakmak istemiyorum. Bu ne fena bir cümle. Ama aynen böyle söylüyor ve hissediyorum.

Başladığımız yerde, arabaların orada buluşuruz diyerek, ayrılıyoruz. Ben yürüyeceğim. Belki şu köşeden geri döneceğim.

Safa Park'ı tarif etmeliyim: Kuş uçuşu göğe yükselin ve kocaman bir yuvarlak düşünün. Dört tarafında dört girişi var. Bu girişlerden sadece ikisi açık. Ana giriş kapısı kalabalık. Yürüme-koşma parkuru mis gibi, yumuşacık yapılmış, yastıklı bir zemin. Metreler işaretlenmiş, 50 metrede bir kaçıncı metredesin yazıyor. Parkın dış çevresinin üç alanı ağaçlandırılmış. İç çemberi de ağaçlarla dolu olduğundan genelde gölgeli alanda yürüyüp koşabiliyorsun. Sadece güneybatı cephesi, güneş batana kadar her daim güneş alıyor. O tarafa gelince yerden gökten yanıyorsun. O cephenin orta alanına doğru bir giriş kapısı var ve tam orada devasa, kocaman bir ağaç.

Ağacın ne ağacı olduğunu o zamanlar bilmiyordum. Adını kendimce "Hayat Ağacı" koydum. Devasa kolları sarkıyor dallarından. Doğduğu yer Amazonlar olsa gerek.

Parkın içinde suni bir gölet, çocuk parkları, köprüler, belediye kafesi gibi bir kafe, çocuklar için tren, bir zamanlar bizim fuar alanlarında gördüğüm aile boyu binip pedal çevirerek gezindiğin aile bisikletleri var. Ha, bir de çocuklar için bilgisayar oyunları olan bir alan. Alışveriş festivali zamanı deve, poni getiriyorlar. Çocuklar biniyor. Dönmedolap var, tiyatrolar kuruluyor. Çocuklarla burada *Peter Pan* izledik, *Pinokyo* izledik...

Parkın dış çemberinde, yürüme-koşma pistinde yürüyorum. Parkın içine hiç bu açıdan bakmamışım. Normalde arabayı ana kapının oraya park edip çocuklarla oyun parkına veya göletin oraya gidiyorum. Ardalar çoktan koşarak gözden kaybolmuş.

Hava alacakaranlık. Kimsenin beni görüp tanımasını istemiyorum. Sanki kim tanıyacaksa!

Az işim varmış gibi, yıllardır hayalini kurduğum yazarlığa nihayet başlamışım bir de.

Hürriyet gazetesinin internet köşeyazarı olarak her gün yazılar yazıyorum. Kurumsalda çalışmak yetmiyormuş gibi, bir de her gece yazı yetiştiriyorum. Sanki yetiştirmedim diye boğazıma basan var. Çok sevdiğimden yazmayı, her gün, bazen gündeme göre günde iki-üç yazı yazıp yolluyorum. Delilik!

Ve baĞzı insanlar beni *Hürriyet*'te yazarım diye sevmeye başlıyor. BaĞzı insanlar ise, beni hiç tanımadan sırf *Hürriyet* yazarı olduğum için benden nefret ediyor. Çok garip bir deneyim.

Yazarak bir türlü "ünlü" gibiyim. Ben böyle bir şey istemedim. Belki istedim. Ama böyle bir şey olacağını hiç aklıma getirmedim.

İnsanlar yazılarımı seviyor. Çok okunuyorum. Gazetede birileri rahatsız olmuşmuş. Bunları da uyduruyorlar bence. Medya dünyası sen böyle şeylerle gaza gelince atışan gazeteciler şeysinden reyting yapıyor.

Ben yazmak istiyorum sadece! Sadece Yoncayım yahu, diye diye gözlerim doluyor yürürken. Bunları düşünmek de istemiyorum. Ben buraya parkın etrafında rahatlamak için yürümeye geldim. Yürüyorum.

Çok Özlüyorum Memleketimi

Sürekli birileri beni solluyor. Bazı yerlerde ters yönden koşarak gelenler oluyor, yol vermeye çalışıyorum. Bilgisayar oyununda gibiyim, kimseye çarpmadan, can kaybetmeden hayırlısıyla şu buluşma noktasına bir gelsem rahat edeceğim.

Yürürken görünmez olmak isteğim azalır gibi olduğu bir an, hep sol tarafa; yola, caddeye baktığımı fark ediyorum. Amma çok trafik var. Araba egzoz gürültü kirliliği. Çok sinirliyim. Öfke büyüyor içimde.

Ne saçma! Bu kadar trafik gürültüsü içinde yürüyüp nasıl iyi olacağım. Tamamen saçmalık. Çok sinirliyim, çok kılım, çok gıcığım, çocuklar evde, vicdan azabı içindeyim. Yorgunum. Ardaları kıskanıyorum. Ne güzel keyifle basıp gittiler.

Erkek işte. Genelleme yapmak, gizli öfke belirtisiymiş. Bende her şeyin belirtisi var.

Bir yandan da arka planda, derin derin, bir tür ıhlamur kokusu alıyorum. Yıllar olmuş ıhlamur kokusu duymayalı. Kafamı kaldırıp ağaçlara bakıyorum. Karanlıkta ağaçları seçemiyorum. Kesin ıhlamur ağaçları var buralarda bir yerde. Olamaz böyle büyüleyici bir koku.

Birden trafiğin gürültüsünü duymaz oluyorum. Yürürken sağıma, parkın içine kayıyor dikkatim. Ne güzel bir akşam. İnsanlar çimlerde futbol oynuyor, tenis kortları dolu. Çocuklar koşturuyor. Mangalda et pişirip piknik yapanlar var. Pes! Bu sıcakta, bu nemde mangal başında neyin kafası, delirmiş insanlar!

Solumdan birileri koşarken sohbet ederek geçiyor. Karşıdan dört kişi yan yana geliyor. Koşuyorlar. Yaklaştıklarında konuştuklarını seçmeye başlıyorum.

Birinin sevgilisini çekiştiriyorlar, kahkaha atmak için duraklayıp gülüşüp tekrar koşmaya başlayıp yanımdan su gibi geçip gidiyorlar.

Ayol bu nasıl iş. Koşmak yetmiyor, bir de sohbet ederek koşmak. Gıybet ve koşu...

Şaşkınım. Anlamaya çalışıyorum.

Benim koşuya dair bildiğim şey, Ankara Anıttepe Atletizm Pisti etrafında, dilim dışarıda yarışmak zorunda kaldığım spor dersleri. Geçilmeyi sevmiyorum. İyi koşuyorum. Birisi beni geçerse hırsımdan delirmek yerine, koşmayı bırakıyorum. Bacağım filan ağrıyor hemen.

Parkın kuzeydoğu kısmına geldiğimde, karanlık bastırmış durumda. Ağaçlar uzanıyor önümde. Marmaris'teki Âşıklar Yolu geliyor aklıma. Ne güzeldir o yol... Gözlerim doluyor. Çok özlüyorum memleketimi.

Şu iki ağaç arasında koşsam, nasıl olsa kimse görmez diyorum. Metrelere bakıyorum, iki ağaç arası yaklaşık 10 metre. Beş ağaçta bir 50 metre çizgisi var, on ağaçta bir 100 metre işaretli.

Hmmm... Hazır kimse yokken...

1-2-3 Koş Yonca!

İki-üç ağaç arası öyle bir koşuyorum ki, "kimse görmesin ama gören olursa da bana öyle hayran olsun ki Milli Olimpiyat Komitesi kupa versin"mişcesine koşuyorum.

30-40 metre sonunda nefesimle beraber kalbim bedenimden patlayarak çıkmak istiyor. Babam belki de böyle kalp krizi geçirip öldü. Öleceğim burada ve çocuklarım evde!

Neyse, gören olmadı. Ölmedim de. Gelenler var az ileriden. Sanki çok iyi koşmuşum havasına bürünüp, nefesimi içime tıkıp yürümeye devam ediyorum.

"Yürü-Koş" dedikleri bir şey yaptığımı çok sonraları anlıyorum. Meğer böyle bir yöntem varmış ve insanlar bu "yürü koş yöntemi" ile maratonlar koşuyormuş. Bense bunu iki-üç sene sonra öğreneceğim.

O ilk ölüyormuşçasına koştuğum 30-40 metre sonrası birkaç deneme daha yapıyorum. "Bu sefer daha az ölecek gibi koşayım bari," diyerek. Bir de bakıyorum, kimsenin umurunda değilim.

Kimse beni görmüyor. Allahım, işte bu! Görünmez oldum ben! Yok olduğum, görünmez olduğum bir zaman dilimi bu... Benim zaman dilimim.

Kendime ve parkın her yerinden fışkıran şahane kokulara odaklanmaktan çok, kimin bana nasıl baktığına, beni nasıl değerlendirdiğine kafa yorduğumu o an fark ediyorum.

Bunları düşüne koklaya... bir bakıyorum, başladığım noktaya gelmişim bile.

Yerde 3.417 metre yazıyor.

A-ah! İ-na-na-mı-yo-rum.

Ardalar meğer çoktan iki tur dönmüş, onlarla buluşuyorum. Herkes çok keyifli. Benim kafam karışık. Ben ne yaşadım bu parkın etrafında, emin değilim. Çocuklara, eve dönelim de hele...

Bir dahaki sefere onları da getireceğim... belki de getirmem. Belki bir sonraki sefer birkaç ağaçtan daha uzun koşmayı denerim. Bakalım.

Sadece şundan eminim: Bir saat önce şu çizgide başladığım gibi değilim. Daha rahatlamış hâldeyim. Kokular mis gibi. Trafiği değil, kuşları duyuyorum.

Keyifli bir yorgunluk var üstümde. Ihlamur kokuyor hava.

O gece deliksiz uyudum.

İlk Halk Koşusu: Dubai, 4 Km

Bir iş için İstanbul'a gitmiştim. Distribütörleri ağırlayacaktık. Perşembe gecesi İstanbul'dan döndüm Dubai'ye. Eve.

Dubai'nin artık ev olması garip geliyor, anlaşılan kabullenmişim. Nerden baksan 5... olamaz, 6 yıl.

6 yıldır Dubai'deyiz, öyle mi!

Seyahat dönüşü eve gelip çocuklarıma bir sarılışım var ki, off, onların da bana sarılmaları... Sanki aylarca görüşmemişiz. Hepsi hepsi üç gün yoktum.

Ülkeler arası ayrılmalar daha zor. Hani bir ihtiyaç olsa, ülke aşırı yetişmek gerek. Çok ürkütücü. Bir yandan da Türkiye-BAE arası dört saatlik bir uçuş. Çok şanslıyız. İnsanlar okyanus aşırı özlem çekiyor.

Akşam Arda gelip; "Yonca, bir koşu yarışı varmış bu haftasonu, biz koşuyoruz. Ömer, Ayşe'yi ben de seni Dubai Halk Koşu-su'na yazdırdık, 4 km koşacaksın..." diyor.

E ama! Ben daha parkın etrafında iki kere yürümüşüm, toplamda 100 metre ya koşmuş ya koşmamışım, adam gitmiş beni 4 km'lik yarışa yazdırmış!

Daha neler! Çok sinirleniyorum. Sinirli ve sevinçliyim.

"E artık parka mecbur antrenmana gelirsin. Yaparsın sen yahu. Zaten sporcusun. Azıcık antrenmanla kesin çok iyi koşarsın. Hadi hadi, çok eğlenceli olacak, millet çoluk çocuk koşuyormuş, biz de deneyip görmüş oluruz."

Dilim tutuluyor.

İçimde hırs, öfke, sevinç, üzüntü, vicdan azabı, endişe, suçluluk ve nedense hep bir acıma duygusu. Kendime mi acıyorum, tam kestiremiyorum. Suçluluk ağır basıyor. Ev ve iş dışında ne yaparsam yapayım kendimi kötü, beceriksiz, işe yaramaz ve suç işlemiş gibi hissediyorum.

Haftasonu dedi. Aman Tanrım! Sadece beş günüm var. Beş günde 4 km koşmaya insan nasıl hazırlanır! Ayşe'yle konuşup çalışmaya karar veriyoruz.

Gidip Safa Park etrafında koşmayı deneyeceğiz. Deniyoruz. Aynı akşamın gecesi, çocukları yatırıp kalkıp parka gidiyorum. Bin küfürle. Gecenin o saatinde bile parkta kalabalık bir spor dünyası var. Şaşkınlığım bitmek bilmiyor. Akşamın on buçuğunda millet koşuyor, yürüyor maşallah.

Başlıyorum bir azim, bir sıkıntı yürümeye. Başka çare yok. Haldır haldır yürüyorum. Bu sefer başım ve kulağım daha fazla sağa, yani parka dönük. Çok ışıklandırılmış köşeden, ışığı neredeyse olmayan tarafa dönünce, yani o ağaçlı yola, bakıyorum kimsenin yüzü gözü pek belli değil, başlıyorum daha yavaşça koşmaya. Minnoş adımlarla. Çok heyecanlıyım. Gelen gidenle göz göze gelmemek için, başımı eğiyorum. Kimse tanımasın beni. Ben de onları görmeyeyim.

Yanımdan geçenler bana "Selam," diyerek geçiyor. Yahu ben yüz vermiyorum, onlar hâlâ selam melam. Sinir oluyorum. Devam diyorum, Yonca. Kimseye bakma. Koşmayı dene.

Velhasıl, ben o akşam ve sonrası etrafımda kim var kim yok bin soru soruyor, bulduğum ne varsa okuyarak anlamaya çalışıyorum. İşten çık eve gel, çocuklarımla yemek, kitap, onları yatır ve atla arabaya Safa Park etrafına. O beş gün beş gece nasıl geçti bilmiyorum. Her seferinde parkta biraz daha rahat, biraz daha fazla ağaç arası koşabilir gibi hissediyorum. Parkın etrafı çok güzel kokuyor. Ağaçlar gündüz ayrı, gece ayrı güzel geliyor.

Ağaçları görmeye başlıyorum yani. Çocuklar da keyifli, onlarla rahatlamış gibiyim... Parka gidip antrenman yapacağım diye anlatıyorum. Nasıl denedigimi, neler yaptığımı, nasıl kaç ağaç daha koştuğumu... Sorular soruyorlar. Konumuz, kafamız, muhabbetimiz değişiyor. Çok büyük bir şey değil gibi ama büyük bir his.

Son Gece...

Ve o son gece geliyor. Ertesi sabah kalkıp hayatımın ilk koşu yarışına gideceğim.

Göğüs numarası içeren bir zarf alıyoruz, yarış öncesi kit dağıtılan World Trade Center fuar alanından. Aman Allah, o nasıl kalabalık! Kaç kişi koşacak bu yarışta?

Zarfın içinden göğüs numarası, bir plastik çip, çengelli iğneler ve broşür çıkıyor. Tuvalete girip zarfı açıyorum. Sanki gizli bir evrak elimde. Rahatça okumak, anlamak istiyorum ve bir anne olarak tek sığınağım tuvalet.

Broşürde koşu öncesi beslenme bilgileri var. Bir gece önce makarna yiyin diyor. Offf, hemen makarna yapmam lazım. Akşam yemeğinde makarna yok ki! Bak işte şimdiden hatalı ve eksiğim. Sabah için de proteinli bir şeyler diyor, omlet mantarlı olabilirmiş.

Çok kuvvet toplamam lazım. Nasıl olacak? Hemen aşağıya, mutfağa koşuyorum. Acele makarna buluyorum. Haşlıyorum bir koca tencere. Makarna yemem lazım. Karbonhidrat alıp güçlü olmam lazım.

Hayatımda yemediğim bir koca tencere makarna yiyorum. Patlayacağım.

Boğazıma kadar karbonhidrat oldum. Bu mideyle nasıl koşulur!

Kardeşim Fuat'ı arıyorum, o çok iyi sporcu. Ona soruyorum; "Ben ne yapçam Fuat, mahvoldum!"

"Abla sakin ol," diyor.

Bana çok uzun zamandır hiç duymadığım şeyleri söyleyip çok acayip bir şeyler hatırlatıyor:

"Ablacım, sen zaten hep çok iyi sporcuydun. Çok rahat yaparsın. Kasma. Makarna iyi olmuş da biraz fazla olmuş sanki. Olsun. Önce hızlı başlama. Bir ritim tuttur. Metronom düşün. Tik tok tik tok. Hep aynı ritimde koş. Başladığın gibi. Bitirince zank diye birden durma. Durursan oturma. Oturursan da sakın uzanma. Bitirince yavaşlayana kadar koşmaya devam et. Yavaş yavaş, yavaşla ve dur, tamam mı? Hadi iyi eğlenceler."

E, ben aslında bunları bilirdim... Kardeşim bana iyi sporcu olduğumu hatırlattı.

Çok içime dokunuyor iyi bir şeylerimi hatırlamak.

Yatıyorum. Uyumak imkânsız. Sabah beş civarı uyanıyorum. Mantarlı koca omlet. Deli gibi yiyorum. İçim dışım yumurta oldu. Tuvalete çıkamıyorum. Çıkmak lazımdı. Makarna tıkadı. Üç hafta çıkamam, net.

Heyecandan normal değilim. Arda çok rahat, benim onu görecek hâlim yok.

Gidiyoruz starta. Olamaz! Bu gerçekten olamaz. Binlerce kişi var. Binlerce ve rengarenk insan.

Start alıyoruz Ayşe'yle. Konuşup kendimizi rahatlatmaya çalışıyoruz. Ne mümkün. Ortam panayır yeri.

Sadece, sürekli *Peter Pan*'daki saat yutmuş timsahı düşünüp "tik tok, tik tok" diyerek bir ritimde koşmaya çalışıyorum...

Kalbim sıkışıyor, sıcak basıyor, binlerce insan haldır huldur koşuyor. Kimisi yürüyor. Utanmıyorlar yürümekten.

Devam ediyorum.

Tik tok.

Tik tok.

Tik tok.

Yanımdan önümden insanlar geçiyor. Ama ben de birilerini geçiyorum. Koşuyorum resmen. Yürüsem azıcık, öyle rahatlayacağım ki ama yürüyemem.

Ter boşanıyor üstümden başımdan. Çok zorlanıyorum. Ağzımdan burnumdan mantarlı yumurta çıkacak, makarna kulaklarıma doğru ilerliyor. Bir daha tövbeler olsun makarna yersem... mantarlı yumurta ne arkadaş sabahın köründe.

Düşününce bayılacak gibi oluyorum.

Hâlâ koşuyoruz.

Koşuyoruz...

Tik tok.

Tik tok.

Tik tok.

Metronom ol Yonca.

Ritmini bozma.

Çok zevkli bu iş, etrafımda gördüğüm insan selindeki mutluluk çok başka. Herkes gülümsüyor. Selam veriyor, koşuyor. Arada koşmayı bırakıp yürüyen var. İleride yeniden koşmaya başlıyorlar. Onları taklit edesim geliyor, yapamıyorum. Bana yasak o. Kim koydu o yasağı bilmiyorum. Ama çok kesin bir yasak ve ben yasağı delersem hapse girebilirim.

Koş Yonca, koş, diyorum.

Koş Yonca Koş!

Baygın, Şaşkın ve Mutlu

Finiş görünüyor.

Bariyerler arkasında, tribünlerde insanlar sağlı sollu nasıl tezahürat yapıyorlar. Başım dönüyor.

Heyecan, tik tok, kalbim, tik tok, ayaklarım, tik tok...

Arda'nın bağırdığını duyuyorum...

"Süpersin Yoncaaaaa!"

Ve finişi geçip, zınk diye duruyorum.

Sıcaktan bayılacak gibiyim. Başım dönüyor, kulaklarım zonkluyor... Ahh Fuat birden durma demişti, kahretsin.

Şuraya bir otursam, çok ihtiyacım var oturmaya. Birisi madalya takıyor boynuma.

Yok artık, madalya da mı verdiler. Kaçıncı oldum ki ben, sona yakınımdır. Binlerce kişide kaç kişi sonuncu acaba? Sadece ilk üç olduğunu düşünürsek, kalan herkes sonuncu mu yani, ben dahil.

Oturuveriyorum yere... Offf ikinci hata.

Başım müthiş dönüyor. Yatmam lazım. Yonca yatma, yatma Yonca... Yon...

Yattım bile asfalta. Gözüm kapanıyor, kulaklarım uğulduyor. Yıldızları sayıyorum...

Biri su veriyor, içmek için kıpraşıp kalkıyorum.

Hayatımda ilk defa 4 km koştum.

Mutluyum.

Baygın, şaşkın ve mutlu.

Her Şey Nasıl Gelişti...

Hayat tam da buymuş dediğim her şeyin, koşuyla bu kadar özdeşleşeceğinden hiç haberim yoktu. Dubai'deki ilk 4 km koşumu 18 Ocak 2008'de koşmuşum. O koşunun sonundaki baygın ve mutlu hâlimi halen unutamıyorum.

Evden, istemediğim işlerden, olmak istemediğim yerlerden, katılmak istemediğim muhabbetlerden ve toplantılardan, suç işliyormuş gibi hissettiğim uyuklamalardan bile kaçmanın en yasal ve üstelik takdir edilen yolunu bulmuştum: Koşmak!

Koşmak için antrenman yapmak. Spor. En sevdiğim arkadaşımla yıllar sonra yeniden buluşmuş gibiydim. Dubai'nin o 180 milletten rengârenk insan cümbüşü içinde kendimi nasıl bu kadar yalnız, neden bu kadar sıkışmış hissettiğimi; evliliğin, aile olmanın, çocuk sahibi olmanın böyle bir şey olmaması gerektiğini düşündüğüm sırada, en iyi bildiğim şeyle sokakta karşılaşmıştık.

Bugünkü benden o günkü kendime, ihtiyaç ve çaresizliklerime, henüz büyüme sancısı çeken o gencecik bencağıza baktığımda yaptığım muhasebe içinde bu gerçekler de var. O zamanlar bu kadar net ifade edemiyordum. İfade etmemek, yüzleşmemek için de koşmaya başlıyordum.

Bunu şimdi biliyorum.

O 4 km'den sonra bir şeyler oldu bana. Koşarken etrafımda gördüğüm insanlar beni çok etkiledi. Binbir milletten, renkten insanla birlikte...

Yarışa giderken ne giyeceğimi çok dert etmiştim. Koşuya uygun bir tayt, marka. Koşuya uygun bir ayakkabı, marka. Koşuya uygun bir tişört, marka. Uygun olmakla ilgili ne derdim vardı? Hatta kılık kıyafeti koşuya uygun olmayanları görünce onlar adına utanmıştım. Ben neyle rahat ederim diye düşünmekten çok; bir yere, birilerine uymak için yorgundum. Yürümek fikrini aklıma getirmeyi bırak, insanlık suçu işleyecekmişim gibi utanıyordum bu fikirden. Ne biliyordum koşmak adına? Bu utanç ve birilerini iyi, birilerini aşağı görmek nereden gelmiş yerleşmiş bana?

Oysa koşarken gördüğüm yüzlerce insan, evinde ne varsa onunla koşuya gelmişti. Eğlenmeye, takılmaya, o an orada olmaya, ânı yaşamaya gelmişti.

Kafamda sayısız sorular, yüzleşmeler... Depresyonun içinde bir yerde bu düşünceler beni neyin çok bunalttığını yüzüme vurup içinden güller bitirecek gibi geliyordu. Ama yine de hiçbir yere gitmiyordu o depresyon. Kapı gibi duruyordu içimde bir yerde.

Bir huzursuzluk. İyi gitmeyen, bana uymayan bir şeyler vardı ama üzerinde durup başıma iş açmak istemiyor ve çok korkuyordum. Türlü çeşitli terapiler deniyordum. Kendimi iyileştirme çabamdan da geri durmuyordum. Hatta hipnoterapiye bile gittim. Çok acayipti. İnsan büyükken de küçük bir çocuk.

Babamla olan ne var ne yok karşıma çıktı dikildi. Üç saatlik seans boyunca ağlamış olmalıyım.

Baba, neden bana güvenmedin, diye ağlıyordum karşımda duran babama.

Kızım ben sana değil, çevreye güvenemedim, diyordu.

Neden bana söylemedin, diye bağırıyordum.

Kızım insanın çocuğu olunca, çamaşır makinası alınca verdikleri gibi bir kullanma kılavuzu vermiyorlar, bunu sana söyleyebileceğimi bile bilmiyordum, diyordu babam.

Allak bullak bir uyanış oldu o seansta.

Kendime güvenmek, hayata güvenmek ve yapmak istediklerim için kontrolü ele almakla ilgili yükleme yaptı bana hipnoterapist.

Koşacaktım... koştukça beynime oksijen gidecek, güvenim yerine gelecek, kimse beni daha fazla incitemeyecek, beni inciten gerçekleri de koşarak geride bırakacaktım ve hayatımın kontrolünü elime alabilecektim...

Hiçbir Şey Ne Demek?

Aylar geçti, Ramazan geldi. Kurucusu olduğum "Sultans of Dubai" kadınlarıyla beraber iftarda buluştuk. İş, işten artakalan çok az zamanda çocuklarımla olmak ve daha da artakalan zamanda yatakta ziftte eriyen böcek gibi uyumak dışına kendimi çok zor attığım o gün, içim sürünürken, "çok iyiyim ben" görüntümü takınıp "-mış" gibi yaparak iftara gittim.

Daha İstanbul Flower Restoran'ın kapısından içeri girerken bir kadın dikkatimi çekti. Kadın çok dik duruyor. Vücudu nefis. Çok iyi sporcu, diyorum içimden. Bir fırsat doğuyor, yanına gidiyorum, tanışıyorum. Adı Dalya, pilates hocasıymış. Türkiye'de üniversiteye ilk 100'den giren cevher mühendislerden. Aşk işte, eşinin peşinde o da Dubai'ye gelmiş, diğer birçok örnek gibi.

Dalya bana kartını veriyor. Hayatımda, bir insanın kartvizitinde "Pilates Hocası" yazacağı hiç aklıma gelmemiş. Kartvizitten ve bu profesyonel ciddiyetten çok etkileniyorum. Bugün, yıl 2023, Kasım ayının son günlerinde bu satırları yazarken fark ediyorum ki ben o günkü o kartvizitten aldığım cesaret ve ilhamla daha yeni bu sene, onca yıl sonra, ilk defa kartvizit bastırdım ve üzerine yaptığım tüm işlerle ilgili kimliklerimi özgürce yazdım.

Eve dönünce, Dalya'ya bir mesaj attım. Pilates dersleri hakkında bilgi almak istedim. Ben de dik durmak istiyordum. Beni yatağa mıhlayan uykudan, vicdan azaplarından, yapmadığım şeylerden suçlu hissetme manyaklığından, gereksiz özür dileme alışkanlığımdan, bastırdığım öfkemden, babamın ölümünden bana kalan yaralardan ve mecbur hissettiğim ama sevmediğim şeyleri yapmaktan koşarak kaçmak ve kalbimin sesini duyabilmek için dik durmak istiyordum. Kendime yeni bir kartvizit istiyordum.

Bir süre sonra Dalya ile özel pilates derslerine başladık. Dalya o kadar ciddi bir hoca ki söz verdiğim için, derslere gitmemeyi aklımdan dahi geçiremiyorum. Sözümü tutmamış olmayı şanıma yakışmayacak bir dava gibi görüyorum. Haftada iki kez pilates yapıyorum, Dalya bana "proprioception" anlatıyor. Bedenim ile aklım, aklım ile ruhum öyle kopmuş ki birbirinden... yeniden kendime temas etmek hem çok zor hem çok hafifleştirici geliyor.

Kimi zaman pilates sırasında sağdan sola dönmem çok uzun zaman alıyor. Ben oturup kendime ne kadar acıdığımı, canımın ne kadar acıdığını anlatmak istiyorum. Dalya nefes al diyor, hareketleri sıralıyor, bedenimi düzeltiyor. Odaklanma komutu veriyor. Sırtımı düzeltirken elini değdirdiği yerimden gözyaşım süzülüyor.

O sıralar arkadaşım Pam'le konuşuyorum. Koşabilirsin Yonca, diyor. "Küçük küçük başla, her hafta yüzde 10 arttır koştuğun mesafeyi, daha fazla değil. Hızı hiç düşünme. Koşmaya bak," diyor. Boston Maratonu'na nasıl katıldığını ve neler yaşadığını anlatıyor. Maratonun 42 km 195 m olduğunu hatırlıyorum. 4 km koşarken ne yaşadığımı düşünüp 42 km'yi aklımdan bile geçiremiyorum. İmreniyor ve kendime güvenemiyorum.

Haftada 2-3 gün Safa Park'ta koşmayı, kendimi geliştirmeyi deniyorum. Herkesten uzak, kendime özel 1 saat armağan etmiş oluyorum. Kulağımda müzik... Çocuk şarkıları dinlemekten fenalaşmışım. Ağlıyorum. Parkta bana kim bakıyor, kim görüyor umursamıyorum. Burnumu çeke çeke ağlıyorum.

Yazılar yazıyorum gece gündüz *Hürriyet* gazetesine. Her gün. Her gün işe gidiyorum. Amerika saati, Dubai saati, her saatte çalışıyorum. İş kadınıyım. Yazarım. Anneyim. Sultans of Dubai kadınlarının birleştiricisiyim. Çocuklarımla ilgileniyorum. Arkadaşlarımı, Arda'yı aksatmıyorum. Aksatıldığımı görmüyorum. Söyleyen olursa duymuyorum.

Yonca'yı ne yapıyorum? Bilmiyorum. Yonca, yok. Herkesi kurtarmak gibi bir misyonum var sanki. Yonca'ya ulaşamıyorum. Ne istediğimi bilemiyorum. Ne istemediğimi biliyor gibiyim de, kendime itiraf edemiyorum.

Evde sohbet yok. Gerginlik gırla. Gerginlik olmasın diye uğraştıkça hata yapıyorum. Öfkeyle baş edemiyorum. Ödev saatleri, aile faciası gibi çöküyor üstümüze. Ödevler ailemizi ve mutluluğumuzu, geçireceğimiz tüm güzel zamanları adeta emiyor...

Bir İstanbul seyahati sırasında, arkadaşım Gülüm beni bir başka doktora daha gitmeye ikna ediyor. Psikiyatrmış. Yaşlı ve tecrübeliymiş. Peki diyorum, gidelim.

Taksim'de doktorun muayenehanesinin bulunduğu apartman önünde, zil bana bakıyor, ben zile, dikiliyorum. Yine aynı şeyleri mi anlatacağım. Sil baştan. Kapıyı doktor açıyor. Beklememi söylüyor. Sonra hastasını uğurluyor ve beni alıyor. Sıkıntımı soruyor.

Nasıl hiçbir şeye yetişemediğimi, ne kadar beceriksiz olduğumu, annelikte sınıfta kaldığımı, herkesin çocuklarıyla neler neler yaptığını, kocasıyla ne kadar olağanüstü eğlendiğini, gezdiğini anlatıyorum. Ben kaçıp sadece yazmak istediğimi filan anlatıyorum. Kötü bir anneyim, kötü bir eşim vs, vs...

Ne işlerle meşgul olduğumu, neler yaptığımı soruyor. Anlatıyorum. Her gün gazeteye yazdığımı, aynı anda dünya devi bir çok uluslu kurumsalda yönetici olduğumu ve bunun yanı sıra Dubai'de yaşayan Türk kadınlarına yetiştiğimi, kitap kulüpleri kurduğumu, çocuklar ve kadınlar için önderlik ettiğim sosyal girişimleri filan...

Sessizlik.

Anladığım kadarıyla sizin ailede her şeyin suçlusu sensin. Ve çok da beceriksizsin yani... diyor. Çok bozuluyorum. Ben öyle mi dedim şimdi! Pes...

İşte varabileceğin daha yüksek neresi var, diye soruyor.

Yok. Yerim yeterince yüksek, çok yorucu ve burada iyiyim.

Peki yazılar, ne istiyorsun, amaç Nobel Ödülü almak mı?

Kahkaha atıyorum. Ne alakası var yahu, daha neler. Kitabımı yazmak, gazete yazılarıma devam etmek istiyorum.

Peki şu anda bu yapmak istediğin şeyler konusunda neredesin, diye soruyor.

Kahretsin tam oradayım! Sinirim bozuluyor. Koltuktan fışkırıp adamın boğazına yapışmak istiyorum. Onun yerine boğazımdaki düğümler gözümden fışkırıyor. Bana bir kutu mendil uzatıyor. Çok acelesiz bu adam. Hava kararıyor...

Kızım diyor, babacan da biri; "Bak sana şöyle anlatayım. Senin bir araban var. Arabanın maksimum hız kapasitesi 260 km. Sen bu arabayı 260 km hızla kullanıyorsun. Ayağın yorulup gazdan az çekip de 240-220 km hıza düşünce çok yavaşladığını düşünerek panikliyor, kendine kızıyorsun. Oysa 260 km'de çok hızlı, en son limit ve tehlikeli. Öte yandan yavaşladığını düşündüğün 240 ve 220 km'de hâlâ çok fazla hızlı ve çok riskli. Duvara çarpsan, önüne bir kedi çıksa ne olur? O kadar çok işe, yüksek tempoya alışmışsın ki meşgalen bir tık azalsa, suçluluk hissi geliyor. Mesela bu haftasonu hiçbir şey yapma desem sana?

Ne gibi hiç, kitap mı okuyayım mesela? Sinemaya mı gideyim?

Bak gördün mü? Hiç, yani dinlenmek, boş bakmak yok kitabında.

"Senin kaliteli uykuya, dinlenmeye ihtiyacın var. Ama senin gibi kafaları ilk başta dinlendirmek çok zor, çünkü sizi yormak zor iş. Bunu yaparsak eğer senin bir derdin kalmaz. Sana o ilacı iç, bu ilacı al dememek lazım. Senin spora, ciddi olarak bedensel yorulmaya ihtiyacın var. Her konuda bir fikrin ve bilgin de olduğundan, kim bilir ne oldu da sürekli bir şey öğrenmek durumunda kaldın, sen öyle grup derslerine filan gidip elalemin neyi nasıl yanlış yaptığına bakma. Senin özel ders, özel hoca ile terden perişan olana kadar spor yapmaya ihtiyacın var. O zaman akşama pestilin çıkar ve mışıl mışıl uyursun. Uyudukça hayatın düzene girecek. Ben yine de sana bir ilaç yazacağım. Yanında dursun. Hiç uyuyamazsan alırsın. Ama dediklerimi yaparsan, bence senin ilaca ihtiyacın yok ve asla olmayacak. Senin anlaşılmaya, duyulmaya, duygularını açığa vurabilmeye, kendine anlayışlı olmaya, kendini ortaya koyup yaşamaya ihtiyacın var kızım. Koşmaya başlamışsın, mutlaka devam et. O hocayla özel pilates derslerine devam et. Çocukların da kocan da iyidir, merak etme. Her şeyden sen sorumlu olamazsın, değil mi? Sen dur, onlar da biraz sorumluluk alsın. Çocukların mutlaka büyür. Bu araba bu hızda ve bu yüklerle daha fazla uzun gitmez. Seni kaybetseler daha mı iyi? Bırak evde biraz da babalarıyla takılsınlar. Sen, seni kurtar."

Çok ağlıyorum. Mendil kutusunda mendil kalmayana kadar ağlıyorum. Bekliyor beni. Babam da zamanında böyle konuşsaymış azcık, ne iyi olurmuş. Konuşmak yerine öldü gitti küt diye. İlacı eczaneden alıyorum. Çantama koyup sokaklarda boş boş dolaşıp Dubai'ye dönüyorum.

Pam'in dediğini deniyorum her Safa Park'a koşmaya gittiğimde.

35 dakikalık bir antrenmana çıkıyorum. Önce ısınmak için 12 dakika tempolu yürüyorum. Sonra 1 dakika koşuyorum, çok yavaş. Sonra yürümeye devam ediyorum ve böyle böyle 35 daki-

kanın içine nefesime göre serpiştirdiğim 6 dakikayı yavaş yavaş koşarak tamamlıyorum. 35 dakikada 6 dakika koşu.

Bunu yapmak demek, 4 km'den biraz daha uzun bir mesafe yapmak demek. Yürü-koş derken mesafe uzamaya başlıyor.

Bir sonraki hafta koşuyu yüzde 10 arttıracağım. 6,5-7 dakika koşmayı deneyeceğim. Pilatese askeri nizamla devam ediyorum. Dalya, dikkatim dağılır gibi olunca, "Hayvan gibi ol, düşünmeden dediğimi yap," diyor. Gözlerim açılır, perde aydınlanır gibi oluyor derste...

Doktorun verdiği o ilaçtan ilk eve döndüğüm gece, bir kere içiyorum. Uyuyorum. Sonraki gece uyuya kalıyorum. İki hafta sonra geceleri nasıl uykuya daldığımı hatırlamıyorum. İlaç çekmecede duruyor. Sabahları cin gibi berrak uyanıyorum. Sohbetim, neşem geri geliyor. Acayip yoğun bir tempom var, günüm süper planlı. İş, koş, pilates, toplantılar, buluşmalar; ama o ölü yorgunluğu gibi değil yorgunluğum. Enerjim var ve yetiyor.

Doktor durmak ve hiçbir şey yapmamak da demişti... Kaliteli yorgunluk ve uykularla o da gelecek eminim, diyorum içimden.

Dünyanın Tek Kıtalararası Maratonu

Safa Park'ta koşarken bir gün bir Alman'la tanışıyorum, bizim Sultanlar'dan birinin eşi çıkıyor. Yanımda koşacağını söylüyor. Yok diyorum, ben yavaşım ve devamlı koşamıyorum. Tamam, diyor. Bugün senin temponda koşmaya ve sen yürüdüğünde yürümeye karar verdim. Sen, benim kararımla ilgili sorumlu hissetme. Kendi tempona bak. Benim için bugün mesafe değil, zaman antrenmanı olacak.

Kafam karışıyor. Mesafe değil zaman antrenmanı da ne demek?

Adam bana –ah keşke adını hatırlasam– yavaş koşmanın, kendi hızında kalmanın ayıp olmadığını, birinin gelip bir başkasının yanında kendi iradesiyle kalma kararını alınca kimsenin bundan sorumlu hissetmemesi özgürlüğünü ve gücünü anlatıyor. Dayanıklılık bu, diyor. İnsanın, dilediği ve ihtiyacı olduğu zaman daha yavaş koşabileceğini bilmesi büyük özgürlük ve cesaret, diyor. Mesafe ne olursa olsun, sen yavaş koşunca, koştuğun süre uzar. Sen daha uzun süre koştukça dayanıklılık gelir. Böylece hız daha kolay gelir. İnsan önce dayanıklılık geliştirir, sonra hızlanır... Benimle, benim hızımda kaplumbağa gibi koşarken, yürürken bunları anlatıyor.

Şaşırıyorum, insan neden birisine böyle bir iyilik yapar ki?

Bana da böyle öğretmişti koşanlar. Çok rahatlatmışlardı. İnsan yeni koşmaya başladığında çok zorlanıyor, ben de oradan biliyorum, diyor.

Yahu diyorum, koşarken bir de konuşmak çıktı başıma.

Tam o anda, "Yonca koşarken konuşmayı dene. Konuşamadığın hızdaysan yavaşla. Konuşabildiğin hızda devam etme süren uzadıkça, dayanıklılığının geliştiğini de göreceksin," demez mi!

Ne konuşacağım, diyorum. Ne istersen onu, diyor.

Allah ne verdiyse o koştuğum süreyi konuşabildiğim hızda tutmaya çalışıyorum. Nefesim daralıp konuşamazsam, yürüyüşe geçmeye veya daha yavaş koşmaya dikkat ediyorum... ve... derken adam beni o parkın etrafında tam tur hiç yorulmadan koşturmayı başarıyor.

İşte böyle böyle Dubai'deki ilk 10 km yarışıma hazırlanıyorum. 16 Ocak 2009'da ilk defa 10 km koşmak üzere Dubai Maraton'a yazıldım. Göğüs numaram: 5302. O zamanlar, kayıt sistemlerinin neye göre yapıldığını bilmiyorum, göğüs numaralarıma bakıp topla çıkart sonucu "4" bul gibi bir takıntım da yok henüz.

Sonraları Arda'nın "Bi' Devlet Bahçeli, bi' sen Yonca" dediği bir beceriyle, her göğüs numaramda bir şekilde "4" rakamına, yani 4 Yapraklı Yonca'nın "4"üne varmayı başarma takıntısı geliştiriyorum. Bu bir oyun oluyor benim için: 5302.

5 artı 3 eşittir 8.

8 bölü 2 eder 4!

O ilk 10 km'mi 1 saat 19 dakika 20 saniyede koştum. Sertifikası bile var!

İnsan yaş aldıkça, kas hafızası ve antrenman birikimi arttıkça, zaman müthiş genleşiyor. Yaşlandıkça yavaşlayacağıma, tecrübeyle sabit, hızlandım...

O ilk 10 km başka kapılar, yollar da açtı bana. O ilk 10 km finişinden sonra, hayatımda hiç yemediğim kadar çok ve özgürce yemek yedim. Aralıksız 10 saat filan konuştum. Durduramadım kendimi.

Koşmak, yemek yeme özgürlüğümü verdi bir bakıma. Yeriz, koşarken enerji olarak kullanırız.

Finişte madalyamı alırken bir Almanla tanıştım: Mike Friedl. Madalyalara ulaşma koridorunda beraber yürürken sohbet açıldı. Çünkü koşmak, hiç tanımadığınız insanlarla kendinizi sohbet ederken bulmanızı sağlar. Hiç tanımasanız da koşmak ortak paydasında tanıdıksınızdır artık ve sanki 40 yıllık arkadaş gibi sohbet edebilirsiniz.

Birbirimizi kutladık. Ne kadar zamandır koşuyorsun, dedi. Daha yeni, bu ilk 10 km'm, dedim.

"O zaman Avrasya'da koşmadın daha" dedi.

O nedir? dedim.

İngilizce "Eurasia" kelimesini en son bir derste duymuştum.

İstanbul'da, dedi, dünyanın tek kıtalararası maratonu koşuluyor. Hem de 30 küsur yıldır, ben de onu koşup geldim. Mutlaka koşmalısın. Dünyada eşi benzeri olmayan bir maratonunuz var. İstanbul gibi bir şehirde, senin ülkende hem de.

Cehaletimden utandım. Bizde öyle şeyler de mi varmış?

Sonra, "Ultra Maraton" koştuğunu, en uzun koşusunun Trans Europe Foot Race'te 4.485 km Avrupa'yı bir uçtan diğerine koşmak olduğunu söyledi. Hem de yarışa "İstanbul-Türkiye"den katılmış.

Kilometreleri duyduğuma mı, bir insanın ne kadar deli olabileceğine mi, ülkem adına böylesi bir km'yi koşan bir Alman'la şu madalyayı alırken tanışabildiğime mi... Ben neye, nelere şaşırmıştım bilmezken, boynuma ilk 10 km madalyam geçiriliverdi ve ben Mike'ı bir daha hiç göremedim.

Artık ilk hedefim, İstanbul'da dünyanın tek kıtalararası maratonunu koşmaktı.

Hemen gazeteye tüm bu olanları yazdım. Nasıl hazırlandım, nasıl koştum, koşarken neler yaşadım, hangi müzikleri dinledim diye köşemde yazarken ve hatta bütün olan biteni kamerayla çekip gazeteye görüntüleri yollarken ortada sosyal medya yoktu. "Influencer" kelimesi icat edilmemişti. Üstelik yazdığım şeyin bir "yarış raporu" olduğunu da bilmiyordum.

Meğer sporcular, günlük tutarcasına tüm deneyimlerini yazarmış ve bunları spor dergileri, köşeleri değerlendirirmiş. Bunu da sonra öğrendim ve nice sporcunun yarış raporları bana ilham ve bilgi kaynağı oldu. Bu raporları okumadan bir yarışa hazırlanmadım. Gitmediğim, koşmadığım koşuların raporlarını okumak, o insanların neler yaşadığını öğrenmek, okuyarak tanıklık etmek... o yolculuk, bana yaren ve arkadaş oldu.

Yolu, yolda olmayı sevdiğimi, sonuçtan çok sürece âşık olduğumu da böyle keşfettim...

Artık Hiçbir Şey Eskisi Gibi Olmayacak...

O zamanlar hem *hurriyet.com.tr* yazarıydım, hem de *Kelebek*'te köşem vardı. *Elele* dergisine de ayda bir yazıyordum. İstanbul'da koşacağımı paylaşınca arkadaşlarımdan Özlem, biz de kafamızda pembe peruklarla meme kanseri farkındalığı için koşacağız, dedi. Desteklemek istersen bir bağış oluyor, pembe peruğunu alıp koşuyorsun.

Dünyadan haberim yokmuş. Tamam, dedim.

Göğsümde taşıdığım "depresyon" nişanımla 18 Ekim 2009'da Avrasya Maratonu'nda 8 km koşmak için kaydımı elime aldım. Zor zamanlar geçiren arkadaşımı da ikna ettim: "Köprüyü Anadolu'dan Avrupa'ya koşarak geçeceğiz Gülüm ve artık hiçbir şey eskisi gibi olmayacak! Bütün tasalar, dertler, kalbimizi kıran şeyler... köprüde, geride kalacak!"

Ve sonrasında hiçbir şey eskisi gibi olmadı...

☆ ☆ ☆

Köprüde Adım Adım ile tanıştım. Tekerlekli sandalye iterek koşan insanlarla. Ben de sizin gibi olmak istiyorum, diyerek videoya çektiğim insanlar, arkadaşım oldular. Adım Adım koşucularını, yardımseverlik koşusunu ulusal basında yazıp duyurdum. Koşanların hikâyelerini, neden, nasıl koşmaya başladıklarını, hangi sivil toplum kuruluşu için koştuklarını köşeme taşımaya başladım. Her hafta köşemde yazdığım insan hikâyeleri, koşuya dair bilgilerle inanılmaz bir şeyler oluyordu.

Kendime üzülecek vaktim kalmadığı gibi, koşu kafası denen bir şey beni acayip yükseltip hayatıma mucizevi bir sihirle enerji ve sağlık katıyordu. Ben birilerine dokundukça, hayat da bana dokunuyordu.

Sürekli zatürre olan ben, kansızlıktan, sağlıksızlıktan perişan o kız, acayip sağlıklı bir tipe dönüşüyordu ve nereye gitsem birileri bana "Koş Yonca koş!" diye bağırıyordu.

Forrest Gump mı oluyordum?

☆ ☆ ☆

22 Ocak 2010'da Dubai'de yeniden 10 km koştum. Göğüs numaram: 4238. (Sonuç yine 4 çıkıyor!)

7 Mart 2010'da da Adım Adım ile ilk kez bağış toplayarak yardımseverlik koşusu yapmak için Antalya'da Runtalya 10 km'ye yazıldım. Amacım Türkiye Eğitim Gönüllüleri Derneği için koşmaktı. Koştum. Türkiye'de koşarak bağış toplama rekoru kırdım. Her şey inanılmaz bir hızla ilerliyordu.

Dubai'de çılgın bir kurumsal kimlik ve tempo. Türkiye'de STK'ler için koş Yonca koş. Hayatım çocuklar, iş, aile, antrenman, yarış, bağış... "tekrar et" modunda ilerliyordu. Depresyon bitmiş, "enerjinize bayılıyorum Yonca Hanım" gelmişti. Olağanüstü düzenli bir ajandam vardı. Bence bal dök yala bir insan vardı artık içimde.

17 Ekim 2010'da ilk defa tekerlekli sandalye iterek Adım Adım'dan bir ekiple TOFD için 15 km koşacaktım. Mesafeler uzamaya başlamıştı. Gücüm ve güvenim artmıştı. Koştum.

O sırada, içinde bulunduğum dev şirketim ExxonMobil'de, kurumsal takım çalışmaları ve toplantıları yapardık. Avrasya Koşusu'nda Serkan'ı tekerlekli sandalyesinde iterek 15 km koşan bir takımın içinde olmak, beni "kurumsal takım oyunları" konusunda büyük bir boşluğa düşürdü. İnsanlara takım ruhunu, gücünü anlatmak için alıp başka bir ülkeye götürüp, satış planlama toplantıları içine motivasyon olsun diye oyunlar serpiştiriyorduk. Gerçek bir duygu, hayata temas yoktu. Kartondan dev bir araba yapmak eğlenceli bir takım oyunuydu; oysa bir insanın, bir canlının hayatında dönüm noktası olmak hayatın ta kendisiyle temasa geçmekti...

Kurumsal kimlik, yaptıklarımız; hayatı değil de kurgusunu tattırmak için bin takla atmak, koca binalar içinde rakamsal başarılarla mutlu olmaya çalışmamız... Böyle farkındalıklar, beni feci sarsmaya başlamıştı.

15 km için elimden gelen antrenmanı yapmıştım, hatta evden puset alıp içine ağırlıklar yerleştirip koşmuştum. Herkes İstanbul'da, tekerlekli sandalyede iteceğimiz arkadaşlarla birlikte antrenman yapıyordu ama ben uzaktaydım, nelere ihtiyacım olduğunu bana yazıyorlardı. Selçuk ve Şener bu fikrin öncüsü, kurucusu ve düzenleyicileriydi. Bisiklet eldivenine ihtiyacım olabileceğini söylediklerinde çok şaşırmıştım. Meğer sandalyeyi iterken eller acıyabiliyormuş, rahat edermişim. Söylemeseler hiç aklıma gelmezdi, hemen bisiklet eldivenlerimi aldım. Kimseyi hayal kırıklığına uğratamazdım. Hele de sandalyesini iterek birlikte koşacağımız Serkan'ı.

İstanbul sokaklarına böylesine özgür ilk defa çıkacaktı. Yarışta start almadan önce, ilk görevimiz özel aracından onu almakla başlıyordu ve görevimiz, finiş çizgisinde değil, Serkan'ı sandalyesiyle yine özel araca sağ salim teslim edince bitiyordu. Serebral palsili olduğu için Serkan'ın ellerini de sandalyede sabitleyecektik. Bütün bunları ilk kez duymak, öğrenmek... Neden daha önce hiç engelli arkadaşım olmamıştı? Yeğenim down sendromluydu ve topluma karışması imkânsız gibiydi. Tekerlekli sandalyeli ne okulda birini görmüştüm ne de çevremizde vardı. Ben nerede yaşıyordum?

Özel aracın önünde tanıştım Serkan ve Adım Adım takım arkadaşlarımla. Fotoğraflar çekildik start öncesi, Boğaz Köprüsü, Altunizade çıkışında. Sandalyeyi iterek, kalabalıkların içinden hakkımız olan yere homurdayan insanlar içinden geçerek gelebilmek daha koşuya başlamadan yorucu olmuştu. Heyecan içindeydim ve duygularım düpedüz karman çorman olmuştu.

Start alındı. Bazı insanların, hem de koşan insanların anlayışsızlığı, yer yol vermek istemeyişi... çok ağır bir yüzleşmeydi. Bazısı ise, neredeyse kendi yarışını bırakıp bize yardımcı olmak için çabalıyordu. Birilerine çok sinirlenecekken birilerinin iyiliği karşısında bütün duygular aynı anda zıt köşelere dağılıyordu, toplayıp koşmaya çalışıyordum. Hayatımda hiç böylesi sorgulamalar, yüzleşmeler; çocuklarımdan sonra böylesi ciddi bir sorumluluk almamıştım.

Boğaz Köprüsü'nü geçmiş Barbaros Bulvarı'nı iniyorduk takım olarak. Aramızdan bazıları Serkan'ın tekerlekli sandalyesini yokuş aşağı tüm ağırlığıyla hızlanırken tutup çekerek, yani hıza karşı koymaya çalışıp frenleyerek koşuyordu. İtmek değil, bir de çekmek gerekiyordu. Hem de yokuş aşağı. Sandalyenin ve Serkan'ın ağırlığı ile o çekiş zordu. Zorları, tersleri, olmayacakları olduruyorduk. Takımın bir kısmı, o sırada, önümüze çıkan koşuculara yolu açmaları için sesleniyor, bir kısmımız da tekerlekli sandalyeyi yokuş aşağı frenleyerek koşan arkadaşın yorulması durumunda derhal yer değiştirip görev almak için kolluyor, bir diğerimiz ise sandalyesinde hiçbir sorun yaşamaması için Serkan'dan gözünü ayırmıyordu.

Barbaros Bulvarı'nın yarısında bir yerde, duygular, nabız, endişe, şaşkınlık ve o hız ve en ufak hata büyük kazaya neden olur sorumluluğu ile gücüm tükenmeye başlamıştı. Takımdaki herkes daha önce birlikte antrenman yapmıştı. Bense uçaktan inip doğrudan aralarına katılmıştım.

Çırağan'a geldiğimizde kulaklarım uğuldamaya, başım dönmeye başlamıştı. Bedenim beni bırakıyordu sanki, bayılacak gibiydim. Tekerlekli sandalye itme sırası bendeydi. Kalbimde duygular, o muhteşem caddede bir nehir gibi akan koşucular ve iki elim tekerlekli sandalyenin tutacaklarında Serkan'ı iterken hissettiklerimle boğazıma düğümlenen duygular... "Ha gayret Yonca, çok iyi gidiyorsun!" diyen takım, anlatılabilir gibi bir coşku değildi. Sandalyenin ağırlığı değil de, içimdeki duyguların ağırlığı taşınacak gibi değildi. Nabzım benden ileri, kalbim ağzımdan çıkacak ve kulaklarım git gide sağır oluyordu.

Ben o takımla beraber, o hızda 7 km daha koşmaya hazır olmadığımı; tekerlekli sandalyede, hayatında ilk defa İstanbul sokaklarına özgürce çıkabilmenin heyecanını yaşayan Serkan'a karşı da sorumluluğumu layığıyla yerine getirecek güçte olmadığımı git gide hızla idrak etmeye başlamıştım. Bir ara, yanımdakilere "kulaklarım duymuyor..." dedim. Beynim uyuşmuş gibiydi. Takımların başında olan Şener "Yonca panikleme çok normal, hayli zorlayıcı, beden zorlandıkça olur bunlar, azıcık yavaşlayalım, toparlanırsın," dedi.

"Şener, siz beni bırakıp aynen bu hızda devam edin, ben sizi yavaşlatıp hayal kırıklığı yaşatmak istemiyorum hiçbirinize," derken takımdaki kimse kabul etmiyor, yürürüz hiç sorun değil diyorlardı. Ben mahcubiyetten gözümde yaşlarla, ne olur beni bırakıp bu hızda devam edin diye tekrarladığım sırada tekerlekli sandalyesinden bana dönen serebral palsili Serkan "Hayır, koşmaya beraber devam edeceğiz!" dedi.

Bütün dengem, bildiğim her şey yerinden oynamıştı. Takım olmak böyle bir şeydi! Yavaşladık... hatta bir süre birlikte yürüdük, nefesimi, gücümü topladığımda devam ettik. Kimseden bir sitem bakışı bile hissetmedim.

Finişe hep birlikte girdik.

Tekerlekli sandalyede engelli bir arkadaşımızı iterek koşmak için buluşup daha o gün tanıştığım bu insanlar, "Beni bırakın," dediğimde, bırakmamıştı. Kimse, hiçbiri... Yardıma ihtiyacım olduğunda "Şımarıklık yapma," diyen tanıdıkların yüzleri gözümde patladı.

İyi Prim!

Koşular ardı ardına geldi de geldi. Türkiye'de hatırı sayılır bir bağış rekortmeni olarak koşuyordum hem de. Yarattığım fayda, dokunduğum hayatlar... ve bendeki değişim inanılmazdı.

Biz koşanlar birbirimizi çok iyi anlıyorduk. Gittikçe kalabalıklaşan bir yalnızlıktı bizimkisi.

Gazeteden, "Ne bu kadar uğraşıyorsun, git finişte çek fotoyu, yaz işte," diyenler oldu. Dilim tutuldu bu cümleyi duyduğumda. Yani "insan kandırmak" hem de basın boyutunda, demek tavsiye edilebilen bir şeydi. Olamazdı böyle bir şey ama demek birileri yapmadıkları bir şeyleri yapmış gibi yaparak yazıp koca bir ülkeye yalan söyleyerek algı yönetimi yapabiliyordu medyada. Bunu sorguladığımda, "sen de amma safsın" diyerek, bana parmak sallanabiliyordu. Kimsenin gücü güven sarsana parmak sallamaya yetmiyor, güvenilir olanı saflıkla suçlamak hoş bir kolaya kaçış oluveriyordu.

Yıllar sonra, Haruki Murakami'nin *Koşmasaydım Yazamazdım* kitabında benzer bir cümleyi ona da maraton koşup yazacak olduğunda söylediklerini okuduğumda gülümsedim. Demek medya her yerde medyaydı. Oysa biz bütün acayipliklerin tek kurbanı olarak bizi bilirdik.

"Sen de koşarak iyi prim yaptın," cümlesini ise, bin yıldır unutmuyorum.

Ve hayat, içinde yaşadığımız dönem, git gide tamamen her şeyin etinden sütünden, çocuğunun gülücüğünden dahi prim yapmaya dönüyordu, döndü.

Yarı Maraton

4, 8, 10, 15 km derken sırada yarı maraton vardı: 21 km. Yani artık orta-uzun mesafeydi, iş ciddiydi.

6 Mart 2011'de, Antalya'da ilk yarı maratonumu koştum. Antalya'da fırtına, kıyamet kopmuştu. Start alıp alamayacağımızı bile bilemeden bekledik. O gün, o yarı maraton sayesinde yıllarca sürecek dostluklar edindim. Koşmak bana daha önce hiç bilmediğim bir dost edinme aracını öğretiyordu. Bir tür hayat okuluydu. Öğrenciler kendi özgür iradeleriyle bu okula yazılıp geliyorlardı. Kimse istemediği ve hazır olmadığı derse (mesafeye) yazılmıyordu. Dileyen dersi çok yavaş izliyor, kimisi süper hızlı bitiriyordu.

Dahası, bu okula yazılırken dileyen başkaları da faydalanabilsin diye bağış yapıyor, hiç tanımadıkları canlara dokunuyorlardı. Müthiş bir dayanışma vardı. Rekabet birbirini yüceltmek, ileriye taşımak, cesaretlendirmek üzerine kuruluydu. Bir dersi geçen, bir üst derse geçerken senin de mutlaka yapabileceğini söyleyerek cesaret veriyordu. Hiçbir ders zor değildi, çalışarak yapılabilirdi. Mümkündü. Yargılama yoktu, mecburiyet yoktu, utandırma yoktu, alay yoktu.

Sınıflar kalabalıktı. Herkes kendi hızında ilerlerken, mutlaka kendi hızına denk birileriyle de yolda arkadaş oluyordu. Bir şeyi gönülden isteyip yola çıkınca gerçekleştirebildiğimi yeniden keşfediyordum. Can kırıklarımı yollardan toplayıp yerli yerine yapıştırıyor gibiydim.

O gün o akıllara zarar fırtınalı Antalya start'ı sırasında Celal Bey ile tanıştık –ki o günden beri artık Celal Abimiz. 10 km koşmaya gelmiş, yağmurdan sığındığımız polis kulübesinde elektrikli sobayla ısınmaya çalışırken tanışmıştık. Bir anda fikrini değiştirdi, 21 km koşmaya karar verdi.

Celal Abiyle, ilk 21 km'mizi koştuk o gün, yolda muzumuzu paylaştık. İlk 21 km'yi, yanımda bana destek verip "koşarsın Yonca" diyen Galip ve Haluk ile koştum uzun süre. Zaman da kilometreler de su gibi geçiyordu böylece.

Ne kadar yemek yersem yiyeyim, çok kilo almıyor gibiydim. Kilo alsam da süper kaslı, hoş bir şey olmuştum. 47-50 kilo hâlim, 55 kilo olduğum hâlimden daha kalın duruyordu. Sağlıklı bir beden, spor yapan, hareket eden bir beden bambaşka görünüyordu. "Sağlam kafa sağlam vücutta bulunur" sözü asla bir geyik değildi.

İnsan nereye nasıl ne kadar koşarsa koşsun, birisi için, bir yere değil, nihayetinde kendine koşuyormuş. Benim için öyle oldu...

☆ ☆ ☆

2012'nin Ocak ayı benim için zor ve çalkantılı başladı. İçime attıklarımı dışımdan söylememek için deli gibi türlü çeşit konuda konuşuyor, sürekli koşuyordum. Konuşuyordum konuşuyordum, anlatıyordum... koşuyordum ve koşuyordum. Hani neyi anlatmamak için bu kadar çok şey konuşuyordum, henüz farkında değildim.

Beni işten istifa kararımdan yüz kere döndüren müthiş patronum Michel, Kasım 2011'de İstanbul'a tayin olup gitmişti. Michel ile müthiş bir takımdık. Benim yetilerimi, neleri ne hızla hallettiğimi, aynı anda kaç işi yapabildiğimi bildiğinden beni özgür bırakıyordu Michel. Kasımdan ocak ayına kadar her gün, her sabah yataktan kalkmak istemeyerek işe gittim. İşe geç gitmek için, hiç gitmemek için türlü bahaneler buluyordum. Hastalanıyordum sürekli. Bir keresinde, ishal oldum diyerek, İstanbul'da bir pazar günü yapılan 15 km yarışına gittim ve döndüm. Yalanlar söylüyordum sürekli.

Çok ama çok işim vardı. Bir insanın kaldırabileceğinin çok üstünde stres, sorumluluk, görev, tanım, yük.

Mide bulantılarım dayanılmaz boyutlardaydı.

Önümde imzalar ve yanımda uzanan Sheikh Zayed Caddesi'ne bakan devasa ve açılamayan camlar. Onca sene, camları hiç açamadığımızı fark etmeden mi çalışmışım?

Güneş var, camın arkasında. Hava var, camın arkasında. Rüzgâr esiyor, camın arkasında. Kum fırtınası oluyor, camın arkasında. Arabalar geçiyor sesleri var, camın arkasında. Kuş geliyor, camın arkasında. Kuş cama çarpıyor, ölüyor camın arkasında.

Öğürme geliyor, tuvalete gidiyorum. Yüzümü yıkıyorum. Ellerim titriyor. Yüzüm bembeyaz. Çalışmaya çalışıyorum.

Ofiste hâlimi fark eden, ofis işlerinden sorumlu canım Balan bana kahve ve çikolata getiriyor. Sessizce bakıyoruz birbirimize, gözlerimiz doluyor. Devam diyorum Yonca devam. Bu işin senin. İyi para kazanıyorsun. Çocuklarının okul parasını ödüyorsun. Başarılısın. İstediğinde gidip koşuyorsun, daha ne istiyorsun. Güç sende kızım. Devam. Midemin bulantısı başıma sıçrıyor. Başımın dönmesinden yerimde oturamıyorum. Ofisten çıkıp, kart basıp, asansörle aşağıya inip, aynalı kapılardan geçip, otoparkta, arabamın içinde ağlıyorum.

Koşmak, Yazmak, Koşmak, Yazmak

Gece yataktayız.

Ben koşmak ve yazmak istiyorum, diyorum.

Arda: "Yonca sen çok farklı şeyler yapabilen bir insansın. Bu iş seni hasta ediyor, bırak, eminim başka işler bulur yaparsın."

Destina: "Sen hep bize içinizden gelen işi yapın, tutkuyu yaşayın diyorsun, sen yapmazsan biz kimden örnek alacağız?"

Aslan Cem: "Babamla konuştunuz mu, ev ekonomisi nasıl olacak?"

Ertesi gün, binbirinci istifa mektubumu yazıyorum:

... Çocuklarımın en çok yaşamak istediğim zamanlarını kaçırdığım için çektiğim pişmanlıktan kurtulmak, zamanı telafi etmek için;

Yazmak, koşmak ve doğayla yaşamaya çok ihtiyacım olduğu, tutkum olduğu için istifa ediyorum. Bu olağanüstü şirkette, bu kadar farklı kültürlerle birlikte bu deli tempoda çalışmasaydım; doğaya bu kadar uzak kalmasaydım beni neyin yeşerttiğini, ne yapmak istediğimi bu kadar iyi bilemezdim. Bana maddiyatın yanında bu kabuğu kırma gücü verdiniz. Teşekkür ederim. Elveda.

İstifa mektubumu verdiğimde birazcık kıyamet koptu. Yeni patron, "Maestro orkestrayı terk etmez," dedi. "Ben ettim," dedim. Üzerimdeki işleri 7 kişiye devrettim. İşteki son günüm olarak da 29 Şubat 2012'yi seçtim. 4 senede bir hatırlayacağım bir gün...

Artık özgürdüm. Her günü o fanusta geçirmem gerekmiyordu. Tüm gün benimdi. İşte şimdi yeni bir sayfa, süper bilinmezlikler, her ay düzenli maaşsızlık gerçeği ve ben, yepyeni sevgililer olup gizlice öpüşüvermiştik. Aşk-ı Memnu!

Demek kiiii, daha da çok koşmak gerekiyor. Koşacaktım, daha çok bağış toplayacaktım. Dünyanın tüm eğitim desteğine ihtiyacı olan çocuklarını, tüm akülü tekerlekli sandalye ihtiyacı olanlarını, buğdayı, tohumu, gençleri her kim ki neye muhtaçsa ben kurtaracaktım. Ne de olsa ben süper bir kahramandım.

Koş, Yonca, Koş!

Karpman'ın Drama Üçgeni'ni bilirsiniz. Üçgende; Zalim, Kurtarıcı ve Kurban olmak üzere 3 rol vardır. Karpman'a göre çoğunlukla seçtiğimiz temel bir rol olsa da, aynı ya da farklı sosyal ilişkilerde, zaman içerisinde roller arasında geçişler yapabiliriz. Kişiler ve roller değişse de kısır döngü sabit kalmaktadır. Kahraman olmaya bu merakla soyunursan kurban da oluyorsun, bir şekilde zalim de. Döner durursun bu Bermuda Üçgeni'nin içinde...

Tarsus Yarı Maratonu

Mart 2012'de Tarsus Yarı Maratonunu koştum. Orada en unutamadığım an, daha en başlarda, 5 km civarı olsa gerek, çarşı içinde bir yerlerden geçerken duyduğum "ohhoo sen sona kalmışsın, herkes çoktan geçti gitti" cümlesiydi.

Şevk kıran, üzen, canını ortaya koyarak koşmaya çalışan birilerine oturduğu yerden bunu söyleyerek insana ne hissettireceğini, nasıl cesaret kırabileceğini bile düşünmeden konuşanlar. Koşmasaydım bu bağları bu kadar net kurabilir miydim bilmiyorum. Başka türlü bir deneyimle bu kadar kör gözüme parmak sokulmadı. O gün o cümleyi duydum, duraksadım. Cevap veremedim. Öfke doldum. O güne kadar ne kadar çok benzer cümle duyduğum gerçeğine öfkelendim. Olasılıklar yerine hiç bilmedikleri, görmedikleri engelleri önüme sayanlar tek tek gözümün önüne geldi.

Üzülüyordum ama devam ediyordum. Azıcık duraksıyordum, nefesimi toplayıp yine devam ediyordum. Bedenim kas yaparken, duygularım da kas yapıyordu. Gönül kası, direnç kası, engellere rağmen hayat kası.

Artık her yerden gel bizimle de koş davetleri geliyordu. Yeni yapılmaya başlanan her türlü yarışın tanıtım ve duyurusunu yazıp insanları koşmaya teşvik ediyordum. Koşan insanların dönüşüm hikâyeleri hem bana hem okuyanlara müthiş ilham veriyordu. Yazılarımı okuyan koşmaya başlıyor, Adım Adım koşucusu oluyordu.

Koşuyla bu kadar içli dışlı oldukça, maraton, yani 42 km 195 m koşabilmek de hayalimin bir ucunda durmaya başlamıştı.

21 km koşabildiysem belki maraton da koşabilirdim. Yarı Maraton, yani 21 km'yi duyanın gözleri açılıyor. Duyan herkes neredeyse hep aynı soruyu soruyor: "Neden koşuyorsun?"

Çünkü çok seviyorum! Çok güzel insanlarla tanışıyorum. Gelişiyorum, kafamı, kendimi dinliyorum. Üstelik sağlığım daha iyi oldu. Özgürce yemek yiyorum, hiç görmediğim yerleri, şehirleri görüp koşarak geziyorum... Cevaplarım gelişiyor, açıklamalarım uzuyor da uzuyordu ama yine de kimse tatmin olmuyordu. Hele koşulara katılmak için, üstüne para verdiğimizi duyduklarında... "Bari kaçıncı oldun?" sorusu hiç sekmeyen ilk soru oluyordu.

Bütün dünyanın önceliği kaçıncı olduğumdu. Finişe ulaşmanın yeterli olmasını tahayyül edemiyorlardı. Başlarda benim de düştüğüm yanılgıyla, koşmanın dizlere ve sağlığa çok zararlı olduğu sözleri de eksik olmuyordu tabii. Neredeyse etrafımdaki kimse koşmamı pek yürekten desteklemiyordu.

Koşucular olarak aramızdaki en büyük geyik buydu. "Koşma çoc'um terlersin de dediler mi?" diyerek kahkahalar atıyorduk, kan ter içinde koşarken.

Git gide soruları duymamaya, açıklamaları kısa kesmeye, soru sorana karşı soru ile dönmeye başlayan; güçlenen bir kız olmaya başlamıştım. Soruların bana değil, belki de kendi ihtiyaçlarına yönelik sorular olabileceğini düşünür olmuştum. Her şey benimle ilgili olmayabilirdi... Çünkü bana bu soruları soran, türlü yorumlarda bulunan birileri aradan birkaç zaman geçtikten sonra nasıl koşmaya başladığımı, nasıl ilerlediğimi, kendisine nasıl yardımcı olabileceğimi de soruyordu. Yargılar yerini meraka, merak kendini araştırmaya, araştırmalar bebek adımlarıyla eyleme dönüşür oluyordu.

İlk yarı maratonum için bana ta uzaklardan, Ankara'dan sevgili Nermin Fenmen Hoca'dan destek geldi. Ben onu koşulardan tanıyordum, o da beni koşuyla ilgili yazılarımdan. Zaten şunun şurasında koşan bir avuç insandık. İlk yarı maratonumu koşma kararı alınca, tanıdığım tüm koşanlara neyi nasıl yapabileceğime dair sorular yolladım. Nermin Hoca "ben sana program yazarım" dedi! Kendisi aynı zamanda Bilkent Üniversitesi'nde orienteering (yön bulma) dersi veren bir vizyonerdi.

Nermin Hoca bana haftalık e-postalar gönderiyordu. Haftalık toplam koşu mesafemi tatlı tatlı arttırmıştık, koşarken beslenmeyi öğrenmeye başlamıştım. Koşuya başlamadan ısınıyor, hafif tempo başlıyor, sonra yazdığı programa uymaya çalışıyordum.

Yepyeni terimler öğreniyordum. Okullarda öğretilmiş ve hiç uygulanmamış, ne işe yaradığını hiçbir zaman deneyimleyerek yaşamadığım bilgileri işte şimdi uygulamayarak anlamak fırsatı yakalıyordum.

Sabah aç karınla koşmaya çıkmanın nasıl glikojen depolarını kullanıp yağı yaktığını, hafif-orta-hızlı temponun bedene nasıl bir güç kazandırdığını, dayanıklılığın önemini. Bedeni susuz ve tuzsuz bırakmanın nasıl sürdürülebilirliğin sonu demek olduğunu ben koşarak yaşıyor, hayatımın en acayip okulunda gönüllü hocalardan öğreniyordum.

Nermin Hoca bir e-postasında, "Piramit" diye bir şey yapmam gerektiğini anlatıyordu. "Nasıl yani, Firavunlarınki gibi mi?" diyecekken, açıklama gönderiyordu. Sırasıyla, önce 50 m hızlı koşacaktım, sonra 100 m bir öncekinden daha hızlı koşacaktım, sonra 150 m daha da hızlı olacaktı... Ters piramitte de en hızlıdan en yavaşa doğru ilerleniyor. Bunlar da hızımı arttırmaya yönelik antrenmanlardı. Dediklerini yaptıkça açılıyordum, gücüm, dayanıklılığım, bilgim yani özgüvenim artıyordu.

Güven ve öz güven ikilisini büyütmek, güçlendirmek çok ciddi bir kas işiydi. Kuvvet antrenmanlarında ağırlık çalışırken kaslarda minicik minicik yırtılmalar olur ve beden onları onarmak için çalışıp kas yapar. Yaralanmadan, incinmeden güçlü kaslar edinemeyen beden ve ruh birbirinden pek de ayrı düşünülemezmiş meğer...

Bir yandan piramitler, bir yandan pilates, bir yandan git gide uzayan koşu mesafeleri tüm tasalarımı yollara döküyordu. Öfke, hüzün, depresyon; ağaçlara, koşu pistlerine saç diplerimden fışkıran terlerle dökülüp saçılıyordu.

12-15-18 Km Derken...

21 km öncesi, 12-15-18 km koşu antrenmanları sırasıyla gelip çatıyordu. İlk 18 km için, Dubai'de yavaş yavaş da olsa, koşmaya başlayan arkadaşlarımla anlaştım. Bazısı ilk 5 bazısı ortasında 3-5-7 km; bazısı da sonlarda yanımda koşarak bana destek verecekti. Mükemmel bir gönül birlikteliğiydi. Hem bana iyi geliyordu hem onlara. Koşmak yalnız ve bireysel bir spor gibi dursa da görünmez bir güçle muhteşem bir takım etrafında oluşuveriyordu.

18 km antrenmanı çok kritikti. Yanıma belirli mesafelerde yemek üzere hurma ve tuzlu fıstık almıştım. Mutlaka su içmeliydim. Dubai sıcak olduğu için değil, hava koşulu ne olursa olsun, susuz bırakılan bir bedenin geri dönülmez hasarlanma riskini yok etmek için. Mesafe uzadıkça, koşulan süre de uzadığından, beden kendini aşarak güç sarf ettiğinden, devam edebilmek için mutlaka besin kaynaklarına; tuza, şekere, suya ihtiyaç duyuyordu. Sen eğer bedenini beslemezsen, o da seni bırakıyordu.

Cebimde hurma, tuzlu fıstık, elimde suyum, ilk 18 km'yi denemeye çıktım. Koşan insanın bacağına nasıl kramp girdiğini de ilk o 18 km'de öğrendim. İnanılmaz bir kramptı. Baldırıma kasap bıçağı ile giriyor ve çıkmıyordu. Hafif esnetme yapmaya çalışmak kâr etmiyordu. Olurmuş böyle şeyler...

Magnezyum eksikliği, yorgunluk, ilk defa bu km ve süreyle tanışan beden, kafa, kas, ruh, ne varsa baldırına yapışıyordu. Kalp kırıklığı, aldanma, aldatma insanın neresine saplanan bir kramp-mış mesela, o gün ilk defa baldırımda yakaladım.

Sadece bir muz. Potasyum ihtiva eden, sevgili bir muz. Kramplara, kalbe deva olan muz. Bir ısırık ve işte tamam. Hayatın maymun ettiği yerde, maymun olacaksın sen de! Koşarken bir ısırık muz almayı, o muzu tuzlu fıstığa bandırıp ısırmayı, krampları koşarak aşmayı da o ilk 18 km'de, yine Safa Park etrafında öğrendim.

18 km, ilk yarı maraton öncesi koştuğum en uzun mesafe oldu. Hedeflediğin yarış mesafen için hazırlık yaparken, o mesafeyi yarışa saklamak gerekiyor. 21 km ise hedefin, en son ve en uzun 18 km koşmalısın. Sonra gidip yarış günü hedefine ulaşmak için start alıyorsun. Aylarca antrenman yapıyorsun, emek veriyorsun ve asıl heyecanı esas güne saklıyorsun. Çünkü o güne kadar yaptığın bütün çalışmanın toplamı hedefin kendisinden çok daha büyük ve zordu.

Antalya'da, havanın çıldırdığı o ilk yarı maratonumu koşarken ne bir ağrı ne bir sızı yaşadım. Tanıdık, tanımadık yeni dostlar, Antalya sokaklarında ben koşarken pencereden "Koş Yonca koş!" diye bağıranlar... Gelen ağrı, bir gülücükle nereye kaçacağını şaşırıyordu. Bu ilgi hem çok iyi geliyor hem de çok mahcup ediyordu.

18 Km'den Sonrası?

O gün Antalya'da 18 km'yi geçtiğime inanamadım. Bir şekilde bacaklarım dönüyordu. Sohbet ederek koşuyordum, laf atanlara cevap yetiştiriyordum. Sokaklardan geçerken, tren yolculuğu yapıyor gibiydim ama bu kez tren bendim. Sokaklar, insanlar, kafeler, ağaçlar, kaldırımlar, arabalar görüyor ve geçiyordum. Manzara değişiyor, hava değişiyor, sokaklardaki apartmanlar kısalıyor, uzuyor ve ben devam ediyordum. Aklım almıyordu nasıl devam etiğimi...

Bacaklarımı yorgun hissettiğim anda, gülümsemeye başlıyordum ve ağrım azalıyordu. Gülmenin kaslarla bir ilişkisi olmalıydı ve birbirlerini kesin çok seviyorlardı. Bacaklarıma en büyük destek kollarımdan geliyordu. Kollarım çekiyordu bacaklarımı ahenkle, bir yukarı bir aşağı. Çuf çuf!

19 km geride kalmış, 20. km'ye gelmiş geçmiştim. Dalağım şişer gibi oldu. Tam o sırada, gri bulutlu Antalya sokaklarında Dalya ve Damla'nın sesini duydum. Çığlık atıyorlardı bana: "Koş Yonca KOOOOOŞ! Bitiyor, az kaldı ha gayret, az sonra stadyumdasın!"

Dalağım şişti, dedim yol kenarında benimle koşmaya başlayan Dalya'ya. O an bana dalak şişmesini boşaltmak için güçlü nefes vermeyi gösterdi. Ne dediyse koşarak yaptım. Kulaklarım uğuldamaya başlamıştı. 21 km finişine yaklaşıyordum, iyice yavaşlamıştım artık. Zaman neredeyse durabilirdi...

Köşeyi döndüm, stadyuma girdim. Gazeteden, *Kelebek*'ten editörümüz Nigar oradaydı. Çığlık kıyamet alkış duyuyordum. Finişe girdiğimde o enfes fotoğrafımı Mehmet Vanlı çekti. Bugüne kadar ben koşarken çekilmiş en güzel fotoğraflarımı bir Mehmet Vanlı bir de Onur Çam ve ekibi çekti. Ağlıyordum sevinçten. Yarı maraton koşan bir insandım ben artık...

Birden karşımda onlarca çocuk. Türkiye Eğitim Gönüllüleri Vakfı'na bağış toplayarak Adım Adım ile koşuyordum ya, meğer Antalya Birimi çocukları da gelmiş, bana finişte "Koş Yonca koş!" diye bağırıyor, sarılıyor, teşekkür ediyor, kutluyorlardı. Ne yapacağımı şaşırmıştım. "Madalya mı veriyorlar?" diye kinayeli soranlara cevabım buydu işte; öpücükler, gülücükler hâlâ gözümün önündedir...

Yarı maraton buyduysa, bunun tamı nasıl olurdu acaba?

Deneyebilirdim belki de...

Ben bunları düşünür, etrafımdakilerden "Maratonu koşarsın tabii Yonca"ları duydukça, bir de öğrendim ki maratondan da uzun mesafe koşanlar varmış.

"Ultra"sı da mı Varmış!

Ultra Maraton denilen, insanların doğada, dağları çölleri aşarak koştukları, delilik denilebilecek zorlukta yarışları koşan insanlar varmış. Çıta, tam ben onu yakalarım derken, uzaklaşıyordu. Ben de peşinden...

Türkiye'de ilk defa 2011 yılında Likya Yolu Ultra Maratonu düzenlenmişti. Fethiye Kayaköy yakınında olan Likya Yolu başlangıç noktasından başlayıp, altı gün sonra Antalya Faseliz Antik Şehri'nde son bulan, toplamda yaklaşık 250 km küsurluk mesafeyi tanıdığım, beraber koştuğum arkadaşlarım koşmuştu. Ben bu mesafe koşulabilir mi diye düşünürken, onlar koşmuştu bile.

Üstelik bu öyle bir yarıştı ki koşarken bir sırt çantası içinde altı gün boyunca ihtiyacın olacak tüm yiyeceğini, giysilerini, uyku tulumunu filan kendin taşıyordun. Kendi kendine yeterlilik denilen, çok etaplı bir "Ultra" maraton. Kendi maceramı bir sonraki bölümde anlatacağım ama Likya Yolu Ultra Maratonu'nu tamamlayan arkadaşlarımı o günlerde köşemde büyük hayranlıkla yazmıştım.

Aylin Savacı Armador, LYUM'u tamamlayan ilk kadın olmuştu. Vay be, böyle kadınlar da vardı! Anne, çalışan kadın ve 250 km kadar Ultra Maraton koşuyor. Aylin'in LYUM raporunu ağlayarak okudum. İnanılmaz bir rota, inanılmaz bir deneyim anlatıyordu. Ama mümkündü...

Derken, sen Bakiye Duran'ı tanıyor musun, dedi birileri ve başladılar anlatmaya. Bakiye Duran, Türkiye'den çıkan ilk Ultra Maraton efsanesi, bir kimya öğretmeni. İnsanlar anlata anlata bitiremiyordu. Şaşkınlıkla dinliyordum hakkında söylenenleri.

Dubai'deyken aklım hep İstanbul'daki koşularda, koşudaki arkadaşlarımdaydı. Özenirdim onlara. Ne zaman bir İstanbul fırsatı olsa, Belgrad'a mutlaka koşmaya, arkadaşlarımla hasret gidermeye koşuyordum. O pazar çok başka ve özel olacaktı, çünkü Bakiye Duran da bizlerle olacak, patika koşusunu birlikte yapacaktık. Efsane ile hayatımda ilk defa patika koşacaktım!

Sabah buluştuk. Patika nasıl koşulur, tek fikrim yok. Hava soğuk, ben gelmişim sıcacık Dubai'den. Herkes toplandı ve koşmaya başladık. Bir ara, gel seni Bakiye Duran'la tanıştıralım, dediler. Koşarken minnacık bir kadının yanında buldum kendimi. Atom karınca bu olsa gerek. Omzuma gelen boyuyla, içi gülen gözleriyle ve aman Tanrım, pıtı pıtı hızlı adımlarla koşan bir kadın.

Biraz sohbet ettik. Herkesin yanına koşuyordu, geri geliyordu... Biz bir yokuşu zar zor nefes nefese koşarken o hem en öndekine koşuyor bir şeyler anlatıyor, hem en arkadakine geri gidiyor, arada gelip bizlerle sohbet ediyor ve sanki bunları kahvede oturuyormuş rahatlığında yapıyordu. Çok etkilendim! İnsanlarla ilişkisindeki netlik ve kucaklayıcılık etkiledi beni. Dünyanın tanıdığı, Türkiye'nin adını Dünya Ultra Maratonları'nda duyurmuş bir efsane, bu kadar mı alçak gönüllü, bu kadar mı doğal ve bir o kadar da güçlü olabilirdi...

O gün, o kısacık koşu içinde her birimize dünyayı koşabileceğimizi anlatıverdi. Her şeyi yapabilecek gücümüz vardı. Müthiş bir yüreklendirmeydi ama benim çevremde kimse bu atom karınca gibi kadını, uluslararası başarılarını pek bilmiyordu. Bir kitabı dahi varmış. *Cesaret Yalnızdır* adında bir kitap yazmış. Hiç duymamış olmaktan duyduğum utanç yüzümü kızartıyordu. Döndüğümde hemen Bakiye Duran hakkında biraz daha araştırma yapıp, koşanlara ve tanıyanlara sorup hakkında *Kelebek*'teki köşemde yazdım. Başarılarını görmezden gelenler, meyve veren ağacı taşlayangiller, her gittiği yarışta yalnızlığına, göremediği desteğe veya gördüğü azıcık destekle bile müthiş zor yarışlarda kazandığı birincilikler, dünya çapında dostluklar... Ve tüm bunları hiç de abartılacak şeyler olarak görmeden kendi yolunda ilerliyor olması, beni allak bullak etmişti.

Bir yanda toz parçacığını parlatıp reklamlarca anlatmaya doyamayanlar, öte yanda dünya çapında başarılar elde edip sessiz sedasız ilerleyenler.

Truman Şov filminde hani perdeyi yırtıp gerçeğe dalar ya kahraman. Benim perdelerim de pek güzel aralanmaya başlıyordu.

Derhal Bakiye Duran'ın kitabını aldım. Okuduklarım beni çok etkiledi. Birilerinin onu tanımasını veya tanımamasını hiç önemsemeden yapacaklarını yapan bu kadın, benim için büyük ve başka bir kırılma noktası olmuştu.

Bakiye Duran'la tanıştıktan sonra ben de nereye koşacağımı şaşırmıştım...

Derken!

Nisan 2012'de sağ ayağımın topuğunu kırdım! Olacak iş değildi ama oldu. Burada uzatmayacağım ama bu işi merak edenler web sitemde de yer alan, ilk kitabım *Karışık Kuruşuk Şeyler*'i okuyabilirler.

Topuk kırığımın sürecinde aydığım ve aydınlandığım gerçekler tahammül edilebilir değildi. Topuğum mu kırılmıştı, kabuğum mu, henüz bilmiyordum. Kalbimin çok kırık olduğunu da pek anlamamıştım. Henüz.

İnsan ancak durunca kendini ve etrafını görüyor. İnsan durunca gözü açılıp görmeye başlıyor. O sene, o yaz paramparça oldum da toparlanmak zorunda kaldım.

Doktorlar artık koşamazsın diyordu. Ayağımdaki sinirler ve dokular ölmüştü. Koca yaz, hiç koşamayarak koltuk değnekleriyle geçti. İşsiz, hareketsiz, aciz bir kadındım. Dayanamadığım her ânımda, gözlerimi kapatıp Safa Park'ta koşuyordum. Hayat Ağacı'nın oraya gelip, ağaca sarılıyordum. Koştuğum yerleri hayal ediyordum hep. Denize girebilirsem, denizin içinde, derin suda, ayağımın yere değmediği o ortamda koşuyordum.

O yaz teknede Christopher Mcdougall'ın meşhur kitabı *Born To Run*'ı okuyordum. 25. bölümde Barefoot Ted diye bir adamın hikâyesinden bahsediyordu. Kitabı ağlaya ağlaya okurken, "keşke ben de bu adamlar gibi olsam, bir gün belki de Ted'le karşılaşsam" diyordum...

Sonra bir telefon geldi Alper'den: "Yonca, Likya Yolu Ultra Maratonu bu sene yeni bir kategori açtı. Adı: 6G. Ultra Maraton koşmayı bilmeyenleri doğada koşmaya alıştırmak, ısındırmak için. Yiyecek, çadır, her şeyi organizasyon sağlıyor. Sen sadece sırtındaki koşu çantanda zorunlu birkaç malzemeyle daha kısa mesafeyi koşuyorsun."

"Alper sen benimle dalga mı geçiyorsun. Koltuk değnekleriyleyim şu an, ne Likya'sı ne koşması?"

Alper'in cevabı nefisti: "Yoncacım, koşma. Koşan insanların arasında olmak, doğada olmak iyi gelir. Bizleri gözlersin. Organizasyonda gönüllü olur, su ve cesaret verirsin. Koşanlara destek olursun. Bence gel. Sana çok iyi gelecek."

Ve ben elbette, Eylül 2012'nin son haftasında başlayıp 6-7 gün sürecek, toplamda her gün 15-20 km yürü-koşla 140 km küsurda bitirilebilecek Likya Yolu Ultra Maratonu'nun 6G kategorisine yazıldım.

Koltuk değneklerimi evde bırakıp start alınacak günden bir gün önce orada olmak üzere yola çıktım.

Koş Yonca Koş!

Dubai'deyim.

Bir kütüphanede.

Yaklaşık 16 yıldır önünden geçtiğim, bir kere bile kafamı kapısından içeri uzatmadığım, Umm Suqueim Mahallesi'nde, evimin 800 metre ilerisinde bulunan, Hamdan Bin Mohammed Heritage Center'dayım.

Aylardır tembellik ediyorum. Sabah saat 5.45'te kalkıyorum, çocukları okula yolluyorum. Gazeteye, TV'ye, haberlere bakasım varsa bakıyorum. Sonra garip bir şekilde televizyon karşısındaki kanepede, çok derin ama ölü gibi derin, uyuyorum. Saatlerce uyuyorum. 1-2 saat...

Sonra uyuduğumdan, çalışmadığımdan, üretmediğimden, yeterince ve kendimden beklediğim kadar spor bile yapmadığımdan ötürü hem kendimden utanıyorum hem nefret ediyorum.

Sonrası içimde sıkışan öfke.

Öffffke!

Çünkü bir işim yok gibi yaşıyorum, oysa ben yazarım, koşarım, konuşurum. Doğayı severim. Arıları kurtarırım. Zeytinyağı üretmek için çabalarım. Anlaşılmam. Aha! Karpman'ın Drama Üçgeni'ndeki Zalim de Kurban da Azmettirici de benim. Yine benim.

Nereye yazıyorum? Türkiye'ye. Nerede olduğumun, nereye yazdığımın önemi olmamalı değil mi? Ama var. Köşe yazısı, sınırlı yeri olan bir yazı türü.

Oysa ben uzun ve soluksuz yazmayı seviyorum. Uzun ve soluksuz bırakan yolları aşmayı sevdiğim gibi.

Uzun zamandır insanlar bana böyle diyor. Sokakta "Aaa siz Koş Yonca Koş'sunuz değil mi?" diyen bile var. Bir yarışta koşarken, Antalya, Paris, Malta... "Koş Yonca Koş!" diye bağıranlar var. Şaşırıyorum. Gördüğüm ilgiden mutlu olurken mahcubiyet de hissediyorum.

Koşmaya başladığımda çok az kişiydik. Koşmaya dair yazılar yazmaya başlayınca, ulusal basında, *Hürriyet*'te yani, koşan ve yazan, koşarken video çeken, twit atan, paylaşan, canlı yayın yaparak koşan bir yazar olunca, büyük bir etki yarattım. Böyle bir çabam olmadığı için bu etkiyi yarattım. En çok belki de kadınlar etkileniyordu. Çünkü birbirimize benziyoruz. Ben, içeriden bildiriyorum. Endişeleri, kırmak istedikleri kabuklar, değiştirmek istedikleri şeyler ve hayatlar, kurumsalda kölelik... Bunların içinde sıkışmışlıklardan koşarak kaçtım ben. Bana bakıp, belki bir gün ben de, diyebiliyorlardı. Birbirimizi sessiz sedasız anlıyoruz.

Ben koşmaya, koşarken yaşamaya ve hislerime, yazmaya odaklı ve tutkuyla bağlıydım.

Mutluydum koşarken. Koştukça mutlu oluyordum.

Sağ ayak topuğumu kırmam, hayatımın dönüm noktası olmuştu.

Her şey o yaz olmayı seçmişti.

Topuk kemiğini kırmak kolay değilmiş. İnsan bedenindeki en tok, en ağır kemik kütlesiymiş topuk kemiği. İranlı bir doktor "Topuk kolay kırılmaz, kalbin mi kırıktı da bu kadar kolay kırıldı," cümlesini kurduğunda, kalbimin neye, nelere kırık olduğunu öğrenmeme henüz üç ay vardı.

Bütün bunların üzerine, ben maraton koşma antrenmanlarım aksadı diye üzülürken, "Sabrı öğrenmen gerek diye düşün Yonca ve bu kırığı öyle yaşa. Sabrı öğrenmeyen maraton koşamaz," diyen Alper Dalkılıç ikna etmişti beni Likya Yolu Ultra Maratonu'na katılıp hayatımın ilk patika koşusuyla tanışmaya.

"Engel" ile Yüzleşme

Eylül 2012'ydi. Çadırda kalınacaktı. Tarihi Likya Yolu'nda koşulacaktı. Yemekleri organizasyon veriyordu. Aylin Savacı Armador Likya'da ultra kategorisini -yani sırt çantasında yiyeceğini, giyeceğini, zorunlu malzemelerini de taşıyarak kendi kendine yeterlilikle 250 km koşma– ilk bitiren Türk kadınıydı. Ama benim katıldığım sene, yeni bir kategori açılmıştı. Adı da 6G'ydi.

Sabah kahvaltını, öğlene kumanyanı ve akşam yemeğini veriyorlardı. Zorunlu malzemeni taşıyordun. Her gün 3-4 saat yürü-koş yapmak zorunda kalıyordun.

Aylin'in yazdığı yarış anılarını, yarış raporlarını okuyarak hazırlanmayı denedim ben de. Birkaç kere de e-posta ile haberleştik Aylin'le.

Yanında ne götürdün giymek için dediğimde bana son gece, ödül gecesi için yine de bir elbisesini götürdüğünü söylemişti ve koşu malzemesi dışında belki rahatlamak için kamp alanında şort ve tişörte ihtiyacın olur demişti.

Ben de kendimce daha önce hiç doğa kampında bulunmamış, doğanın ortasında bir çadırda yedi günü bırak bir gece geçirmemiş biri olarak hazırlamıştım bavulumu.

Annem koltuk değneklerimi evde bırakıp Likya Yolu Ultra Maratonu denen bir şeyi 6 gün boyunca koşmak için gittiğimi, orada uçurumlar olduğunu, dağların içinden geçeceğimizi duyunca, benim kendimi öldürmeye gittiğimi zannetmişti. O kadar olmayacak bir şeydi.

Fethiye'ye gelip otele girdiğimde kapıda beni organizasyon ekibi karşıladı. Basından biri gelmişti, hem de koşan biri gelmişti ve topallıyordu. Kimse topallamamı umursamadı. Az ileride bir kolu olmayan, lakabı da Koşan Adam olan Kemal Abi vardı. Ben topallasam ne olur. Yüzümü önüme eğdim. Koşmak bana "engel" kelimesi ile ağır yüzleşmeler, kendi yargılarımdan utanarak açılmayı da öğretiyordu. Kocaman bir yargı hapishanesinden çıkıyordum her adımda, her yeni ortamda.

Otel lobisinde, üstü çıplak, altında şort, ayağında şipidik terlikimsi bir garip sandalet, elinde de bir asa tutan ilginç bir adam duruyordu. Bakmayayım dedikçe adamdan gözümü alamıyordum. Yabancıydı. Bir kabile mensubu filan olabilirdi. Derken organizasyondan Özge geldi yanıma. Basın toplantısı olmadan odama yerleşecektim, tamam da, şu adam kimdi.

"Hani *Born To Run* diye bir kitap var ya, okudunuz mu acaba, o kitaptaki çıplak ayakla koşan Barefoot Ted kendisi. Amerika'dan davet ettik, geldi. O da 6G koşacak sizinle."

Ağzımın nasıl açık kaldığını siz düşünün. Temmuz ayında Palamutbükü'nde, teknede elimde kitap, kafamı göğe kaldırıp "acaba bir gün ben de bu adamla tanışıp koşabilir miyim onun gibi" dememden sadece iki ay sonra adam karşımda, beraber koşacağımızı söylüyorlar. Başka bir şey mi isteseydim yukarıdan?

Ted'in yanına gittim, topallaya topallaya, kendimi tanıttım. Sesi çok komik. Kendi büyük ama sesi çocuk kalmış, tam kitapta yazdığı gibi. Şakacıktan öyle konuşuyordur gibi geliyor, ne dediğini dinleyemiyorum. İngilizce konuşan, koşan biriyle tanışmaktan memnun oluyor. Ayağımı soruyor, özetliyorum. Sıkıntı yok, bir arkadaşım daha var, biz buraya bu yolu koşmaya değil, yaşamaya geldik, senin yanında senin hızında seninle ilerleriz, yarış değil, Likya'yı yaşamak önemli, diyor. İçimden, tabii canım, diyorum.

Basın toplantısında neye uğradığımı şaşırıyorum. Prof. Taner Damcı, bir Ultra Maratoncu, endokrinoloji profesörü, yarış teknik direktörü olarak detayları anlatıyor. Ultracılar da salonda. Mesafeleri, video görsellerinde yer alan patikaları aklım almıyor. Ben ne yaptım! Basın toplantısı sonunda, titremeler geliyor. Çaktırmıyorum.

Teknik toplantı, brifing yapılacak deniyor. Toplaşıyoruz. Prof. Dr. Taner Damcı bize ilk gün neler olacak, nelere dikkat etmeliyiz anlatıyor. Suyun önemini, zorunlu malzemelerin ne kadar kritik olduğunu... Sıcağın biz ilerledikçe daha zorlayıcı hale geleceğini, sağlıkla ilerleyebilmenin acele etmek yerine gerektiğinde durmayı, mola almayı bilerek mümkün olabileceğini söylüyor.

"Yorgunluk arttıkça acele ederek finişe gitmeye çalışmak yerine, bazen 1-2 dakikalık bir dinlenme molası size hiç bitirememek yerine, kendini erken tüketen birinden önce gelme şansı bile kazandırabilir" diyor.

Dediklerini anlamaya çalışıyorum. Gözümde canlandıramıyorum bile bu anlattıklarını nasıl bir ortamda değerlendirebileceğimi. Koşarak geçeceğimizi söyledikleri patikalara dair fotoğraflar paylaşıyorlar dev ekranda. Ağzım açık, dilim tutuk... Ben ne yaptım diye diye bakıyorum boş boş.

Teknik detaylar, kurallar, nelere dikkat edilmesi lazım, Ultra koşanlara saygı, önlerinde göstere göstere yemek yemememiz... çünkü onlar 6 gün boyunca tüm yiyecek, giyecek, yatacak malzemelerini sırtlarında taşıyacaklar; biz ise organizasyonun kurduğu açık büfeden afiyetle yiyeceğiz sabah-akşam, öğlenleri de sandviçimiz olacak.

Dar patikalarda arkadan hızla gelen birisine yol vermek, birbirimizi tanımasak da can güvenliğinden sorumlu olmak.

İlk gün için start alıp hayırlısıyla finişe geldikten sonra, ikinci gün için teknik toplantıyı artık bizim için kurulan yörük çadırlarında yapacağımızı öğreniyorum.

Kafa lambası kullanacağım. Nasıl olacak? Bilmiyorum.

Ben bu içinde bulunduğum ortama, ihtiyaca, yapılacaklara dair hiçbir şey bilmiyorum. Ve kendimi cahil cesaretiyle yollara düşmüş bir insan olarak, hiç akıllı bulmuyorum. Bu insanların bu kadar çok şey biliyor, hazırlanmış ve gelmiş olmalarındaki güveni görüp utancımdan yerin dibine de geçmek istiyorum. Organizasyonun parkurundan sorumlu olan ekipten start başında bizlere "takip cihazı" ve "GPS" verileceğini, patikaların bazı yerlerinde hiçbir şekilde telefonlarımızın çekmeyeceğini DE öğreniyorum. Nasıl yani?

GPS'e yüklenen patikayı takip edeceğiz. Ben o aleti nasıl çalıştıracağımı bilmediğim gibi, hayatımda hiç pusula kullanmadım, zinhar anlamam, gitgide panikliyorum. Paniğimi görenler, biz sana anlatırız çok kolay diyorlar. Allah razı olsun, inşallah kolay anlarım diye dualar ediyorum.

Birinci gün rotasının km km anlatıldığı bir kâğıt dağıtıyorlar. Şu km'de şuraya varacaksınız, orada LYUM işaretleri olacak, oradan sağa... 5 km'de bir çeşme göreceksiniz, orada dikkat edin sağa değil, sola kıvrılacaksınız... diye de bu işlerin yöneticisi Tolga Gözüm anlatıyor. Başım dönüyor. Bir yere geliyoruz, oradan aşağıya inmek yerine yukarıya çıkıyoruz, dikkatli olmak lazım. Sürekli dikkatli olmak lazım. Her anlatılanı anlamaya, aklıma yazmaya çalışıyorum. Telefonlarımızı sessize alamayız; ancak ailemize de haber vermeliyiz sürekli arayıp pilimizi tüketmesinler. Bu bir yandan da telefonlarımızın dayanması için önemli bir güvenlik unsuru ve diyelim patikada kaybolduk, düştük, bir şey oldu, takip cihazından bizi izledikleri için, bir sorun olduğunu anlayıp bizi "kurtarmaya" geleceklerini söylüyor, bu patikaları gözü kapalı bilerek anlatan Tolga.

Dehşet içinde dinliyorum. Ayağım zonkluyor. Acısı birden tavan yapıp beynime vuruyor. Kalkıp yerimde biraz yürüyerek sakinleşmeye çalışıyorum.

Alper, Elena, Kemal Abi, çadırda tanışacağım Alim... tüm Ultracılarla ve 6G'cilerle sohbet ediyorum. Bana, o an hiç de inandırıcı gelmeyen cesaret cümleleriyle gaz veriyorlar: "Alırsın start, baktın olmadı, bırakırsın. Sen burayı deneyimlemeye, gözlem yapmaya, icabında koşana destek olmaya geldin. Bitirmek değil mesele, burada olmak. Bunu yaşamak."

Kendimi ben de aynen böyle telkin etmeye çalışıyorum. Ted ve bahsettiği arkadaşı Andrew ile tanışıp merak ettikleri şeylere cevap veriyorum. Ben onlara tonla soru soruyorum. Startta benimle olacaklarını yineliyorlar. Dünyanın bir ucundan gelen, dünyanın konuştuğu "o" adam da tanıdığım diğer koşanlar gibi tarifsiz mütevazı, paylaşımcı, yardımcı biri çıkıyor. Bu kadar iyilik, anlayış, cesaret tüm dengemi alt üst ediyor. Lise yıllarımı, lise arkadaşlarımı hatırlıyorum. Bu ortam bana Ankara'da okuduğum, o zamanki adıyla "Lycee Français D'Ankara", şimdiki Lycee Charles de Gaulle'ü hatırlatıyor. Ben bu insanlardan evde de olsun istiyorum.

Koşanlar dünyası, yaşadığımız dünyadan hayli farklı, buna çok içerliyorum. Odalara çekiliyoruz. Panik hâlinde zorunlu malzemelerimi kontrol ediyorum. Çantamdalar. 6G için zorunlu malzemeler şöyle:

- İçinde suluk olan, mataraları taşıyacağın bir sırt çantası. Her gün, parkura, en az 1,5 litre suyla çıkmak zorundasın.
- Çantanda acil durum düdüğü olması gerek. Çaldın mı 2 km öteden duyuluyor.

- Yara bandı, ağrı kesici veya kullandığınız bir ilacınız varsa o.
- Beslenme takviyesi. Jel olabilir, kuruyemiş olabilir. Jelle ilk LYUM'da tanışıyorum. Minicik tüplere kolay yenilecek şekilde karbonhidratı, şekeri, tuzu türlü aromalarla tıkıştırdıkları bir şey.
- Ayna.
- Çakmak.
- Acil durum battaniyesi.
- Kafa lambası ve yedek pilleri.

Ve ben bu malzemeleri nerede ne zaman nasıl kullanacağıma dair hiçbir şey bilmiyorum. Al dediler, aldım.

Yatıyorum ama uyumak ne mümkün. Neyse canım, baktım olmadı ilk köşeden geri dönerim. Basından geliyorum ya, aslında üstüme de titriyor gibiler. Bunu düşünüp kendimden utanıyorum. Utansam da sıkılsam da icabında basarım yaygarayı diye de kendime gaz veriyorum.

Sabah otelden starta hareket ediliyor. Zor yürüyorum. Ağrılar gelip gidiyor. Yataktan kalkmak en zoru zaten, aylardır. Gün içinde ağrı azalır gibi oluyor. Ben ne yapacağım bu dağlarda? Çok korkuyorum! Afişlerde "limitlerinle tanış" yazıyor. Aha diyorum, benim limit buraya kadarmış, tanıştığımıza çok memnun oldum. Gözlerim doluyor. Herkesin bütün bu inanılmaz zorlu başlangıç öncesi bu kadar neşeli olmasına kendimi kaptırıyorum. Vardır bunca delinin bir bildiği, demeye çalışıyorum. Çocukluğumdan beri içimde olan neşe bu ortamda iyice açığa çıkıyor. Tutamıyorum.

Kafamda Neşe Karaböcek *Kemancı*'yı söylüyor: "Hâlime bak, dertli çal /Unutulmaz bu acı /Benim hâlim çok acı."

Fethiye Kayaköy yakınlarındaki Likya Yolu başlangıç noktasında bir avuç insanız. Start orası. Herkes inanılmaz heyecanlı. Ben korkudan ölüyor ve çaktırmamaya çalışıyorum.

Ted geliyor yanıma. Zaten hepimiz, herkes onunla fotoğraf çektirmek istiyoruz. Bu arada, belki 10-15 kez birileri ona ayağındaki o şipidik terlik gibi sandaletlerle burada asla koşamayacağını, çok tehlikeli olduğunu, buraya uymayacağını söylüyor. O ise gülümsüyor. Beni merak etmeyin, siz kendi ayaklarınıza iyi bakın diyor. Yanında Andrew, onda da aynı sandaletlerden var. Maşallah herkes akıllı, bir bu ikili deli.

Ultracılara dehşet içinde bakıyorum. 6 günlük bütün ihtiyaçları sırt çantalarında. Bu andan itibaren onlara su bile vermemiz yasak. Diskalifiye olurlar. Organizasyon da onlara sadece su, sıcak su verecek. Bir de malum Ultracıların ve 6G'cilerin kalacağı ortak çadırları kuracak. Onlara yemek vs. vermek yasak. Hepsini önceden planlayıp gelmişler. Biz 6 günde toplam 120-130 km koşacaksak, onlar toplamda 260 km koşacak. Hele 5. gün bir start alıp 108 km koşmaları söz konusu. Kurduğum cümlelerin içindeki km'leri aklım tam almıyor.

Alkış kıyamet, cümbüş, olağanüstü bir heyecanla start alıyoruz.

Bir gece önce bize dağıtılan kâğıda sabaha kadar baktım. Ezberledim.

Start-4 km arası çarşak zemin patika. Çarşak nedir ki?

4 km-8 km arası kırık tahta kapıdan geçiş ve patikaya giriş... Tarihi Likya kırmızı beyaz işaretlerini izleyerek devam. 6. km'de babalardan sağa...

"Babalar" bir restoran herhâlde demiştim. Orada bir soluklanırım diye planladım. Nasıl olsa bizim sağdan soldan su vs. almamız yasak değil.

Bu arada, belli noktalara bize verilen süre içinde gelmemiz lazım. Yoksa diskalifiye oluruz. Herkes uyardı, sakın dalıp işaret kaçırma, patikada kaybolursan çok zaman kaybedersin, finişi kaçırırsın. Likya yolu işaretleri kırmızı beyaz iki çizgiymiş.

Kaybolmak mı? Nasıl yani? Kaybolmak nedir, bilmiyorum. Kaybolunca başıma ne gelir, bilmiyorum.

Start aldık ve hayatımda ilk defa "çarşak" kelimesini duyduğum gecenin sabahına o zeminde yürümeye çalışırken buldum kendimi. Yangın yolu gibi geniş bir araç geçmesine izin verecek kadar bir yol ve hayli bozuk bir yol. Startı alan yanımdan fişek gibi koşarak geçiyor. Ben yürürken sakat ayağımla bileğimi de mi kıracağım diye şaşkınlık içinde tay tay yapmaya çalışırken, millet koşuyor bu zeminde. Yok artık diyorum. Derken de gözümü sağımda uzanan o olağanüstü manzaradan alamıyorum. Göğün mavisi ile Fethiye Ölüdeniz'e kadar uzanan denizin mavisi, o maviyle öpüşmek için göğe uzanan koca çamların yeşiliyle kucak kucağa. Çamların upuzun gövdesi, sanki dünyanın en güzel, en uzun bacakları. Manzara o kadar güzel ki baka baka, fotoğraf ve video çeke çeke nasıl ilerlediğimi bile anlamıyorum. Yavaş yavaş gelen Ultracılar, temkinle başlayan 6G'ciler, herkes birbirine gülümsüyor, cesaret cümleleri, yüreklendirmeler havada kuşlar gibi uçuşuyor. Nasılsın Yonca, iyi gidiyorsun iyi diyorlar. Ben gözümü manzaradan alamıyorum, büyülenmişim. Ölüdeniz'e daha önce geldim ama Ölüdeniz'e bu açıdan hiç bakmadım. Kartpostallarda görür insan, ben içindeyim.

4 km yakınında karşıma çıkacak, kırık tahta kapıya kadar topallaya topallaya, arada bir sekip koşmayı deneyerek geliyorum. Tamam ya, bugün toplam 16 km demişler, ben böyle tıngır tıngır finiş için verilen süreyi kaçırıp diskalifiye de olsam dura kalka giderim diye hayaller kurarken, o kapının ardında patika denen şeyi görüyorum.

İki insan yan yana geçemez. Daracık bir şey patika. Zemin darmaduman. Kaya, taş, yani yol değil. Yol yok. Solun ulu bir dağ. Sağın tam uçurum olmasa da yerden hayli yüksek. Ayağım kaysa, maazallah düşsem, bir yerimi kırabilirim. Zaten kırığım da!

Yanımdakilere, önümden orayı zıplayarak geçenlere bağırmaya başlıyorum. Şşşşt durun. Durun orada yol yok. Burada bir yanlışlık olması lazım, burada kimse koşamaz. Belki biz yanlış bir yere geldik... Organizasyona haber verelim, herkes geri dönsüüüün! Koşamazsınız buradan, durun, gitmeyin... nafile! Kimse beni takmıyor.

Kimi engellemeye çalışsam, Yoncacım burası, korkma bak gel, buradan geçeceğiz, patika girişi burası. Yaparsın gel gel, deyip keçiler gibi seke seke, koşa koşa uzayıp gidiyorlar. Görünmez oluyorlar 20 m sonra.

Zar zor o kapıdan geçiyorum. Kızım Yonca, neden hâlâ devam etmeye çalışıyorsun? Buradan sonra telefon da çekmeyecek. Kimse bana ulaşamaz. Oh mis. Kendimle başbaşa, dünyadan uzak bir zaman armağan ediyor patika bana.

Deneyeyim bari.

O kapıdan, hayatımın bir limit aşımına daha geçiyorum. İnsan yol olmayan yerden de hayata devam edebilir. Kendi hızında.

Ayağımın altından taşlar kayıyor. Sağlam basmaya çalışıyorum. Ağrımın korkudan kaçtığını düşünmeye başlıyorum.

Mis gibi bir orman kokusu. Naneli, biberiyeli, çam kokusu. Büyüleyici. Her yer yemyeşil. Dağı hep uzaktan görmüşüm, içindeyim. Dağın bir parçası gibiyim. Miniciğim.

Ted ve Andrew yanıma geliyorlar. Yonca, biz seninleyiz. İhtiyacın olduğunda tutun... Olur mu öyle şey. Çok teşekkürler, ben kendim deneyeceğim, der demez düşecek gibi oluyorum, beni tutuyorlar.

En iyisi birinin omzuna tutunarak şurayı ineyim.

Yol boyu, dikkat et kaçırma denilen en kritik işaretlerin 3'ünü de kaçırmayı ve yanlış yere sapmayı başarıyoruz. İnanılmaz endişe ediyor ve korkuyoruz. Suyumuz azalıyor. Korkudan öfkeleniyorum. Bu nasıl iş, işaretleri nasıl daha görünür yapmazlar! Daha dikkatli olacağım diye ant içiyorum. İşaret kaçırınca, en son gördüğünüz işarete geri dönmemizi tavsiye etmişlerdi, akıllıca olan budur diye. 3 kere gerisin geri dönmek zorunda kalıyoruz. Hadi birimiz kaçırdık, üçümüz birden nasıl kaçırırız diye birbirimize de bozuluyoruz. Hele bir ara, hepimizin suyu dibine gelmişken, patikanın birinde resmen aynı noktayı tavaf edip yine de tam olarak nereden gideceğimizi bir türlü bulamıyoruz. Elimizde GPS aleti, ok biz nereye gidersek tersine gidiyor, delirecek gibi olduğumuz bir sırada, arkadan gelen bir Ultracı mucizemiz oluyor. Panikten görmemiş olacağız, gözümüzün önünde kayanın az arkasında kalan kırmızı beyaz boyayı gösteriyor, rotamızı bulup giriyoruz yola.

Çok şükür, zaman kaybettik fakat hâlâ finişe zamanında gelecek vaktimiz var. Artık kaybolma lüksümüz kalmadı.

Ted, çok âlem. Her gördüğü meyve ağacından bir meyve alıp yiyor. Bir çeşmeye geliyoruz, su içeceğim diyor, çeşme başında arılar cirit atıyor. Şimdi bir eşek arısı sokacak bu Amerikalıyı ya da sudan mikrop kapacak, sonra dünya basını, meşhur Çıplak Ayaklı Ted, Türkiye'de zehirlendi, ölüyordu diye bizi, organizasyonu suçlayacak, diye kendimi arıların önüne atıyorum. Ted duruyor; "Yonca ben senin ülkenin bu olağanüstü tarihi coğrafyasına, suyuna güveniyorum. Sen neden bu kadar güvensizsin, çekil ben buradan su içeceğim. Bu kadar arı buradan su içtiğine göre, bu su gayet iyi," diyor.

Rezil hissediyorum. Ben neden bu kadar güvensiz ve endişeliyim? Benim güvenim nasıl bu kadar kırıldı, ben nerede doğaya, hayata, kendime güvenmeyi bıraktım; sarsılıyorum.

"Babalar" diye bir restoran göremiyorum. Kontrol noktasına geldiğimizde, görevlilerden birine, "Babalar'ı göremedim" diyorum.

"A nasıl görmezsin, patikanın sağındalardı, bundan sonra da solunda olacak, sakın kaçırma, oradan yukarı uzayacak patika, aşağı inmeyin sakın" diyor. Su tazeliyoruz, atıştırmalıklardan alıp giderek kendini hissettiren sıcakta ilerliyoruz.

Ayağımın topallamadığını, ağrımadığını sanırım 12. km civarında fark ediyorum. Şoktayım.

Babalar Restoran'ın bütün Likya Yolu'nda bir tür zincir restoran olduğunu düşünüyorum, fakat herkes nasıl oluyor da görüyor, bir biz görmüyoruz, hiç anlamıyorum. Gözümü dört açıyorum, bulacağım o restoranı ve bir çay içeceğim. Yok, Babalar Restoran diye bir yer yok.

Yerine devasa keçiboynuzu ağaçları buluyorum. O kadar severim ki! Ted hiç keçiboynuzu ağacı görmediğini, dalından toplayıp yemediğini söylüyor. Bir çocuk gibi şen. Zıp zıp zıplıyor keçiboynuzu uzatıp çekirdeklerine dikkat ederek yemesini söylediğimde. Ağacın gölgesinde oturuyoruz. Soluklanıyoruz. Biraz durup mola almanın beni nasıl kendime getirdiğine şaşıp kalıyorum. Bu mola alma işini eve gidince de uygulamalıyım.

Taner Hoca doğru demiş. Şimdi sanki daha güçlü, daha hızlı, daha rahat ilerleyeceğim. Ayaklarım perişan. Kesin parmaklarım su topladı. Gücüm bir parça yerine geldi. Cebimden kırmızı rujumu çıkarıp tazeliyorum. Ted kahkaha atıyor, Andrew fotoğrafımı çekiyor.

Ayaklarından şikâyetleri yok. Bakıyorum, su toplayan parmakları da yok. Son geldiğimiz kontrol noktasında su, tuz, limon, atıştırmalık meyve ve krakerler var. Orada Ultracıları görüyoruz. Dudakları çatlamış, kurumuş. Konuşacak halleri yok. Bizim kalmış 3 km, onların kalmış 23 km Olamaz diyorum. Olamaz! Ölecek bu insanlar bu dağlarda. Pes etmiyorlar da.

Kontrol noktalarında yarışmacıları karşılayan ekip ve gönüllüler inanılmaz; gülümseyerek, neşeyle, anlayışla. Çok kaybolduk diye hayli öfkeli geldiğimiz birinde, hak verdiler, sakinleştirdiler, olabildiğini, herkesin başına geldiğini, bu işin oyun kısmının da bu olduğunu, bizi her şekilde takip cihazından gördüklerini ve en ufak şüpheli durumda dağcı ve tecrübeli olduklarından yanımıza koşarak geleceklerini anlatıyorlar. İçim biraz daha rahatlıyor. Adamlar kendinden emin. Güveniyorum ben bu insanlara.

İçinden geçtiğimiz ormanlarda bir süre konuşamaz hale geliyoruz. O kadar yüce ki orman. Ağaçlar öyle devasa, yeşil öyle temiz ve sonsuz ki. Toprağın kırmızımsılığı siniyor üstüme başıma. Ormanın o mis kokusu, kafa yapıyor sanki. Gittikçe açılıyorum. Topallamıyorum sanki. Olamaz bu. Gerçek dışı her şey. O başta "buradan asla koşulamaz" diye ciyaklayan Yonca'dan eser yok. O ilk imkânsız dediğim yerden sonra, onun kat be kat acayibi yerlere de girdik ve içinden çıktık bir şekilde.

İlk şoku atlatınca her şeye hazır ve bu da olur bu da geçer kafası gelmeye başlıyor. Manzara oyalıyor. Tablo gibi.

Finişe geldiğimize inanamayarak ilk günümü tamamlıyorum...

Biraz aptal gibiyim. Hem çok yorgunum. Hem de şoktayım. Yorgunluktan bir şey düşünecek hâlim yok. Geldiğimiz nokta Sdyma noktası. Dağın tepesindeyiz. Akşamüstü olmuş. Tüm Ultra ve 6G koşucuları gelmiş. Ted ve Andrew, ben iyi olunca biraz daha hızlanıp gittilerdi. Zamanı kaçırmadan, en en en sonuncu ben gelmişim.

Hayatımda ilk defa yörük çadırında yatacağım. Organizasyona teslim ettiğimiz bavulumu alıyorum. Tekerlekli. Olacak iş değilmiş. Dağ başında tekerlekli kokoş bavulun ne işi var. Hani böyle dağcı sırt çantası gibi getireymişim sanki daha kolay olacaktı. Bir de nasıl koca bir bavul. Utanıyorum.

Dağın içindeki o noktamızda toprak zeminde çekiştirmeye çalışarak, kalacağım çadıra ilerliyorum. Kara mizahtı gerisi. Acemilik. Hiç olmayacak şeyler almışım bavula. Mesela iç çamaşırlarım. Külotum! G-string. Pembe puantiyeli. Çok yanlış!

Çadırda altı kişi kalıyoruz. Elena ve ben, iki kadınız. Üstüm başım toz toprak. İki tane kurulu duş var. Mavi bir muşamba ile çevrili. Duş alayım diye gittim. Rüzgâr da başlamış. O kadar şaşkın ve stresliyim ki yorgunluktan ayakta duracak hâlim yok. Ve bir de olanların yazısını yazıp gazeteye yollamak istiyorum. Burada çok acayip, eşsiz bir olay var ve Türkiye'de kimsenin layığıyla haberi bile yok. Kafamda bu düşüncelerle duş almaya çalışırken köpüklerle bir döndüm ki mavi muşamba rüzgârdan uçmuş, ben anadan doğma su altındayım ve kampta o sırada oradan geçen bir sevgili Ultracı Bey: "Yoncaaa! Muşambayı mandalla tuttur!" diyor ve geçiyor. Sanki ben çıplak değilim, kimse beni gördüğü o hâlde ne utandırıyor ne de hayatında ilk defa çıplak kadın görmüş aç kuduz gibi rahatsız ediyor. Muşambayı nasıl çekiştirip mandalladığımı ve bir gün içinde kaç limit aşımı, kaç önyargı yıkımı, kaç yüzleşme, kaç ayılma ve şok yaşadığımı düşünemez hâlde duştan çıkıyorum.

Baktım, herkes çamaşırlarını yıkayıp iplere asmış. Sporcu iç çamaşırı onlar. Ben, puantiyeli toto arası donumu mahcubiyetimden asamadım oraya.

Gittim çadırın arkasına, keçi kılından olma, keçeden, yörük çadırının çatısına attım, kimse görmeden, sabaha kadar kurusun diye. Sabah kimse görmeden de aldım oradan, giyindim. Koşarken patikalarda, her yer bok kokuyordu... amma pislemiş keçiler her yeri diyerek ilerliyordum. Dağların içinden geçen patikalarda en çok keçi görüyordum. Keçi boku kokusu o kadar ağırdı ki bu kadar da olamaz diye düşünürken vardığım bir kontrol noktasında Koşan Adam Kemal Abi yanıma geldi; "Kız sen yoksa dün üstündekileri yıkayıp çadırın üstünde mi kuruttun da giydin?" dedi.

"Eveeet..." dedim.

"Ondan bok gibi hayvan kokuyorsun. Keçi kokusu sinmiş üstüne..." demez mi!

Ah be Yonca... O hayvan sensin kızım! Pembe puantiyeli donu olan bir keçi.

Koşan Adam Kemal Abi, "Hadi baaay," deyip koşarak bastı gitti.

Likya'da sonsuza kadar her sene koşmaya, kırılan kalbim –pardon topuğum– sayesinde tanıştığım koltuk değneklerini fırlatıp evden koşarak kaçtığım o sene karar verdim. Hayvan gibi koktuğumu anladığım sene.

Hayvan gibi kokuyorsam, acemiliğimden, bilmezliğimden, masum cehaletimden, mahcubiyetimden, ayıbımı örtme isteğimden, hiç suçum olmayan bir hatamdan, çadırın kılından tüyünden, keçidendi.

Benden değildi.

İnsanın kendini suçlamaya, gerçeklerden kaçmaya veda etmesi için, önce kendisiyle keçi gibi inatlaşmaktan da vazgeçmesi gerekiyormuş demek ki.

Uyku Tulumu

Hayatımın ilk uyku tulumunu Likya' ya giderken aldım.

"İnternetten sipariş veriyorsun," dedi Alper Dalkılıç, bana bir örnek yolladı, ben de hiç anlamadığım bir şey olan o uyku tulumunu, hiç anlamadığım birtakım özellikleri bana iyi gelir diye aldım. Uyku tulumunun altına konacak mat da gerekiyormuş, onu pek anlamamışım. Almadım.

Uyku tulumu icabında içinde soyunduğun, giyindiğin; sabah veya gece soğukta manto gibi üzerine geçirip oturduğun, içinde yaşadığın bir kabukmuş. Sonra öğrendim.

Seni toprağa en yakın ve bir o kadar uzak tutan en ince ve bir o kadar korumalı malzeme. Öyle önemli ki!

Çünkü insan ancak uykuda bu kadar iyileşebilir ve bu kadar gücünü kazanabilir. İnsan uyuduğunda yaraları, ağrıları geçiyor. Bir gün önce ölü gibi vardığın yerden dirilerek çıkıyorsan; tek nedeni uyku. İnsanın en büyük ilacı ve tedavisi uyku.

Ben yıllarca eksik uykulu bir çocuk, bir genç ve anne oldum. Hep uykudan vazgeçtim. Her fedakârlığımı uykudan yana kullandım. Biriken o uyku eksikliğinin, yorgunluğun uykudan başka hiçbir şeyle telafi edilemediğini de Likya'da, altı kişi paylaştığımız yörük çadırında, uyku tulumumun içinde; gök altında, toprak üstünde, sağına soluna batan dikenler, taşlar içinde mışıl mışıl uyuyup uyanınca anladım. Doktorların bana "Uyursan iyileşirsin," dediği o noktaya bir dağın başında, çadırın içinde, yorgunluktan sızarak uykunun tadına vardığım o ilk gece geldim.

Uyku önemli. Yedi gün süren Likya Yolu Ultra Maratonu'nda herkesin kendi koştuğu kategoride çektiği onca zorluğa rağmen, ertesi gün start alacak gücü bulması, çadırın zeminini oluşturan o ince keçe üzerinde bir incecik mat, tüm taşları hissede hissede uyku tulumu içinde kıpırdaya kıpırdaya uyuması ve bu kadar iyi kalkması nasıl işti arkadaş? Ölü gibi yatıyor, capcanlı uyanıyorduk sabahın ilk ışıklarıyla, kıpır kıpır.

Hamileliğim aklıma geldi. Bebeğin karnında kıpırdamadı mı, hemen doktorunu ararsın. "Önce bir çikolata ye, hâlâ kıpırdamazsa hemen gel bakalım ultrasonda" der doktor. Bebek hep kıpır kıpır olduğundan, hareketsizlik endişe kaynağıdır anne için.

Hayat belirtisidir kıpırdanma. Güvendir.

İnsan o kadar çok kıpırdayan bir canlıyken, şehirlerde, o en şahane ergonomik yataklar icat edileli beri, hiç kıpırdamadan ölü gibi uyudukça hastalıklar artar, yorgun uyanışlar başlar oldu belki de. Çocukluk çok kıpır kıpır bir şeyken bizi uyuta uyuta durduruyorlar. Rüyalar kâbus oluyor. Biz gücümüzü yitirdikçe hiç kıpırdamadan uyuyarak virüsler güçleniyor. Doğadan öcü gibi korkup uzaklaştıkça biz, içimizdeki canavarlar büyüyor.

Kampta o gece bir de ateş yakmıştı organizasyon. Yemeklerimizi oraların yerlisi teyzeler yapıyor, sırayla tabaklarımıza alıp çadırda yer sofrasına oturup yiyorduk. Çadır içine girerken ayakkabıları dışında çıkarıp içeri diken taşımıyorduk.

Kimse beni duşta çıplak gördüğünü filan konuşmuyordu. Herkes ilk günün nasıl geçtiğini, ne acayip bir açılış olduğunu anlatıyordu. Anlatmalara asla doyamayacağımız ömürlük asker hikâyeleri gibi bir şey olmuştu o ilk gün. Yer sofrasında, her seferinde bir başkasıyla oturup sohbet etmek, yıldızların altında tuvalete gitmek hayatımın ilkleriydi. Kafa lambasını birinin gözüne sokmadan konuşmayı öğrendim mesela.

2. günün brifingi için yine teknik toplantı yapıldı. Nelere dikkat etmemiz gerektiği anlatıldı. Artık dinlerken her türlü imkânsız ve acayip yola hazır hissediyordum. Eğer yol çok düzgünse, kesin bu işte bir acayiplik vardı. O kadar ters köşe yerlerden geçiyorduk. Yoldan çıkışlar, sapışlar, zorlukların içinde olunca zor-

ların yapılabilir olması hâli normalleşmeye başlamıştı. Limitlerim genişliyordu, umudum yeşeriyordu sanki.

Teknik toplantıda yine "babalar"ı göreceğimiz söylendi. Delirecektim. Neredeydi bu Babalar? Benden bin kat hızlı koşarak giden herkes görüyordu, ben kaplumbağa hızımda koskoca Babalar zincir restoranını kaçırıyordum. Daha dikkatli olacaktım. Babalar Restoran'da babalar gibi çay içecektim.

Kafa lambasının neden zorunlu malzeme olduğunu, gece çadır içinde tuvaletim gelip de, yahu ben bu karanlıkta tuvalete nasıl gideceğim diye düşünürken, yan tulumdan kalkıp kafasına lambasını takıp "loş ışığıyla" bizleri rahatsız etmeden kalkıp giden çadır arkadaşımdan görünce anladım. Çocukluğuma geri dönmüştüm. Büyüklerime baka baka öğreniyordum, taklit ederek yapabilmeyi deniyordum.

Ormanın çıtı çıkmıyordu gece. Arada bir kuş sesi, cırcır böcekleri, ay ışığı... Toprağın kalp atışlarını duya duya, bedenimde tınısını hissede hissede uyuyordum. Sabah gün doğmadan kalkılacaktı —da nasıl?

Ya uyanamazsam diye endişeyle uyumuştum ama sabah bir anda davul sesi duyuldu. Kahkahalar yükseliyordu çadırlardan. Ekipten bir arkadaş davul çalıyordu. Kalktım.

Kafa lambamı takıp dişimi fırçalamaya gittim. Dağ serindi. Uyku tulumunu üzerine mont gibi geçiren ayaklanmış hayaletler gibiydi herkes. Kafalarda lambalar, yürüyen tulumlar.

Hazırlandık. İkinci sabaha start aldık. O gün, "Gavur Ağılı" denen, bir zamanlar insanların keçileri kaçamasın diye oraya bıraktığı yerden geçip Leton antik şehrine varacaktık.

Gavur Ağılı'nda yeni bir şok ve limit aşımı yaşadım. İrili ufaklı kayaların üzerinde işaret kaçırmadan takip ederek, sağ tarafında uçurumdan denize varan bir ortamda ilerlemeye çalışıyorduk. Ted ve Andrew beni asla bırakmıyor, bu hızdan çok keyif alıyor, sohbete doyamıyorduk. Benim de canıma minnet. İkisi de çok tecrübeli, sakin ve anlayışlıydı. Başta kendimi borçlu gibi hissederken, artık keyifliydim bu destekten.

Gavur Ağılı'nı geçip, dikenli bitkilerden çizilen baldırlarımızla Leton antik şehrindeki ikinci finişe geldiğimizde ne ayağımdaki sakatlığı hatırlıyordum ne de o andan itibaren beni imkânsız yollar şaşırtabilirdi. Ayaklarımla değil, ellerim, kollarım, gözlerim, kalçam, neyim varsa her şeyimle ilerliyordum patikalarda. Uyumlanmaya başlamıştım.

İkinci günün anlı şanlı en sonuncusu yine ben olmuştum. Verilen sürenin kapanmasına 2-3 dakika kala geliyordum finişe. Çok gülüyorduk buna. Canını dişine takıp hız yapan birkaç yarışmacı, patikalarda işaret kaçırıp fazladan zaman kaybettiği için finiş süresini kaçırıp diskalifiye olmuştu. Yine de kimse bir yere gitmek istemiyordu. Yarışı kendi isteğiyle bırakma kararı alan 6G ve Ultracılar da oldu. Koşullar çok zordu. Sıcak dayanılmaz oluyordu gün içinde.

Bendeyse bir haller vardı. Kilometreler geçtikçe, kampta ve patikalarda zaman ilerledikçe sanki içimde kapalı kalmış kapılar açılıyordu tek tek. Korku, endişe, engel tanımlarım değişir, dönüşür olmuştu. İhtimal ve olasılıklar büyüyor, imkânsız ve olmazlar küçülüyordu.

Telefonun çekmiyor olması müthişti. Çocuklarımla konuşmaktan başka bir şey için kullanmıyordum. Yazdıklarımı ve çektiklerimi gazeteye göndermem için organizasyon benimle seferber olmuştu. Araca atlayıp dağları aşıp telefonun çektiği bir yerden görüntü ve yazı yolluyor, kampa geri dönüyordum. Herkes sadece koşuyor, dinlenip yatıyor; ben bir de araya yazı, görüntü montaj zamanı sıkıştırmaktan helak oluyordum. Olsun. Burada inanılmaz bir hikâye yazan insanlar ortamı vardı, birilerinin bunun kaydını tutması şarttı. Bir gün, birileri buraya gelmek için hayal kuracak, bu patikalarda binlerce insan koşmaya özenecekti.

Bu organizasyonun yaptığını başarmak kolay iş değildi. Keçi yoktu. Biz vardık. Taşıma su. Jeneratör. İnanılmaz bir emek. Dünyanın duyması gerek!

Yurtdışından gelen yarışmacılar şaşkındı. Güney Afrikalı bir Ultracı kadın, çok Ultra koştuğunu; zemini, irtifası, hava koşulları ve sıcağı bu kadar zorlayıcı ama bu kadar da olağanüstü bir doğada asla koşmadığını sayıklıyordu. Ted ve Andrew, geçtiğimiz yerlerde gördükleri doğa, arkeolojik sit alanları, kalıntılar, kral mezarları karşımıza çıktıkça deliriyorlardı. Hem tarih hem doğa hem böylesi candan bir organizasyona daha önce rastlamamışlar ve bu kadar lezzetli yemekler daha önce yememişlerdi.

İşte böyle böyle derken nihayet 3. günde BABALAR'ı gördüm. O bir restoran değil, insanların üst üste taşlar koyarak yaptığı bir tür işaretmiş meğer! Bunu anladığımda, o taşlarla öpüştüğüm bir fotoğraf çektik. Patikalar bana yepyeni kelimeler öğretiyordu. Kahkahalarla gülüyordum şapşallıklarıma.

Ben yine itinayla, bana verilen sürenin son dakikalarında finişe girmeyi başarıyordum. 4. gün, 5. gün derken, son gün de geldi. Her bir günün en en en sonuncusu bendim hep. En sonuncu gelene kadar tüm ekip, tüm koşanlar sabırla, saygıyla bekliyordu. Müthiş bir karşılama yapıyorlardı. Her gün sonuncu olup da birinci gibi karşılanmak inanılmaz geliyordu. Herkes organizasyonun ihtişamından, çalışan ve gönüllülerin sabrından itinasından şaşkındı.

Ultracının sonuncusunun finişe yaklaştığı haberi davulla veriliyordu, herkes yattığı yerden kalkıp karşılamaya çıkıyordu. Bu işin yaratıcıları Gökşin Ilıcalı, Taner Hoca hepsi herkesi can dostu gibi karşılayorlardı. Ağlıyordum o manzara karşısında. Alkışlar... ter toz içinde gelene sımsıkı sarılıyordu Özge. Yorgunluktan konuşacak hâli kalmamış olanın gözleri parlıyor, içine can geliyordu. Böylesi bir sportmenlik... hem çok iyi geliyor, hem çok canımı yakıyordu.

Sadece birincilik başarı değildi. Başlamak, devam etmek, kendini getirebildiğini düşündüğün o en limit noktan başarıydı. Sana özeldi. Kıyaslanacak bir şey değildi.

Kaleköy, Aperlai, Kaş Liman Ağzı... (hangi birini anlatsam ki etapların, detaylı anlatacağım yere kadar dayanın) hepsini koştuk, Muğla il sınırından Antalya il sınırına vardık. Olimpos-Çıralı akıllara zarar bir rotaydı. Gelidonya Feneri'ne vardığımızda, yerde miydim gökte mi, anlatılan tüm efsanelerin hepsi ve hiçbiri gözümle gördüklerimin hakkını yeterince teslim etmiyordu. Gelidonya Feneri'nde bir şey oldu bana. Burası benim hac yolum dedim. Ölene kadar geleceğim...

İyileşiyordum. Ayağımda su toplamayan parmağım yoktu ama artık topallamıyordum. Tıngır mıngır gayret derken, 6. gün sonunda finişe geldim.

Bitirmiştim!

Yine en son ben gelmiştim. Daha yavaş ve fakat süre dahilinde gelen kimse yoktu. Gülüyordum. Çok ilginç bir duyguydu.

120 küsur kilometreyi yürüyerek, koşarak, tırmanarak, sürünerek, dikenlerden çizik içinde kalarak, her gece yıldızların üstüme düştüğü bir göğe bakarken uykuya dalarak finişe gelmiştim. Zorluk, tanım değiştirmişti. Dağa bakmakla dağın içinde olmak; bir mesafeyi kat etmek, yavaş ile hızlının içinde bulunduğun patikaya göre, zemine göre göreceli bir kavrama dönüşmesi...

1 km'yi bazen 1 saatte geçebilirken, bir başka patikada 3 km'yi 25 dakikada gidebilmek... Bildiğimi sandığım tüm kesin yargılar "belki bir başka bakış açısı ve olasılık daha var ve neden olmasın"a evrilmişti. Uzaktan bakmak ile içinde olmak çok başkaydı. Başkasının zor dediği, bana kolaydı artık; bana zor gelen de benim kendi zamanımda, kendi hızımda, kendi yaratıcı çözümlerimle kolaylaştırabildiğim bir kavramdı.

Kendi yaramı sarabilirdim. Dengemi sağlamak için, kendimi sağlama almak için bir yerden inerken atlamak yerine oturarak, ellerimi yere koyup kayalara tutunarak inmeyi seçebilirdim. Kaybolsam, geri gidip o kısmı sil baştan tarayıp yolumu bulabilirdim. Mühendis olmasam da GPS kullanmayı, pusulayı, patika okumayı gözlem yaparak, taklit ederek yapmayı öğrenebilirdim. Emekleyebilirdim. Canım yanınca ağlayabilirdim. Korkudan bağırabilirdim. Düşebilirdim. Bir şeyi devam ettirmeme kararı alabilirdim. Her şeyi tam yapsam da işler istediğim gibi gitmeyebilir, durdurulabilirdim.

Limitlerimi aşmak mı? Al sana aşırtma.

Son günün sonunda hepimizde bir hüzün.

O gün Taner Hoca ile sohbet ediyoruz, akşama ödül töreni var.

"Gördün mü Yonca, yaptın," diyor.

"Taner Hocam, sizce ben şimdi artık Maraton koşabilir miyim, bir ay sonra Venedik Maratonu var, ona gideceğim de," diyorum.

Taner Hoca çığlık atıyor: "Yonca sen buraya daha önce kaç km koşup da geldin?"

"Hocam ben en son 21 km koşmuştum."

... Sessizlik.

"Yonca, sen buradan sonra 260 km Ultra da koşarsın."

Akşam ödül töreni. Ağlayış-kıyamet alkışlıyoruz Ultracıları. Ben bu kadar tantana yaptım, onlar yarı Tanrı ve Tanrıça olmalı.

Sıra geliyor 6G kategorisinin ödüllerine. Oturduğumuz yerde şakalaşıyoruz herkesle.

"Ve 6G Kategorisi Kadınlar Birincisi Yoncaaa Tokbaaaaş!"

İlahi! Bu organizasyon çok komik. "Yonca gelsene kürsüye," diyorlar, espri sanıyorum. Mikrofonu alıp sesleniyor Özge, "Yoncacım espri değil, 6G kategorisinde senden başka kadın katılımcı olmadığı için 1. oldun, kürsüye bekleniyorsun..."

Ağzım açık, kahkahayı basıyorum. Ayaklarımda su toplamamış parmağım olmadığından terlik bile giyemiyordum. Yalın ayak kendimi kürsüye atıyorum.

Sakat, kırık, topal, paramparça ve sonuncu geldiğim yarışta birinci oluyorum.

Elçiye Zeval Olmaz

ASICS o zamanlar yeni bir fikirle çıkıyor. Her ülkede bir spor elçisi ve takımımız olsun. Bunlar, elit sporcu olmasın. Senin benim gibi normal ve koşmayı çok seven insanlar olsun, herkesin koşabileceğini anlatsın.

ASICS Türkiye'den Hande Güler beni *Hürriyet Kelebek* ve *Elele* dergisi yazılarımdan, Adım Adım koşularından, topladığım rekor bağışlardan, sosyal medyadan ve ortamlardan biliyor. Yonca, ASICS elçisi olur musun diyor. Daha büyük onur duyamazdım, seve seve diyorum. Ama ben çok yavaş koşuyorum. Hiçbir önemi yok diyor. Koşu, herkesin, her ortamda dilediği gibi yapabileceği ve kendini kendi istediği mesafede geliştirebileceği bir spor. Bunu da senden iyi anlatan, ilham veren, senin gibi işin hızında değil de yaşamasının keyfinde olarak anlatan kimse yok. İnsanları müthiş etkiliyor, yapabileceklerine dair ilham oluyorsun. Gel seni Venedik Maratonu'na ASICS olarak götürelim, ilk maratonunu Venedik'te koş.

Likya Yolu Ultra Maratonu 6G maceram sonrası, Venedik'te ilk maratonumu koşmak üzere tamam diyorum.

Diyorum ama maraton için 16 hafta süreli bir antrenman planına uyarak insanların hazırlandığını, 42 km 195 m olan maratonun bambaşka bir hazırlık süreci gerektirdiğini tam da bilmiyorum. Kulaktan dolma biraz bilgim var ama 6G koştum ya, herkes benim uzaya koşarak gidebileceğime emin. Ben de olası görüyorum. O derece kabarıp şişmişim. Ben artık Likyalı biriyim.

Emre ile Skype'tan toplantı yapıyoruz. Bana maratonun yürüyerek bitmeyeceğini söylüyor. Yoncacım her nerede gıda sıvı noktası var, orada besleniyorsun ve mutlaka koşuyorsun. Tamam belki biraz yürürsün ama mutlaka koşman lazım. Jel al yanına mutlaka, diyor. Likya sonrası ayaklarım o kadar perişan ki topuk kırığımdan ses yok, su toplayan, moraran tırnaklarımdan ayağımın üstünde durasım yok ve Venedik Maratonu'na 20 gün kadar bir sürem var.

Tanrılar çıldırmış olmalı!

Arda da gelecek Venedik'e benimle. İlk defa bir hoşluk da olacak bize. Aramız limoni... Biraz şekerleniriz belki. Gerginiz. Kıyamet geçirmişiz. Temkinliyiz yazdan beri, sürekli kopacak bir gergin telde yürüyen iki cambazız ve asla o gerginliği konuşmuyoruz.

Koşmalıyım. Kesin koşmalıyım.

O 20 gün içinde biraz maraton bilgisi okuyorum. Belki 16 haftalık kitabi bir antrenmanım yok ama çok acayip bir tecrübeden çıkıp gelmişim, Likya'yı aştıktan sonra, maratonu havada karada aşarım diye düşünüyorum. Ne kadar zor olabilir ki! Sonuçta Likya'da bazen 11 km için 5 saat yoldaydım. Maraton için verilen süre de 6 saat. Kesin yaparım.

Hayatımın ilk maratonunu da çalışıp hazırlanamadan, Venedik'te denemekmiş nasip. Bacaklarım beni 25 km kadar götürür gibi geliyor. Geri kalan 17 km'yi de kafam ve kalbim koştursa... Hiçbir şey olmasa, yola çıkıp denediğim için zaferle dönerim. Kafam bir dünya. Yazacak çok acayip bir tecrübem daha olacak. Venedik de merak ettiğim bir yerdi. Koşarak gezmek, bambaşka olacak.

Cek cak cek cak...

Venedik'e uçmamıza birkaç gün kala, dünyada koşuyla alakası olanlar bir kasırgadan bahsediyor. 30 yıldır yapılan New York Maratonu nasıl koşulacak, koşulamayacak mı, tehlikeli mi diye koşu dünyasında tartışmalar dönüyor. Amerika kadar olmasa da Avrupa'yı da etkilemesi öngörülüyor.

Venedik'e indiğimizde hava şahane değil. Öyle bir yağmur yağıyor, soğuk oluyor ve sular yükseliyor ki buna hazırlıklı olan Venedik turist dükkânlarından bir çift Sarı Çizmeli Mehmet Ağa çizmesi alıyoruz. ASICS ekibi olarak çok eğleniyoruz, kaynaşmışız. Keyfimiz gıcır. Havayı pek düşünmüyorum. Antalya'da yarı maraton koşacağımız gün de hava çıldırmıştı, sonra düzeldi. Yine de çok büyük heyecan var. Donanımlı ve hazırlıklı gelmiş arkadaşın ciddiyetini görünce, kendimi biraz soytarı biraz fena hissediyorum.

Yarış sabahı Arda dönecek. Buna çok bozulsam da gururdan bir şey demiyorum. Ne olur sanki ilk maratonumda yanımda kalsaydı. Beni karşılasaydı. Ah Likya... aramızda aşk meşk olmayan insanlarla yaşadığımız o karşılama...

Maraton öncesi gece ekiple beraber bir güzel pizza-makarna yiyoruz. Gece otelde bir kâbus içindeyim. Hava gitgide berbatlaşıyor. Rüzgâr, fırtına. New York Maratonu'nun iptal edildiği haberi geliyor. Tarihinde bir ilk. Sandy Fırtınası. Venedik üzerinde de etkisini gösterdiğini konuşuyor birileri. Yağmur yeri göğü delecek gibi yağıyor.

Uyumak ne mümkün! Uyuduğum anda kâbus görüyorum.

Venedik'te İlk Maraton

28 Ekim 2012, Pazar

Arda horul horul uyuyor. Ben stresten, yatakta kıpırdayamıyorum. Her yerim kazık gibi, kaskatıyım. Sabah olmak bilmiyor. Nasıl olup da kendimi Venedik'te maraton koşmak üzere bulduğumu düşünüyorum. Ne kadar planlı, organize bir insan olduğumu; takıntılı şekilde düzene âşık bir yapım olduğunu. Belki de kendimi pek tanımamışım bunca sene. Baksana, hiç planlamadığım, kurgulamadığım, aklıma gelmeyecek ve hazırlık yapmadan asla diyeceğim şeyleri arka arkaya yapıyorum. Kervanı yolda düzmek, çok ürkütücü bir deyim gibi gelirdi. Oysa ürktüğüm o deyimler, kelimeler hayatıma girip beni yanlarına çekiyorlar. Hiç de tatlı yapmıyorlar bu yanlarına çekme işini. Paldır küldür, kolumu tutmalarıyla kendimi içlerinde bulmam bir oluyor.

Maraton rotasına bakmadığım aklıma geliyor. Biraz geç kaldım bunun için. Telefonu elime alıp baksam, ışığından uyanır Arda ve sinir olur. Sabah uçacak. Uykusu önemli.

Ulan benim uykum? Ben?

Uyanmam gereken saati kaçırıyorum. Çantamı otelde unuttuğumu fark ediyorum. Aç kalıyorum. Ağlamaya başlıyorum starta azimle gitmeye çalışırken. Korkunç bir yağmur yağıyor. Starta ulaşmak için geçmek zorunda olduğum köprüler yıkılıyor tek tek. Venedik sular altında kalıyor. Evlerin pencere pervazlarına tutunarak, örümcek adam gibi düz duvarlara tutunarak starta gitmek için ilerlemeye çalışıyorum. Rüzgârın şiddeti beni birkaç kez suların içine düşürüyor. Yükselen deniz seviyesi Venedik şehrinin tuvalet suları ile karışmış. Pis bir koku. Lağım içindeyim. Starta varmak için resmen bok içinde yüzüyorum. Ulaşamıyor ve startı kaçırıyorum. İçimi çeke çeke, hıçkıra hıçkıra ağlıyorum. "Bari 2 km'cik koşaydım, yazık oldu, pisi pisine kaçırdım!" diye diye ağlıyorum.

Alarm çalıyor, yerimden sıçrıyorum. Gözlerimden resmen yaş gelmiş! Kâbus görmüşüm, yaşasın. Ter içinde, perişanım. Arda uyanıyor. Kâbusumu dehşet içinde ona da anlatıyorum. Arda pek sakin, "Kaçırmadın startı işte, zamanında uyandın" diyor ve bavulunu hızlıca hazırlayıp alana gitmek için yola çıkıyor.

Ben de hazırlıklarımı tamamlayıp ASICS ekibi ile lobiden start için hareket ediyorum. Hava berbat. Arda ile konuşuyoruz, alana çok zor ulaştığını söylüyor. Alana giden otobüsler kalkamamış, her yer su içinde.

Onun zorluğunu düşünecek hâlde değilim. *Friends* dizisinde, doğum yaparken Ross'a kafa atan Rachel geliyor aklıma. Ben bu havada 42 km 195 m koşmaya kalkışıyorum, adam bana alana zor gittim diyor.

Start için Venedik'ten 38-39 km mesafede bambaşka bir diyara gidiyoruz. Git Allah git. Asabım bozuluyor iyice. Padovana diye bir yere yaklaşıyoruz. Anlaşılan Venedik'te değil, Venedik'e koşacağız. Start yerine geldiğimizde, hava bin beter soğuk karşılıyor bizi. Takır takır titriyorum. Yanımda bu havaya uygun tek bir malzeme yok. Bulduğum naylonu üzerime geçirip ısınmaya çalışıyorum. Ne mümkün!

Çok soğuk. Ço ço ço ço çok so so so o ğu ğu ğuk...

Dişlerim çarpıyor birbirine. Daha start almadan ellerimi hissedemiyorum. Keşke yanımda eldiven olsaydı. Etrafta bazıları hayli hazırlıklı görünse de benim gibi gafil avlananlar da var. Umut, aramızdaki tek maraton tecrübesi olan kişi, o da titriyor.

Yonca sen Likya'yı yaşadın, senin de tecrüben var, şikâyet yok diyorum kendime. İnsanın zor durumda kendine sürekli "iyi düşün" demesinin bir tür duygusal şiddet olduğunu düşünüyorum. Şu anda, iyi düşünmeye çalışacak hâlim yok. Durumun bayağı tatsız ve kötü olduğunu kabul etsem, çok daha rahat edeceğim. Nedense kötü bir şeyi, tatsız bir durumu olduğu gibi kabul ettirmemeye şartlanmış bir dünya var etrafta. Çok saçma. Bunların hepsinin yalan olduğunu yazmak, haykırmak istiyorum herkese. Bir şey kötüyse kötüdür, zorsa zordur. Bunu süslemek yerine gerçeği kabul etmek daha rahatlatıcı olabilir, demek istiyorum.

Kafayı bozarsan, esas o zaman bitersin diyor bir yanım. Kalbini sıcak tut kızım sen. Yazıları, keşifleri, kişisel anlamlandırmaları sonraya bırak. O kadar okul, üniversite derken insanları maraton koştursak, kim bilir nasıl aydınlanmalar olacak...

Kalbini sıcak tut Yonca! Hele bir yola çık, ısınırsın nasıl olsa. Hele bir başla... Koşamazsan, yürürsün, yürüyemezsen emeklersin. Ama işte maraton yürüyerek bitmiyormuş bak. Sadece devam et. Durma. Devam et. Hayat, her koşulda devam etmekten ibaret.

Start veriliyor.

Büyük bir bilinmeyene yolculuk başlıyor. Bilinmeyeni, belirsizliği hiç sevmem. Sevmezdim yani. Konfor alanından çık diyorlar ya, al sana! Çıkışın böylesi görülmedi. ASICS Venedik Maratonu'nda hayatımın ilk maratonunu, belirsizlikler, bilinmezliklerle koşmaya "start alıyorum".

Ne kadar cesur bir deneyimciymişim meğer. Ben bu Yonca'yı hiç tanımıyordum. Bunların hiçbirini yapamaz olduğuma inanmışım, inandırılmışım; süper planlı olmanın daha erdemli, daha iyi, daha başarılı bir şey olduğuna dair kesin bir yargı edinmişim. Yerle bir oluyor tüm bildiklerim, kendime dair sandıklarım. Çocukluğumdaki cesaretlerim aklıma geliyor. Vay be... özüme dönüşteyim.

Bedenen hazır değil gibiyim ama kafam hazır mı sanki? Önümde tam 42 km 195 m var. Daha önce hiç koşmamış bir insanın bir maraton mesafesi koşmak için 16 haftalık antrenman programını uygulaması yeterliymiş. Bunu da maratondan bir gece önce öğrendiğim iyi oldu. Oysa Yonca için, kesin bilgiler çok önemlidir. Bir şeyi tam bilmek isterim. Hep kesin bilgiye ihtiyaç duyarak yaşadım. Bugüne kadar.

Şimdi, son dakika öğrenmek de tamam diyorum. Tam bilemeden bilinmeze yola çıkmaya da varım. Benim de iyi bir yarı maraton ve Likya tecrübem var. Sürekli avutulma ihtiyacı duyuyor kafam. Avutabiliyorum da. Buna da çok şaşırıyorum. Koşa koşa, kendime terapi verebilen bir kafa kası gelişti içimde.

Soğuk o kadar inatçı, o kadar inatçı ki. Gözlerim kuruyor. Tıkır tıkır koşuyorum kendi tempomda. Çok yalnız hissediyorum, daha start alır almaz. Hiç tanıdık görmüyorum. Umut'la beraber başlasaydık keşke. Ama o benden hızlı olduğu için, bitirmeyi öngördüğü saate göre benden önce çıkan grupla start aldı. Böyle bir olay da varmış. Herkes maratonu yaklaşık ne kadar sürede bitireceğini öngörebildiğinden buna uygun olarak sıralı start alıyor.

Keşke ASICS ekibinden Hande, *Women's Health* dergisinden diğer Hande ve *Men's Health*'ten Fatih'ten ayrılmasaydım. Yalnızlık moralimi bozuyor. Soğuk moralimi donduruyor. Kendime benden daha iyi moral verecek kimseye ihtiyacım olmadığını söylüyorum. Bu cümle beni o yalnızlık içinde çok etkiliyor. Doğuma giden kadın gibi duygusal olduğuma şaşırıyorum.

Ellerim morarmaya başlıyor. Üzerime geçirdiğim naylonla ellerimi sarıp ısıtmayı deniyorum. Bir yandan da zavallı bir hâlde koşuyorum. Rüzgârdan her şey uçuşuyor. Ellerim azıcık ısınsa belki daha iyi hissederim. Naylonu deliyor soğuk. Taşı azmiyle delen toto deyimi geliyor aklıma. Gülüyorum. Tek kişilik maraton standup'ım var benim. Kafam ve ben, kendimize iyi bakabiliyoruz. Sanki ben yolda değilim, yolun içinde bana uğrayan komedyenler, tiyatrocular var. Bir tür hayat var yol boyu akan benimle.

O belirsizlikler içinde, belirsizlikle arkadaş oluyorum git gide. İş bacaklarda gibi görünse de inanmak ve yürek en önemlisi. Bunu kanıtlayabilirim. Çok yorgunum bir şey kanıtlamaya çalışmaktan.

Bir yandan koşuyor, düşünüyor, etrafı gözlemliyorum. Müzik grupları gelmiş. Rüzgârdan, yağmurdan ne çaldıklarını anlamak imkânsız. Ama yine de çalıp bize moral vermeye çalışıyorlar. Sevimsiz bir kasabadan geçiyoruz. Gerçi sağımı solumu görecek hâlim yok. Buraların çok güzel diyarlar olması gerekmiyor mu? Hiç de güzel değil. Venedik bende ciddi bir hayal kırıklığı ama böyle düşündüğüm için çok utanıyorum. Herkes ne bulmuş burada hiç anlamıyorum.

Böyle böyle, sevimsiz huysuz teyze ile cici kız olma çabasından bitap düşmüş Yonca arasında, 12 km olmuş bile. Bir yandan kendime müzik dinletmeye çalışıyorum. Müziksiz geçmez bu fırtına, bu yol. Madonna çalmaya başlıyor kulağımda. *You'll See*'yi bunca sene dinledim, sözlerini hiç duymamışım. İçinde bulunduğum duruma bire bir uyuyor. Madonna sanki ilk maratonumu berbat bir fırtınada Venedik'te koşacağımı bildiğinden yazmış bu şarkıyı:

"I don't need anyone this time
I will survive
*I know I'll stay alive"**

Gerçekten öyle! Ama yanımda birileri olsaydı hiç fena olmazdı. Hayatta kalma savaşı veriyorum. Tanıdığım, bildiğim, sandığım her şeyin dışındayım. İnsanlar sapır sapır dökülüyor. Git gide daha az insan görmeye başlıyorum etrafta. Hızlı gidenler gittiler çoktan.

17 km oldu. Donuyorum ama olsun. Ne yağmur durdu ne rüzgâr. Emre Tok mesaj atmıştı sabah. Adam dünyanın en zor dağlarını koştu. "Yonca, yürüyerek bitmeyeceğini hatırla ve koş. Bir de, ne bulursan ye!"

O sırada aklıma Alper'in Sahra Çölü'nü aşmaya, koşmaya çalıştığı geliyor. Ben donuyorum, o yanıyor. Allah akıl fikir versin hepimize. Bir şeyler yemem gerektiğini düşünüyorum. Maratonlarda kullanılan takviye jelleri öğrendim ya Likya'da, bu sefer yanımda var. Bir jel atayım ağzıma ve protein barımı yiyeyim hazır henüz yutkunabiliyorken. Zorlanma arttıkça, mesafe ilerledikçe yutkunmak zorlaşabilir demişlerdi. Yeterince risk aldım, bari bunu riske atmayayım. Üzerime geçirdiğim,

* "Bu sefer kimseye ihtiyacım yok
Yaşayacağım
Hayatta kalacağım biliyorum"

rüzgârdan paramparça olmaya başlamış bel çantamın fermuarını açmaya çalışıyorum. Nafile. Ellerim donmuş. O kadar acıyor ki ellerim. Jeli yemeyi denemekten vazgeçiyorum. Büyük hata. Ne hata değil ki zaten?

Venedik mi? Bir daha asla gelmem. Zaten daha en az 28 km var, Venedik kenarına yanaşmaya. Türk'ün bu Venedik'le sınavı nedir ya? Sağa sola bakıyorum. Gözümü rüzgârdan ve sağdan soldan uçuşan çöplerden rahat açamıyorum. Venedik kadar taş yağıyor başıma. Hiç iyi bir fikir değilmiş.

18 km oldu. Şimdi de dolu başladı! Allah sesimi duydu. Duymasa iyiydi. Taş yağıyor resmen! Kötü hava koşulu yoktur, yanlış giyim vardır diyen kimdi hatırlamıyorum ama; ben şu an EN yanlış giyimle koşuyorum.

20 km oluyor. Kilometreler akıyor bir şekilde. Kendimi pek anlayamıyorum. Eğer bu kadar üşüyor, bu kadar berbat hissediyorsam nasıl olup da hâlâ devam edebiliyorum. Belki de sadece zor koşulların insanıyımdır. Bir Arap atıyımdır belki, zorluklar arttıkça açılıyorumdur.

Kafamın bana söyledikleri ile gerçeklerin pek örtüşmediğini fark ediyorum. Evet, koşullar kötü ama ben de iyi gidiyorum. Bir de azıcık ellerim ısınsa... Türk'ün gücü dedikleri bu olsa gerek, damarlarımda akan asil kanda mevcut bu güç.

21. km'yi görüyorum. Resmen maratonun yarısı bitti. Şaka gibi! Vay be Yonca! Yaparsın kızım sen bu işi.

24. km'ye gelirken önümdeki adamın çişini yaparak koştuğunu görüp şoka giriyorum. Yok artık! Zaman harcamamak için de olabilir, bu soğukta durarak işerse pipisi donup kırılabilir de. Vardır bir bildiği. Acaba ben de yapabilir miyim, emin değilim. Sanmıyorum. Durup eğilsem, bilmiyorum tekrar ayağa kalkıp koşabilir miyim?

Günün sonunda, hayatımda ilk defa 21 km üzerine çıkmışım. Korkuyorum. En büyük bilinmeyenlerime yeni bilinmeyenlerin eklendiği ve içinde devam ettiğim zamanlardayım. Kendi becerimden, yetimden, yapabiliyor oluşumdan ürktüğümü hissediyorum. Sürekli bir korku doğuyor içimde, hem de tam bir şeyleri iyi yaptığım sırada. Her şey iyiyken neden korkmak geliyor? Neyin korkusu bu? Başarmaktan korkmak ne demek? Ağlayacak gibi oluyorum. Çok çişim geliyor. Tutuyorum. Tutmak hiç iyi değil. Koşu öğretti bana çişimizi tutmanın kötü bir şey olduğunu. Oysa hep "tut çişini" deniyor insana büyürken, en temel ihtiyacını ötelemek, bekletmek, ertelemek gerektiği öğretiliyor. Korkunç. Sonra kabızlıktan kurtulmak için tedavi. Böbrek hastalıkları için tedavi. Ne yapıyor bu dünya doğamıza?..

25. km. Eyvah, çok çişim geldi! Durursam bir daha adım atamayabilirim. Adam gibi ayakta işesem her yerime sıçrayacak. Artık gitgide iğrenç şeyler düşünmeye başlıyorum. İğrenç bile gelmiyor işin acayip tarafı. Maraton bana "iğrenç" kavramımı da gözden geçirtiyor. İğrenç değil o, doğal diyorum. Doğal.

Her yerime kramp giriyor. Adamlar ne rahat, duvar dibi gören yapıyor. Duvar yoksa yaparak koşuyor. Erkek olmak varmış. Parka giden kadınlar görüyorum. Bir küçük çalı ardında eğilip bir süre sonra kalkıp rotaya dönüyorlar. Keşke tuvalet kâğıdı olsaydı. Yağmurdan ıslak sıçan gibiyiz. Ne tuvalet kâğıdı! Parka sığınmak, iyi fikir. Benim gibi üç kadın daha yanımda, birlikte çiş kardeşliği yapıyoruz. Öyle zor çömelip kalkıyoruz ki bacaklar bitik. Üstüme beni korusun diye geçirdiğim naylonu rüzgârda toplamak kâbus. Ellerim perişan. Her yerime çiş sıçradı. Bu ne rezilliktir!

Maraton koşmak için üstüne para veriyor insanlar bir de. Ben de! Olacak iş değil. Bu işe kalkışmayan insanlara şu cefayı açıklayabilmek mümkün değil. Sol ayağımın üstü feci kramplar içinde. Maraton koşanların anlata anlata bitiremediği kramplar bunlar olsa gerek. Baldırımdaki kramp kalbimde acıyor.

Antrenmanlı olsam belki kramp girmezdi veya daha geç girerdi. Olduğum yerde tek ayağımı kaldırıp kramplı ayağımla alfabenin harflerini yaparak baldırımı rahatlatmaya çalışıyorum. F harfine gelince panikliyorum. Durarak zaman kaybetme lüksüm yok. Yavaş ve topal da olsa, yürümeye karar veriyorum.

27 km'ye nasıl geldim bilmiyorum. 30'a kadar dayanayım diye sayıklıyorum. Kulağımda Barış Manço'dan "Hava ayaz mı ayaz /Ellerim ceplerimde /Bir türkü tutturmuşum /Anlıyorsun değil mi?" çalıyor. Rahmetli de bana yazmış mübarek. Cebim yok ki ellerimi sokayım Barış Abiiii! Sevgili Nietzsche! Seni de

dövme yaptıracağım maraton bitince! "Öldürmeyen güçlü kılar!" Ölmüyor, güçleniyorum.

30 km'ye geldiğime inanamıyorum. Çoğu gitti. Hayatımın ilk 30 km'sini koşmuş bulunuyorum. Kaldı 12 km 195 m. İlk kez 12 km koştuğum zamanı hatırlıyorum. Gözlerim doluyor. Nerelerden nerelere geldim. İlk koştuğum 12 km ne demek, geriye 12 km kaldı ne demek. Şebnem Ferah çalmaya başlıyor. "Hoşçakal" diyorum, ben de, takıntı olduğunu sandığım planlı, düzenli ve ancak belirli olan şeylerle hareket eden hâlime. Hoşçakal diyorum iğrenç olduğunu sandığım doğal şeylerime. Geride bıraktığım 30 km'ye de sıkı bir "Hoşçakal".

Kontrol noktasına geliyorum. Masa başında duran kadın görevlinin üzerinde dev bir mont var. Hâlime acıyor, kolumdan tutup elime sıcacık kahve dolu bir bardak tutuşturup İtalyanca bir şeyler söylüyor. Duyacak, anlayacak hâlim yok, kafa gidik. Bardağı alıyorum, parmaklarımı sokuyorum kahve bardağının içine. Ellerimi sıcak kahveye bandırıp ısıtmaya çalıştığıma, bunu içgüdüsel olarak yaptığıma inanamıyorum. Sonra da ellerimi yalıyorum. Ben neler yapıyorum... Masada steril eldiven görüyorum. Hayatımın aşkını bulmuş gibi o eldiveni elime giyiyorum. Belki ısınır parmaklarım. Kraker atıyorum ağzıma, tükürüğüm yok, yapışıyor dişlerime. Parmaklarımı bandırdığım kahveden bir yudum alıyorum.

30 km koşmuş biri olarak hayli iyiyim, diye düşünüyorum. O sırada, ambulansa binen birilerini görüyorum. Yok sayıyorum o görüntüyü. Develer gibiyim ben maşşşallah! Herkesin anlattığı meşhur bir "duvara çarpmak" olayı var maratonda, acaba ben duvara çarpma durumuna gelecek miyim? Cebimdeki jeli yemeyi akıl ediyorum. Kadın bana bir iki dilim portakal da veriyor. Emiyorum. Dünyanın en güzel portakal dilimini maratona saklamışlar. İyiyim, iyi.

Yola koyuluyorum. Bacaklarım garip, paytak paytak koşuyorum. Hazır kendime azıcık gelmiş ve gözüm açılmış gibiyken, bir jel daha yemeye karar veriyorum. Nedense jelibonumsu bu enerji jelini streç filme sarmışım. Bu kadar aptalca bir şeyi neden yaptığımı bilmiyorum. Ellerim donuk, streç filmi açamıyorum.

Uğraşmak öyle zor geliyor ki o hâliyle ağzıma atıp hem koşup hem ağzımda streç filmi açmaya çalışıyorum.

Oldu 31 km... Streç film ağzımda büyüyor, jel yapış yapış yayılıyor. Streç film boğazıma kaçar gibi oluyor, boğulmak üzereyim! Öğürerek öksürmeye başlıyorum, çıkmıyor boğazımdan. Çocuklarımı düşünüyorum. Anneniz maratonda öldü, siz sakın maraton koşmayın diyerek onları korkutacaklar. Oysa ben maraton koşarken kalpten değil, ağzıma attığım streç filmden boğularak ölüyorum ve ailem kesin bana otopsi yaptırtmaz. Pisi pisine tüm tanıdıklarım maraton koşmamı suçlayacak! Öksüre öksüre streç filmi tükürmeyi başarıyorum. Ölmedim. Çok seviniyorum.

32. km'ye gelirken bir aile, kendi kendine bir masa kurmuş, koşanlara destek vermek için. Bu da hayatımda bir ilk. Ne insanlar var. Bu havada ortada kimse yok, onlar gönüllü destekçi. Bir tür enerji içeceği, sıcak çikolata ve kahve karışımı gibi bir şey veriyorlar. "Grazie Grazie, mille grazie" diye diye yola devam ediyorum...

33. km'ye geldiğimde her şey bin beter oluyor. Dolu soldan vuruyor, yerlerden uçan atık bardaklar, şişeler her yerimi dövüyor. Donuk ellerimle, yüzümü gözümü korumaya çalışıyorum. Fırtına sanki tepemizde bizimle koşuyor. Nazım'ın *Rüzgâra Karşı Yürüyen Adam* şiiri geliyor aklıma.

"Rüzgâra karşı yürüyorum
Yamalı caddelerinde bu şehrin.
Ben bir başıma bir deli
Ben sanki bin yaşında bir deli
Fakat ne işim var bu şehirde..."

Şimdi anlıyorum şiiri. Ağlamaklı oluyorum, rüzgâra karşı ilerlemeye çalışmak imkânsız gibi. Acaba sabah gözüme sürdüğüm simlerim ve dudağımdaki kırmızı rujum ne hâlde sorusunun aklıma tam bu hâldeyken gelmesine ise, hiç inanamıyorum. İnsan aklı, beyni inanılmaz bir organizma. Sonradan öğreniyorum ki o gün o saatteki rüzgâr saatte 55 km hızla esmiş.

Bir köprüdeyiz o rüzgâra karşı koşmaya çalışırken. 4 km'lik bir köprü! Özgürlük Köprüsü'ymüş adı. Özgürlük böyle bir acı veremez insana. Köprü değil, sırat köprüsü. Bitsin diye yalvarıyorum. Korkunç bir rüzgâr. Üşümekten öte bir hâldeyim, işkence çekiyorum. Köprüde yaya yolunda koşmaya çabalıyorum. Önümde arkamda kimseyi görmüyorum sisten. Solumda, yoldan bir otobüs geçiyor. O kısacık anda, otobüs geçerken rüzgâr kesilmiş gibi oluyor, o âna sığınıyorum. Sis içinden birden önüme el ele yürüyen bir çift maratoncu çıkıyor. Kız ayrı, adam ayrı kötü durumdalar. Adam düşüyor. Kız zar zor kaldırıyor. Otobüs duruyor. İkisi birden o otobüse biniyorlar. Çok üzülüyorum. Bitiremedikleri için kim bilir ne kadar üzülmüşlerdir. Ben de binseydim otobüse, derken, asla diyorum. Asla. Büyük ayıp. Yasak. Yok öyle bir hak.

Dean Karnazes'in kitabındaki "Koşamazsam yürürüm, yürüyemezsem emeklerim. Devam ederim..." cümlesi geliyor aklıma. 37. km'ye geliyorum. Çok az kaldı, çok az. Venedik'teyim artık. Venedik çok çirkin, berbat bir yermiş, filmlerle alakası yok. *Venedik Taciri*'ni düşünüyorum. Tam bir tüccar şehir. Nefret ediyorum Venedik'ten. Parmaklarım ayakkabının içinde paramparça, tırnaklarım ıslanarak eridi yağmurda. Sporcunun ahlaklısı olamayacağım artık, ben bittim. Acaba koşu sarhoşluğu mu, duvara çarpmak bu mu?

40 km yazıyor sağımdaki tabelada. Şoktayım! Baldırımda anormal kramplar var, parçalanacak gibi. Bıraksam? Madem 40 km koştum, artık bırakabilirim. Maraton koşabiliyorum işte... Son 2 km 195 m daha koşacağım da ne olacak?

Bu kadar gelmişsin, bırakmaya değmez, dayan kızım. Hayat devam etmek demek. Ölmedik ki duralım.

41. km yazıyor rüzgârdan yere düşmüş tabelada. Köprüler başladı. Bir köprüden öbürüne koşuyorum. Kimse yok. Tek tük insan görüyorum. Bir köprü başında iki basamak var. Çıkamıyorum. Acılar içindeyim. Bir adam yanaşıyor, koluma giriyor. O iki basamağı o adam sayesinde çıkabiliyorum. Köprü sonunda iki basamak inmek lazım. Süresini bilemediğim kadar basamaklara bakıyorum. İnemiyorum. Acılar içindeyim.

İnleyerek iniyorum basamakları. Bir sonraki köprüde iki kişi koltukaltlarımdan tutup kaldırıp konduruyor beni köprüye. Kim bilir dışarıdan nasıl görünüyorum.

İyi hissediyorum bence. Hatta sanki koşuyor gibiyim. Saatime bakıyorum. Bize verilen sürenin dolmasına az kalmış gibi. Tamam yahu, oldu bu iş. Belli ki, gerçekten, uzun yolların insanıyım. Başladığım işi bitiren, azimli, kararlı bir insanım. Yıllarca soğuk algınlığı, zatürre oldum. Hep soğuktan, rüzgârdan korunmak zorunda yaşadım. Peki şimdi ne olacak? Haydi bakalım. Bu kadar rüzgâr, soğuk, ter, yağmur, dolu... Koşma çocuğum terlersinlerle büyüyen nesiller artık rafa kalkar ben bu maratonu bitirince. Fakat maraton, ciddi uzun mesafeymiş. Koş koş hâlâ finiş yok ufukta. Delirecek gibi hissediyorum.

SON 1 km 195 m!

Kalbim ağzımdan çıkacak gibi çarpıyor. Nabzım tavan yapmış olmalı. Neydi o ilk maraton koşan Atinalının adı? Phidippides'di. Dilim dönmüyor. Adam, Maraton şehrinden Atina'ya koşuyor savaşı kazandık demek için ve düşüp ölüyor varınca. Ölür tabii. Akıllı insan işi değil. Üstelik biz savaşta da değiliz.

Çok Uzun Bu Maraton! Ne Gerek Var?

Hayatımın deneyimi. Ne kadar sorumluluk sahibi biriymişim meğer. Kendimi hiç tanımıyormuşum. Bir daha maraton koşarım bence. Kendini tanımadan yaşamak ile kendinle tanışıp yaşamak arasında gerçeklik farkı var. Maraton bunu öğretiyor.

Maraton bitmek bilmiyor. Phidippides, Allah rahmet eylesin, o kadar mesafe koştu diye, biz neden ruhuna el-fatiha olsun diye aynı mesafeyi koşuyoruz?

Venedik terk edilmiş gibi. Kimsecikler yok etrafta. Maraton tabelaları, bayraklar, hepsi yerlerde. Benim ne işim var burada? Devam edebilmenin hazzı bu. Haz.

42 km'ye geliyorum, hayatımın en uzun 1 km'siydi. Koşuyorum koşuyorum, sanki 10 m bile geçmiyor. Son 195 m bu kadar uzun olamaz. Son 185 m finiş takını görüyorum, hayal meyal. Aman

Allahım! Bitiyor galiba. Keşke yanımda ailem olaydı, görselerdi beni... Üşürdü çocuklar, duramazlardı bu soğukta.

Bitttiiiiiiii!

Finiş!

5 saat 46 dakika 13 saniye.

Down sendromlu bir çocuk, boynuma madalyamı geçiriyor. Ağlıyorum. Çok ağlıyorum. Kuzenim down sendromlu. Biz onunla denize gittiğimizde olay oluyor, burada down sendromlu çocuklar madalya mı veriyor!

Bir adam bağırıyor: "Brava Brava!" Yıkılıyorum... "Sinyori Ambulanza Ambulanza..."

Bana mı diyor? Yok ya ne ambulansı! Mutluluktan uçuyorum. Kalkıyorum ayağa. Korkunç bir titreme tuttu her yerimi. Normal mi böyle titremek? Ayakta durmakta güçlük çekiyorum. Gözlerimden yaşlar akıyor. Çok mutluyum. Yaptım. Çok mutsuzum. Çok yalnızım. Çok üzülüyorum o hâlime. Çabama.

Soyunma odalarını, çanta teslim yerini zar zor buluyorum. Gözlerim görmüyor. Bir çadır var, perdeyi açıp içeri giriyorum. Banklar var. Oturmam 10 dakikamı alıyor. Bacaklarım kıvrılmıyor. Bir şeyler yemem, üstümü değiştirmem lazım. Titriyorum. Çantamı açamıyorum. Birine rica etsem de beni soyup giydirse. Kafamı kaldırıyorum ki her yer erkek, her yer penis. Erkekler soyunma çadırı mı bu? Yoksa kadın erkek karışık mı? Anlayacak, soracak mecalim yok. Kimsenin kadın-erkek veya herhangi bir cinsiyet umurunda değil. Benim hiç değil. Ben de buraya Nil gibi çıplak geldim.

Üstümü değiştirmekten vazgeçiyorum. Çekiçle dövmüşler beni sanki. Deniz taksi durağını soracağım, sabahtan anlaştığımız taksici Ricardo'ya telefon açacağım, gelsin alsın beni. Bana yardımcı olmaya çalışan 5-6 kişi var. Telefonumu açamıyorum, şifre basmıyor ellerim. Durakta tanıştığım Umberto telefonuma şifre giriyor. Bütün bedenim zangır zangır titriyor. Taksi geliyor, biniyorum. Teknede, yerden biraz sıcak geliyor, yere uzanıyorum ısınmak için. Tekneyi kullanan adam beni yerde görünce çığlık atıyor, oysa ben çok iyiyim.

Otele vardığımda, Begüm ve Hande dehşet içinde "Yonca sen neredesin!" diye atlıyorlar üstüme. Resepsiyondaki kadın ve adam, "Brava Brava!" diye bağırırlarken koşup battaniyeyle geliyorlar yanıma. Yürüyemiyorum, mutluyum!

Odama zor çıkarılıyorum. İyiyim ben diyorum. Yardım istemeyi henüz pek bilmiyorum. Odada acılar içinde soyunup küvete sıcak su doldurup içine girince, büyük bir yanlış daha yaptığımı anlıyorum. O sıcak su beni bayıltacak gibi oluyor. Jelden boğularak ölemedim, şimdi de küvette ölü bulunacağım. Sürünerek içinden çıkıyorum. Yalnızım. Ağlıyorum.

Koşarken çektiğim bir dolu video var. O hâldeyken videolar da çektim. Onları gazeteye yollamaya çalışıyorum. Youtube'da paylaşıyorum. (O kayıtları hâlâ Youtube kanalımdan izleyebilirsiniz. Ben her izlediğimde gülüyorum. Bir maratonda ne yapılmazların hepsi ve tamamı. Bir acemi yolda nasıl büyür, onun hikâyesi. Risk almak, cehalet, yolda öğrenmek, yola çıkma cesareti...)

Venedik, bir yanlışlar senfonisinin mutlu sonu olarak kalıyor.

Meğer koşmamış, sürünmüşüm. Bir altgeçitte bir arkadaşımın ölmüş annesine dualar etmişim. Bunları bir de kaydetmişim. Duvara çarpmak bu değilse nedir? İnsan bir maratonu bitirince yaşadığı acıları unutup öğrendikleriyle güçlenip bir sonrakini daha iyi koşarım demeyi öğreniyor. Yola çıkmak, bir cesaret antrenmanı. Yolda büyümek ise risk alabilmeyi cesaretlendiriyor. Yalnızlıkla arkadaş olmayı, baş etmeyi, yalnızlığından kendine cesaret ve güç vermeyi öğreniyor insan. Maraton, demek böyle bir yolculuk hikâyesi.

Ve ben yollara âşık oluyorum...

Hep birlikte takıldığım, uzundur içine kapanmış, acayip kalıpların içine sıkıştığından bihaber yaşayan, bu hiç tanışma imkânım olmamış yeni Yonca ile sıfırdan tanıştığımıza o kadar memnunum ki onu daha da tanımak istiyorum. Keşif, yol, merak hepsi sarıyor içimi. Çocukken en sevdiğim masallardan biriydi *Hansel ve Gretel.* Ormanda kaybolmak, kendi yolunu bulmak. Bunları anımsıyorum koştukça.

Sonuç değil, süreç diyorum. Yepyeni bir şeyi keşfedip adını koymak, inanılmaz rahatlatıyor. Sınav, sonuç. Bu kızı yeniden büyütmeliyim, çalıyor kafamda. Sezen bunları boşuna yazmamış. O kadar da yalnız değilizdir belki "daha küçüğüm bu yüzden" diyen, büyümeye direnen kadınlar...

Telefona bakıyorum. Arda'dan, tüm tanıdıklardan bin tane mesaj var.

Kalbim buruk.
Cevap veriyorum.
Bitti.
Ben bitirdim.

Gerçek Tokatlar Yanakta Gül Bitirmiyor

Maraton'dan eve dönüşüm çok buruk. Şaşkınım. Neyin içinden geçtiğimi bile bilemiyorum. Sürekli değişiyor içimde bir şeyler. Bunları kimle konuşacağımı, paylaşacağımı da bilemiyorum.

Evde büyük bir karşılama olur diye bir beklentim var. Olmuyor. Eve dönüyorum, herkes kendi derdinde. Bozuluyorum. Koskoca bir maraton bitirmişim ben. Koşmadıkları için anlamıyorlar herhâlde diye kendimi teselli etmeye çalışıyorum. Kendimi sürekli teselli etmek zorunda olmak fikri müthiş canımı sıkıyor. Yorgunum bu histen, bu çabadan. Başka nelere çabaladığımı ve sonuç alamadığımı not almak istiyorum. Korkuyorum o gerçeklerden. Hayatımda yeterince fazla ilk var, farkındalık var. Çok fazla yüzleşme var.

İlk maratonum hakkında gazeteye yazdıklarım, paylaştığım videolar ise inanılmaz ilgi görüyor. İlgi ve hayranlıkla sevgiyi karıştırdığımı, ancak 12 yıl sonra fark ediyorum. Yakınlarım bende kutlanacak bir şey görmüyor diye çok bozulup içime atarken, beni gazeteden, ortamlardan tanıyan "dış çemberin" bu kadar kutlama yapması iyice ayarlarımı kaçırıyor. Beni görenin kutlaması ama en yanımdakilerin başarımı görmezden gelmesi çok ağır geliyor. İçime kapanıyorum. Öfkemi içime atıyorum.

Etrafımda koşuya ilk adımını atan, kendi sınırını aşan, herhangi bir konuda ilk cesaretini gösteren her kim varsa, kendime yapılmış olmasını istediğim kutlama, alkış ve ulu orta takdiri göstermeye başlıyorum. İçimde bir yerde, benim başkalarını nasıl şahane takdir edip kutladığımı görecekler ve bana da aynısını yapacaklar gizli beklentisi var. Beni varsaymak, dile getirmediğim şeylerin anlaşılmasını beklemek yoruyor. Biz büyürken havayı koklayarak anlamamız, bir tür müneccim olmamız beklenirdi. Ben de birilerinin benim ne istediğimi ben söylemeden anlamasını beklemekten çok yorgundum.

Beklediğim ilgi, en istediğim yerden bir türlü gelmiyor. Kafamda hep aynı nağme, Zeki Müren'den en hüzünlü ve ekolu hâliyle sürekli çalıyor:

Bekledim de gelmedin
Sevdiğimi bilmedin
Gözyaşımı silmedin
Hiç mi beni sevmedin
Söyle, söyle... hiç mi beni sevmedin...

Bir yandan da etrafımda benden çok daha inanılmaz mesafeler koşan, dağlar tırmanan, olağanüstü işler başaran çok özel insanlar var. Kimi profesyonel sporcu, kimi işinde gücünde, fakat sporu profesyonelce yapan insanlar. Onlar benim en azından gazetede köşeyazarlığından gelen –ve bir türlü anlam verip baş edemediğim– ün dolayısıyla gördüğüm ilgiyi de görmüyorlar.

Türkiye'de spor deyince akla futboldan başka bir şey gelmediği gibi; futbol oynamamış birinin bile futbol yorumcusu olarak uzman görülebildiği bir ortamda, bu insanların uluslararası başarılarından kimse haberdar bile değil. Utanıyorum. Basından, spor basınından, bu haksız anlayıştan çok utanıyorum. Köşemde sürekli bu insanlara yer vermeye, hikâyelerini, başarılarını paylaşmaya başlıyorum. Haklarını teslim etmek gerek. Birisinin bunu yapması lazım ve benim elimde bunun için olağanüstü bir imkân var. Bu sefer de her gittiğim ortamda, olur olmaz, "beni yaz"cılar etrafımı sarıyor. Bazısı ben onları yazmayınca müthiş öfke püskürüyor. Kötü kötü şeyler söyleyip yazıyorlar bana. Aptala dönüyorum. Dengelerim, değerlerim alt üst olmaya başlıyor.

Koşmadığı mesafeyi koşmuş gibi yapanların işi "üne" dökenler ile insan üstü başarıları olup da alçakgönüllülükten sesi duyulmayanlar aynı ortamda. Koşunun Seda Sayanları doğmaya başlıyor, diyorum. Koşa koşa geldiğim noktada açık seçik göremediğim takdir içimi incittikçe; beni en çok etkileyen, ilham verip motive eden, onca başarıya rağmen alçakgönüllü olabilme becerisi diyorum. Ailemden de gördüğüm bu. Bilmediğim şey, alçakgönüllü olacağım derken içime attığım kalp kırıkları, öfke, uğradığım haksızlık ve göz yummalar karşısında ne yapacağım. Bir noktada insan kendine olan samimiyetini kaybedip kendine ikiyüzlü olabiliyor. Henüz bunları anladığım yerde değilim.

Yolda koşmak bunları pek anlatmıyor; ne zaman ki doğaya gidiyorsun, patikalarda dağı çıkmak zor zannederken inme zorluğu ile karşılaşıyorsun... yol işaretleri olmasına rağmen yolunu bulamıyorsun, ne zaman ki her şeyinle hazır olsan bile sürpriz hava koşuluyla yeniden kendini yeni koşullara o an hazırlamak, uyumlamak zorunda kalıyorsun, işte o zaman samimiyet, gerçeklik, hakkaniyet, adalet, hayatta kalma ihtiyacı ve öncelikleri, başkasını gözettiğin kadar kendini gözetme önceliği... Her şey yerli yerine oturmaya başlıyor. Kuzu olmak çok minnoş bir iyilik derken, kurt olmaya da ihtiyacın olduğu gerçeğini öğrenmeye başlıyorsun.

Seni doğandan uzaklaştıran eğitim, sosyal çevre, statü, iş güç derken doğaya gittikçe doğana yaklaşıyorsun. Kendi doğana koşa koşa yaklaştıkça, içinde yaşadığın ortamda, ilişkilerinde neyin doğallıktan çıktığına, kendini de eşini de nasıl aldattığına ve aldatıldığına yaklaşıyorsun.

E, ne yapacaksın bu durumda?

Tabii ki daha çok koşacaksın.

Ben de koşuyordum maşallah.

Venedik'ten sonra Paris Maratonu'nu koştum. Hem de nefis bir şekilde, haftalar süren antrenmana kitabi uyarak. TEGV için Schneider Electric'den müthiş bir bağış ve destek toplayarak.

Paris'te maraton rotası değil sadece, insanlar da efsane. Bazen bir yer, bir rota, bir şehir, bir kültür, bir insan koşturuyormuş insanı.

Champs Elysee'de başlayan maratonda, 2013'te, 40 bin kişi start alıyor. Koskoca Paris, maraton için kapanıyor. İnsanlar, koşanlar için seferber. Koca şehir maraton festivaline dönüşüyor.

Metre başı alkış duyarak, "Alléeee!" nidaları içinde adımlıyorsun 42 km 195 metreyi. Notre Dame, koşanlar için çanlarını çalıyor. Adım başı Afrika ritimleri duyduğun davullar. Sadece yiyecek içecek istasyonlarında çalışan gönüllü sayısı, 5.000 kadar.

Maraton kültürü nedir, orada anlıyorum. Özeniyorum. Hayran oluyorum. Tek başınalığın içinde kocaman bir kalabalıkla arkadaş olabilmenin gücüne şahit oluyorum.

Ben artık bence oluyorum. Bu dünyamın dışında ne varmış ne yokmuş umursamıyorum. Kendime bir yol, bir ortam, bir dünya yaratmışım. İçinde büyüdükçe büyüyüp güçleniyorum. Dayanıklılık ve tecrübe arttırıyorum.

İlgi mi sevgi mi hayranlık mı onay mı? Peh! Ben hepsini kendime veriyorum. Koşu kafası diye bir şey var. Kimyasal bir açıklaması da. Kasların çalıştıkça salgılanan "endokanabinoid" hem beslenme düzenini, hem duygusal dalgalanma düzenini nefis bir dengeye getiriyor. Öfke yönetimi de duygusal uçluklar da... hepsiyle baş etme "kafan" yüksek oluyor.

Keyfim iyi yani. Her şeyle baş edebilirim. Beni kurumsalda yiyen o "women empowerement" başka bir anlam, başka bir gerçeklik kazanıyor. İçeriden güçleniyorum gitgide. Güçlüklerle baş edebilme kapasitemin artması, benim için önemli olan ve olmayan şeylerle ilişkimi de düzenlememe neden oluyor. Kendimi kandırmak zorlaşırken gerçekleri kaldırmak ve onlar için harekete geçebilecek eylem planları yapmak kolaylaşmaya başlıyor. Bedenim, ruhum, nefsim sanki hareket ettikçe büyümenin gerektirdiği riskleri göze alabilecek olgunluğa doğru ilerliyor.

Bunu bir okul değil, iş hayatı değil, ailem değil; yollar öğretiyor bana. Maraton koşarak, sürdürülebilirlik nedir, anlamaya başlıyorum. 7 Nisan 2013'te Paris Maratonu koşunca, "Maraton ve Sürdürülebilirlik" üzerine yazıyorum. O zamanlar "sürdürülebilirlik" bugünkü kadar moda ve moda olduğu kadar da içi boşaltılan bir kelime değil.

Maratonları koşmaktan öte, maraton koşmaya devam etmek; bitişte bitmiş tükenmiş olmaktan öte, sağlıkla, enerjini korumuş, gözetmiş olarak gelmenin ne demek olduğunu fark ediyorum. Söylediklerimi yaşadığımdan, yaşadığımı da yazdığımdan eylem-söylem birliğinin ne kadar önemli olduğunu da anlıyorum.

Hayata, işe, ailene, çocuklarına aynen devam edebildiğin güçte, sağlıkta finişe gelebilmek için; sürdürülebilirliğin insanın kendi nefesini, enerjisini, ihtiyacı olan suyu kullanış şekli, canının acısını önemseyip ilgilenmesi gerektiği yerde başladığını anlıyorum.

Her şey BENde başlıyor, benle devam ediyor, bende bitiyor. Ve bunlar bir söylem değil, gerçeğin ta kendisi olarak karşımda duruyor.

Keşke hissetmek yeterli olsa. Ben, denemeden bir işin içine girip boyumun ölçüsünü tam almadan ilerlemeyi de anlaşılan pek beceremiyorum. Gider denerim. Düşe kalka yaşarım. Yaşadığım her nasılsa, öyle şeffaf ve açık yazarım. Hâlâ bazı parçalarım kırık dökük, farkındayım. Kendimi tam bulamadığım, yollarda kaybettiğimi çokça hissettiğim, kendimi bulmak için yollar aradığım bir hâlim var. Hiç görmediğim şehirleri, dağ ve doğalarını koşarak görebilirim.

Evde görmek istediğim ilgiyi, onayı, alkışı alakayı, ben koşarken bana "Koş Yonca Koş!" diyerek verenlerden alıp telafi ettiğimi sanarak idare edebilirim.

Böyle düşünerek, "Haydi gel İznik'te koş," diyen Macera Akademisi ekibine, "Hay hay!" diyerek, İznik Ultra'da 80 km koşmak üzere yola çıkabilirim.

Evet.

80 km

İlk Harbi Ultra: İznik Ultra, 80 Km

"Bugün, 21 Nisan 2013, dün İznik Ultra Maratonu'nda 80 km'lik parkuru, zor da olsa koştum, bitirdim" diye başlayan bir özgüven ve başarı yazısı planlayıp; "Olmadı, 75. km durağına verilen süreden 15 dakika geç vardığım için diskalifiye oldum. Rezil rüsva ve perişanım..." yazmak zorunda kaldığım o gün.

Ağlamam durmuyor. Şelale oldu içim, akıyor. Kendimi, doğasından koparılmış vahşi bir hayvan gibi hissediyorum. Sanki tasma taktılar, boynumdan çeke çeke şehre zorla geri getirdiler. Elimde olsa, koparır tasmamı arkama bakmadan, dilim dışarıda İznik dağlarına, zeytinlerin arasına, Müşküle köyü insanlarına, aynı yolu yeni baştan, sil baştan koşmaya geri dönerim. Bütün hatalarımı, asla yapmamaya geri giderim. Hatalarımı silmek, her şeyi en başa almak isterim.

İnsan uzunca süre, bir hedefe kilitlenmiş şekilde, bir geçtiği yerden bir daha hiç geçmeden, sürekli yepyeni yerler görerek hep bir adım ileriye gitmekten başka bir çaresi olmamayı deneyimleyince şehre, şehir trafiğine, insan yapımı mekanik seslere, gerçeklere dönüp uyum sağlamakta zorlanıyor. O döngünün içindeyken iyi. Ama bir kere doğaya çıkıp içinde saatlerce zaman geçirince, zaman anlam değiştiriyor.

Bazen zaman duruyor. Zamanla kol kola giriyorsun hatta. İnanılmaz bir his. Zaman ile eş zamanlı akıyorsun. Aynı andasın. Su gibisin. Yanında akan nehir gibisin. İçinden geçtiğin dere yatağı gibisin. Üzerine basıp düşmeden geçtiğin taş gibisin. O kadar o ânın içindesin ki başka bir yerde olmayı düşünecek hâlde değilsin. Nasıl geçtiğini anlamadığın zamanın, her ânını iliklerinde, bedeninde hissettiğin için, o anda kaldığın için, ömrün uzuyor gibi oluyor doğada koşarken.

Doğa öyle dürüst ki! Asla yalan söylemiyor, kandırmıyor. Yağmursa, yağıyor, ıslatıyor. Çamursa zemin, üzerinde ilerlemesi zorlaşıyor. Yapışıyor her yerine, kayıyor. Rampa mı? Nefesin kesiliyor. Yavaşlatıyor. Durduruyor. Yokuş aşağı mı? Salıyorsun kendini. Temkin istiyor. Her çıkışın bir inişi var. Her inişin de bir çıkışı. Hayat "Ben buradayım," dedirtiyor.

Ultra maraton koşmak, hayat dersinin en alasıymış. Tokadı attığı yerde güller bitiyor. Ama ben hiçbir yerimde gül bitmiş gibi hissetmiyorum. İznik Ultra'da 80 km koşma kararı verdiğimde, Ultra Maraton koşan tanıdığım tüm dostlar bana bilgi ve tecrübelerini cömertçe açtılar.

Aykut Çelikbaş'la yaptığımız sohbetleri, onun bir Ultracı olarak gösterdiği mütevaziliğin ustası olma hâlini asla unutamıyorum. Önemli bir ara not, Aykut Çelikbaş'ın yazdığı *Ultra Kitap*'ı okuyunuz. Aykut, Spartatlon gibi zorluğu tarifsiz tarihi bir Ultra'ya Türkiye'den ilk gidip bitiren olduğu gibi ardından nice sporcuya ilham olarak o yolu açmıştır. Aykut'un asla kaybetmediği asaleti ve tecrübe aktarım cömertliği benim için büyük ilham ve örnektir.

Dön Yonca İznik'e.

Daha yarış başında tecrübeli büyüğümüz, Ultra Maratoncu Mustafa Abi bana; "Yoncacım, sonlara doğru ayaklar bitecek, ağrılar artacak, yılma. Kendine küçük hedefler koy. İki ağaç sonrası, 1 işaret ötesi vesaire gibi. Onlara vardıkça, yeni kısa hedeflere odaklan ve böyle böyle küçük hedeflerle ilerle. O zaman finiş senin."

Sevgili Okur,

Rica etsem, bir önceki cümleyi yeniden okur musunuz?

Zor zamanlarda insan kendinden neden hep büyük büyük adımlar bekliyor, bir düşünün isterdim. Oysa küçük küçük, zoru parçalara bölerek ilerleyebilmek de mümkün. Ben "küçük hedef" tanımını ilk defa İznik Ultra startı öncesi öğrendim. "Yonca Okulu" adını koyduğum bir defterim var birkaç senedir. Kendime hayata dair okutup öğretmek, yaşatmak istediğim konuları oraya yazıp müfredata alıyorum. Üzerinde çalışıyorum. Bir dersim de "Küçük hedeflerle sonuca varmak", bu ders bana çok faydalı oldu.

Nasıl ki, patika deneyimi olmadan patika koşmak deneyimlenmiyor, nasıl ki az da olsa maraton antrenmanı yapmadan maraton koşmak acılı bir deneyim olabiliyor, maraton antrenmanı ile Ultra Maraton koşacağımı sanmak da... nasıl desem, hayli cengaverce ve bana pek yakışan bir "deneyerek, perişan ola ola öğreneyim" cesaretine dönüşebiliyor.

Şu "küçük hedef" fikri sağolsun, anam ağlayarak, 12 küsur saat sonunda 75. kilometreye vardığımda, zamanı kaçırdığımı bilmeme rağmen, bu kabul edilemez gerçeği reddetmeye ve ne olursa olsun devam etmeye kararlı bir kafadaydım.

Ne demek yahu başladığın işi bitirememek! Büyük rezillik. Utanç. Çocuklarımı bırakıp gelmişim. Onlara ne diyeceğim? Kabul edilebilir mi böyle bir hata? Nasıl açıklayacağım ben bu başarısızlığımı dünyaya? Ah be Yonca...

Yonca kıza dönüp sarılıp "merak etme böyle böyle her şey iyi olacak" diye fısıldayabilseydim ne tatlı olurdu. Olgunlaşmaya, büyümeye giden yol türlü riskler barındırıyor. Bunu durup durup yazmak istiyorum. Dağlar barındırıyor çıkamadığını zannederek çıktığın. İnmekten korka korka düşerek kayarak indiğin. Minicik bir taş barındırıyor, düz yolda takılıp düştüğün.

Büyümeye çalışırken yolda, mesafeler ve süre uzadıkça ağrılar başlıyor, ayaklar su topluyor, kramplar giriyor. Kafa gelip gidiyor. Rotayı, hedefi, amacı, varacağın yere varmak için yapman gerekenleri yönetmen gerekiyor. Çok fazla eşzamanlı stres, kritik eşik, donanım, bilgi, deneyim gerekiyor. Uyuşuyor insan zorlukların içinde ilerledikçe. Ağrı sızı dediğin şeyin şiddeti de göreceli olmaya başlıyor, tıpkı zaman gibi.

Gözünün ucunda sürekli mini finişler var. Ara noktalara, ara finişlere yaklaşıyorsun. Önce bir 26. km'ye varayım diye yırtınıyorsun, varıyorsun. Sonra 35. km, sonra 41. km, sonra 60. km... 60. km'ye vardığıma inanamamıştım. İnsanın kendi yaşlanıp da vardığı rakamlarına inanmaması gibi.

Suyunu, yiyeceğini dikkatli ve ölçülü kullanmayı öğretiyor Ultra Maraton sana. Ziyan etmemekle tanışıyorsun. Az, çok oluyor. Çok dediğin her şeyin ne kadar tüketici bir yük olduğunu öğretiyor sana. Doğanın müsrifliği yok. Bedeninin, sağlığının ikinci plana atılma şansı yok. Doğada kendinden vazgeçme lüksün yok. Kendini, bir ihtiyacını ertelemek, zamanı veya enerjini ziyan etmek, mutlaka bir bedel ödetiyor. Benzini biten arabaya benzini aldığın anda, hiçbir şey olmamış gibi çalışır gider. İnsan bedeni öyle değilmiş. Düzenli beslenmenin önemi, gerekliliği; su içmenin ciddiyeti, sağlıkla uzun yol gidebilmenin, sağlıklı uzun bir ömür yaşayabilmenin temeli. Bunları her yerde trilyon kere anlatan uzmanları dinlersin. Uygulayarak anlayabildiğin en net yer, doğada zaman geçirmek, doğada hareket etmek.

Okullarda okuduğun ve hiç kullanmadığın nice fizik, kimya, matematik bilgisi ve kuralı; bir Ultra Maraton'da en büyük ihtiyacın olarak önünde belirir. Veya oturur o pek de ciddiye almadığın bilgileri tazelemek için baştan okumaya başlarsın. Hem kendini koruyacaksın hem zamanı iyi kullanacaksın. Erken tükenmeyeceksin, geç de kalmayacaksın. Ultra Maraton, ULTRA bir hayat dersi ve deneyimidir.

O gün İznik'te aynen öyle oldu. Nefsimi terbiye etmem gerektiğini düşünüp utançtan nereye saklanacağımı bilemediğim deneyimdir benim için.

Maraton demek 42 km 195 m mesafe demek. Artık bunu biliyoruz. Bunu geçen her mesafe ve yarış, Ultra Maraton oluyor. Bunu da anladık. İznik'te 46 km dağ maratonu da vardı ama malum ben 2 maraton koşmuş bir süperkadın olduğumu sandığımdan 46 km koşmak çok da zor gelmedi.

80 km'lik ve 130 km'lik Ultra parkurları da vardı. 130 km biraz fazla geldi. 80 km tam benlikti. Hayranım yahu yürüttüğüm mantığa, ama tam da böyle düşünüyordum.

Çenemden, sağa sola aşık aşık bakmaktan, aralıksız video çekmekten, zeytinlere sarılıp sarılıp fotoğraf çekmekten kendimi alamadığım için zaman kaybettim. Dahası, bir maraton koşarken belirli kilometrelere varmanız için konulan ara zaman limitleri yoktur. Oysa Ultra Maratonlar'da işleyiş farklı.

Şimdi biraz bunu anlatayım. 80 km için, yarışı bitirme zaman limiti olarak 13 saat 15 dakika verilmişti. Kontrol noktaları, su-içecek-yiyecek noktaları belirli kilometrelere yayılmıştı. Örneğin 10 km'ye, şu an tam hatırlamadığım için atıyorum, 1 saat 15 dakikada varmanız ve çipinizle halıdan geçmeniz gerekiyordu. 1 saat 16 dakikada vardığınızda, artık geç gelmiş sayılıyor ve diskalifiye oluyordunuz. 21 km'ye 2,5 saat süre, 27 km'ye 4 saat süre, gibi...

80 km için 74 kişi yarışta start alacaktık. Dünya 100 km şampiyonu, Amy Sproston da o gün bizimle koşacaktı. Kadın, 100 km'yi 7 saat 20 dakikada koşuyordu. Bu yazdıklarımı o zamanlar pek anlayarak yazmıyordum. Çok acayip bir şey olduğunu anlıyor ama ne kadar inanılmaz bir performans, hız, dayanıklılıktan bahsettiğimizi yeterince dokunaklı hissedemiyordum. Dünya efsaneleri ile aynı havayı solumak, aynı startı almak beni müthiş heyecanlandırıyor ve bu kadarı yetiyordu.

Anneme 80 km koşmaya gideceğimi söylediğimde; "Kızım 80 km çok değil mi, bunun bir küçüğü yok mu?" diyordu.

Ara duraklara varmamız için verilen süre ve mesafeler uzadıkça daha da zorlaşıyordu maraton. Mesela 60 km'den 75 km'ye verilen süre 2 saatti. Yani 60 km'ye kadar geldin, o hâlde 2 saatte 15 km daha koşacaksın. Biriken yorgunluk nedir, bilmem. Likya Yolu'ndan patika, dağ, inişti çıkıştı nedir biliyorum ama kış hava koşullarında bir dağda neler oluyor, zinhar bilmem. Sanıyorum ki Venedik'teki hava olayını aştıysam, İznik Dağları'nı da rahat aşarım. Kendime, kendi deneyimlerimden, okuduğum yarış raporlarından öğrendiklerimden, dinlediğim tecrübeli Ultracı arkadaşlarımdan derlediğim bilgilerle şöyle şeyler anlatıyorum yarış öncesi:

1. Beyin gücü var. Çok önemli.
2. Bedensel güç var. Çok önemli.
3. Gönül gücü var. Çok önemli.

Bu üçlü bir dengede olmalı ve bunu içinde korumalısın. Hayatta çıktığın her uzun yolun sonunu görebilmek için, bu üçlü birbirlerini beslemeli, yüreklendirmeli.

20 Nisan 2013'te, İznik Ultra Maratonu'nda hayatımda ilk defa 80 km koşmak için starta geldiğimde çok duygusaldım. Ne zaman olmadım ki? Bir sene önce aynı gün sağ ayağımın topuğunu kırmıştım. Doktorun bana "İnsan topuk kemiğini böyle kolay kıramaz, kızım senin kalbin mi kırık?" sorusunu sorup beni yerle bir ettiği gün. Ayağımdaki sinirlerde kalıcı hasar olduğu ve aslında hasarın topuk sinirlerimde değil, tüm sinirlerimde olduğunu anladığım gün.

Rahmetli Tuğrul Cankurt'un, omurilik felçli bedeninin yüzde 3'üyle tablolar yapmaya devam ettiğini düşündüğüm gün. Necdet Turhan'ın, görme engelli olarak koştuğunu düşündüğüm gün. Sabah yarış öncesi Bakiye Duran ile yeniden karşılaştığım, Bakiye Abla bana ne tavsiye edersin dediğimde, "Yoncacım çok gözünde büyütme, gerektiğinden fazla da küçük görme mesafeyi. Şöyle düşün; kahvaltımızı ettik. Yolda öğle yemeğimizi yiyip hızlıca akşam yemeğine yetişmeye çalışacağız. Başladın mı biter de. Kendini düşün. Sağa sola bakıp da kendini harcama." Durakalıyorum bu kısa, öz komut karşısında. Kendini düşün. Ne demek bu?

Yarışanlar arasında o kadar çok tanıdığım insan var ki daha start almadan çene çalmaktan, fotoğraf çekmekten yorgun düşüyorum. Herkese gülücükler, her fotoğraf çektirmek isteyenle çekilmeler. Hava serin. Yağmur başladı başlayacak. Sırtımda içinde zorunlu malzemeleriyle çantam. Beslenmek için aldığım bir şeyler var. Bakalım ne kadar başarılı olacağım koşarak beslenmek konusunda.

Start alıyoruz.

İnsan başta o heyecan ve müzikler sayesinde bir gazla başlıyor. Patikalar başladıkça, elit Ultracılar zaten görünmez oluyor. Onlar fişek gibi. Ben de benim hızımda ilerleyenlerle bir grup oluyorum. Her şey o kadar doğal ilerliyor ki... Runfire'da 6G koştuğum sırada tanıştığım Erhan Abi ve arkadaşları ile koşar oluyoruz. Koşarken onlar ne zaman çantalarından bir şey çıkarıp atıştırıyor, ben de o zaman atıştırıyorum. Yani aslında tam olarak benim beslenme ihtiyacım ne zaman geliyor pek kestiremiyorum. Daha önce hiç bedenimi, bedenimin hangi koşullarda neye ihtiyaç duyduğunu pek merak etmemişim. Benim hayatım mümkün olduğunca kilo almamak için beslenmeye odaklı. Üniversite yıllarımda blumia olan bir kadınım. Sağlıklı bir bedenin olması gerektiği kilodan çok, kafamda mutlu olduğum rakama takıntılıyım. Karbonhidratlara olan ihtiyacım, protein ne noktada ne kadar önemlidir biliyor ama her bilgimin bana olası kilo aldırma riski noktasında hiçbir sağlıklı bilgiyi duymak dahi istemiyorum.

Koşmaya başladığımdan beriyse, bedenim sağlıklı beslenmeyi kendiliğinden başarıyor ve kilo almıyorum. Müthiş huzurluyum. O sıralar bana beslenme konusunda hayat dersleri, büyük öğretiler kazandıran Dr. Nurhayat'ın sabırlı emeğine minnetle yaşıyorum. Kontrol noktalarına gelir gelmez, mutlaka ne varsa atıştırıyorum. Tuzlu kraker, muz dilimi, portakal dilimi, peynir.

5, 10, 15, 20, 25 km derken ilerliyoruz. Yağmur yağıyor. Rampalar hayli ciddi. Zemin çamur. Bir ara, eğim o kadar dik, zemin öyle çamur ve kaygan ki bir adım ileri, iki adım geri kayarak, mehter marşıyla zar zor ilerliyoruz. Neşem süper yerinde. Yanıma önüme kim gelirse gelsin, sohbet muhabbet. İçinden geçtiğimiz patikalarda yer gök zeytin ağacıyla dolu. Yeşilinin dokusu farklı bir doğa içindeyiz. Bakmaya, sarılmaya doyamıyorum ağaçlara. Habire fotoğraf çekiyorum, video kaydı alıyorum. Bir yandan bu yaşadığım olağanüstü deneyimi mümkün olan en canlı şekilde gazeteye yazmak, videoları paylaşmak istiyorum. Bütün memleket buraları koşmalı. Ben yaparsam herkes yapabilir. Daha fazla kadın maraton, Ultra Maraton koşmalı. Yapabiliriz, baksana.

İznik'te Müşküle diye bir köy olduğunu bilmiyordum. Ülkemi, köyünü, köylüsünü Ultralar sayesinde gezip tanıyorum. Allahım, Müşküle nasıl masalsı bir köydür! Yüz binlerce kez gidebilir, binlerce gün geçirebilirim! Sağlı sollu zeytin ağaçlarıyla çevrili bir köy. Meydanında bir koca çınar. Nazım Hikmet Çınarı'ymış! Vasiyet'ini* yerine getiren Müşküle. "Anadolu'da bir köy mezarlığına gömün beni/ ve de uyarına gelirse/ tepemde bir de çınar olursa/ taş maş da istemez hani." Çocukları mis, insanları sıcacık. Açık fikirli. Kadınları harika! Çalışkan. Oraya gelene kadar geç-

* Nazım Hikmet'in *Vasiyet* adlı şiirine ithafen.

tiğimiz hiçbir yerde Müşküle'nin bizi karşıladığı gibi karşılanmıyoruz. Müşküle Paris gibi, Müşküleliler Parisli gibi. Çocuklar, ellerindeki çıngırakları çalıyor koşanları yüreklendirmek için. Kadınları ellerinde tığ işleri ev önlerine rota üzerine oturmuşlar, hem alkışlıyorlar hem helal size diye bağırıyorlar. Coşuyoruz.

35 km'de geliyorduk sanırım Müşküle'ye. Tüm köy ahâlisi, en son yarışçı geçene kadar saatlerce bekliyor, alkışlıyor, destek oluyor. İznik Ultra'da yarışan her arkadaşım "Müşküle" diyor başka bir şey demiyor. Ben, yarış sonrası her şey bir yana, Müşküle'yi ayrı yazıyorum. Bize daha çok Müşküle kafası lazım, iyi örnekleri yazarsam çoğalacak, inanıyorum. Daha sonra, Müşküle, İznik Ultra rotalarının her biri nereden geçiyorsa her köye müthiş bir örnek oluyor. Benim de inandığım gerçek oluyor. Bir yandan koşarken dayanamayıp çocuklara sarılıp öpüyorum. Teyzelere sarılıp teşekkür ediyorum.

Müşküle bitip yola devam ettiğimizde, yorgunluk hafif hafif kendini hissettiriyor. İnsan, başka insanların yaydığı enerjiden nasıl da etkilenip yorgunluğunu unutabiliyor, artık biliyorum. Yaptığın ne olursa olsun ne kadar tek başına her şeyi yapabiliyor olursan ol, birilerine ihtiyaç duyuyorsun. Tanımadığın insanların seni yüreklendirmesiyle mucizeler yaratacak gücü bulabiliyorsun.

42 km sınırını geçtiğimde, artık kendimden emindim. Bundan sonra hayatıma, 80 km bitiren bir Ultra Yonca olarak devam edeceğim. Asfaltta veya yolda koştuğumda hissettiğim türden ağrılar hissetmiyorum doğada koşarken. Likya 6G bende müthiş bir eşik atlatmış. Patikaların ne kadar acayip bir şey olabileceğini biliyor, dik yamaç görünce şaşırmıyorum. Pusula kelime değil. Bir alet. Ben onu anlıyorum. Kullanabiliyorum. Kendi içimde kaybolduğumda kendime ait duygusal bir pusulam var. Onu da kullanmayı öğreniyorum. Öğreneceğim en azından. Kararlıyım.

Her yerim ağrıyor gitgide. Ağrıları duyup onlarla arkadaş olmayı, bana neremin neden ağrıdığını, neye ihtiyaç olduğunu duymayı anlatıyor patikalar. Nihayet yollarda Yunus Emre gibi olmaya başladığımı duyuyorum.

55 km civarı tuvaletim geliyor. O âna kadar hiç tuvalete gitmediğimi ve bunun pek de normal bir şey olmadığını düşün-

müyorum. Öyle bir bilgim yok! Henüz yok. Birlikte koştuğumuz Erhan Abi, önden gidip kör nokta belirliyor. Arazide kendime "ihtiyaç molası noktası" belirlemek konusunda becerikli değilim. Yani henüz ☺ Bir yandan bunlara çok gülüyorum. Biraz utanıyorum. Bir arkadaş arkadan gelen olursa haber etmek için bekliyor, ben ortada belirtilen noktada işimi görürken bunlardan utanmanın geride kaldığını hissediyorum. Bunları keşfetmek, 80 km koşmaktan zor geliyor. İleride Erhan Abi bekliyor, bekletmek istemiyorum. Hızlıca, imeceyle işimi görüyorum.

Bir kadının, ben kadınının, tuvaletini bile hep düşünceli yapmasının ne kadar kabız edici olduğunu düşünüyorum. En beklettiğim, en tuttuğum, en ertelediğim şeyim tuvaletim. Bunu İznik Ultra'nın yaklaşık 50 küsur kilometre-taşı sırasında iki erkeğin muhafızlığı eşliğinde kakamı yaparken düşündüğüme i-na-na-mıyorum. Bitirdiğimde acil durum düdüğümü çalıp "işim bitti" mesajı verip öndeki ve arkadaki muhafızımla buluşup yola devam ediyoruz. Ultra Maraton'daki türlü dayanışma, yardımlaşma, cinsiyetlerin ortadan kalkıp her şeyin, hele de cinsiyetlerin eşitlenmesi olayına bayılıyorum.

Ben gitgide hayvan oluyorum. Doğada işimi görüp iz bırakmamayı içselleştirebilirim. Bunu bile yapabilecek kadar donanımlı bir bedenim, bilincim, bilgim olması beni yıkılmaz, yenilmez, çok güçlü hissettiriyor. Sanki yarın evim barkım eşim dostum kalmazsa, tek başıma hayatta kalabilecek kadar güçlü biriyim. Çok da bir şeye ihtiyacım yok. Su, çikolata, fener! Bu üçlü, hayatta kalmaya yeter. Gittiğim bütün koşuların en elzem özü bu. Susuz yaşama şansın yok. Çikolata, güçten düştüğünde enerji verir. Karanlıkta fener, yolunu aydınlatıp ilerlemene imkân verir veya birileri seni bulsun istiyorsan, işarettir.

Yol arkadaşlığı nedir, yoldaşlık ne demektir, ne işe yarar, birlikten nasıl kuvvet doğar, dayanışma nasıl yapıcı olur; bunlar bir söylem olmaktan çıkıyor. Eylemin ta kendisi olarak yaşanıyor.

60. km'ye çok iyi giriyorum. Bunun cümlesini kurduğuma ve verilen süreden 15 dakika erken geldiğimize inanamıyorum. Bir sonraki noktaya kadar 15 dakika cepte yani. Ohooo... mükemmeliz. Moralim bomba. Ben de tanıdığım ve hayran olduğum diğer

Ultra efsaneler gibi, bir efsane olma yolunda azimle ilerliyorum. Bu kadar güçlü olduğumu hiç fark etmemişim.

Anneme, ölmüş babama, elâleme, kalıplardan bahseden toplumsal düzene, aramızdaki soğukluğu yatakta kapattığımızı sandığımız ve asla gerçekleri konuşmadığımız kocama... çocuklarımı içinden çıkartmak istediğim o kendini bir şey zannedip de bir hiç olan o okulun müdürüne... hepsine gücümü göstermek, kanıtlamak ve benden korkmaları gerektiğine dair bir nişan olarak madalyamı götürüp yüzlerine çarpacağım o anı hayal ediyorum. Hele bir 80 km madalyamı elime alayım da...

Rujumu tazeliyorum 60 km kontrol noktasında. Kırmızı rujumu sürmeden asla start almıyorum. Zaten kırmızı rujum olmadan hayata başlamıyorum. Gözlerime sürdüğüm simlerim var. Her yarışta çantama, bel çantama, cebime mutlaka kırmızı rujumu ve simlerimi alıyor ve hatta tazeliyorum. Paris Maratonu'nda 38 km civarı park etmiş bir arabanın aynasında rujumu tazelediğimi gören Fransızların çığlıkları, alkışları geliyor aklıma. Böyle şeyler acayip gaz ve haz veriyor insana. 60. km'den çıkarken köy çocukları: "Abla sen deli misin, makyajla koşuyorsun!" diye yanımda gülerek koşunca, çok gülüyoruz. He ya. Deliyim. Bütün bu çok neşe, çok gülen çok ağlar noktasına taşıyor bizi.

60 km sonrası rotada geldiğimiz nokta bir zeytinlik içinden geçiş. Zeytin ağaçlarının altı sürülü. Toprağı sürmeyin ah be canım ya. Dünyanın en kaymak, en zengin, en değerli, en canlı toprak kısmını sürerek iyi bir şey yaptığını sananlar yüzünden çölleşe çölleşe can çekişiyoruz şu dünyada.

1 çay kaşığı toprak içindeki canlı sayısı yeryüzündeki insan sayısının 1,5 katı. 10 cm toprak 2.000 yılda yetişiyor, tek bedava su deposu toprak. Ve toprağı sürdükçe toprak kaybediyoruz. Haykırmak istiyorum.

İçinde bulunduğum durumda, o sürülmüş toprak benim de sonumu hazırlıyor. Oysa ben ondan yana olanlardanım. Sürüldüğü için çırılçıplak kalmış, yağmurla dövülüp parçalanmış, bir çamur bataklığı olmuş toprak içinde, canımdan can çıkararak adım atmaya çalışıyorum. Her adımda ayak çamura bileğe kadar batıyor. Ayağımı çektiğimde ayakkabılarım en az 2-3 kiloluk çamur ağırlıkla geliyor. Ayağı o hâlde kaldırıp koşmak im-kansız. "Çamura batmak" deyimini okullarda öğreniyoruz ya, peh. Sen gel onun gerçeğini deneyimle. Balçık nasıl yapışkan bir ağırlıktır. İçine nasıl çeker seni. Yürümenin imkânsızlaştığı o arazide harcadığım enerji, o kadar saat yorgunluğun üzerine bambaşka tüketiyor gücümü. Savaştayım.

O çamura direnmek, onu yenmeye çalışmak yerine yavaş yavaş ilerlemeye çalışsam, her şey daha az yıpratıcı, korkutucu ve yorucu olacak. Her yerime yapışıyor çamur ve akşamın serinliğiyle kuruyor. Artan yorgunluğuma, üzerimdeki çamurun çömlekleşmiş ağırlığı da biniyor.

Buraya gelene kadar keşke daha az çene yapsaydım, koşabildiğim yerlerde o kadar temkinli ve ürkek davranmasaydım, vaktimi daha iyi kullansaydım, bir balçıkla karşılaşırsam zaman kaybetme lüksümü hesaplasaydım... Neyle karşılaşabileceğimi bilmiyordum ki, hesap yapayım. Moralim yerle bir oluyor.

Kalçama, kasıklarıma giren ağrı başka türlü. Sanki içeride bir kas grubu yırtıldı. Bacağımı düzgün atamıyorum. Yandan çevirerek önüme doğru adım atmaya çalışıyorum. Çok acıyor canım. Ağrı fikrini aklımdan kovalamak için savaşmaya başlıyorum.

Balçığın sonuna geliyorum. Buz gibi bir suyun içinden geçiyoruz. Şoktayım. Daha önce hiç, yüzmek haricinde, giyimli hâlde buz gibi dere suyu içinden geçmek zorunda kalmamıştım. Ayakkabılarımı çıkarıp geçmek aklıma gelmiyor. Zaten hâlim de yok. Buz gibi suyun içinden, dizlerime kadar girip geçiyorum. Dizlerime, ayaklarımı sarmış çamuru azıcık eritmeye iyi geliyor. Bir parça hafifletiyor su beni. Yeni bir kontrol noktasına yaklaştığımızı çocukların çaldıkları çan sesinden anlıyorum. Artık dayanamıyorum, bitsin istiyorum ama daha var.

Neyi Kontrol Edeceğim?

Vardığım kontrol noktası neresi, adım ne, daha ne kadar var, düşünemiyorum. Artık gündüzün sonuna yaklaşıyorum. Bisküvi, kraker, tuzlu fıstık, tencerelerde kaynatılan hazır çorbalar kepçe

kepçe veriliyordu. Yolda kaybettiğimiz tuz ve mineralleri yerine koymamız için tüm bunlar. Oraları geçtim.

Nerede ne yedim ne yemedim, ne eksik kaldı bilmiyorum. Sırtımdaki çanta omzuma, sırtıma, memelerime, kalbime, ruhuma batıyor. Taşımamız gereken "zorunlu malzeme" fikri, ruhumda 1 ton zorunlu gibi duran ve hiç de elzem olmayan şeyleri hatırlatıyor. Hepsini parçalamak istiyorum.

Akıllı saatimin pili sadece 46 km dayandı. 46 km'den beri, saat kaç, kaç km geldim bilmiyorum. Akıllı bir saatin pilinin dayanamadığı kadar zamandır yolda olduğum gerçeği çarpıyor yüzüme.

Ben ne yapıyorum? Uzun mesafe gitmenin bir stratejisi olmalı. Uzun soluklu bir şeyler için hiçbir strateji belirlemediğimi düşünüyorum. İşten nasıl ayrıldığımı, nasıl hiçbir B planı yapmadığımı, bir şeyler sorduğum insanların, bana stratejilerden, B planlarından, destekleyici yol haritalarından bahsetmek yerine; "ayrılma, yapma, yapamazsın" demelerini düşünüp öfkeden cinnet geçirecek gibi oluyorum. Sırası değil Yonca. Şimdi değil Yonca diye sayıklıyorum.

Hava kararıyor. Herkes vahim durumda. Hâlimiz yok. Zor adım atıyoruz. 75. km'ye son 3 km kaldığını söylüyor birisi. Safa Park 3 km 410 metreydi. Benim için her şey Safa Park etrafında başladı. Bir ümit doluyor içime.

Sağımız anayol. Arabalar hız kesmeden geçiyor. Araba çarpacak diye endişe ediyorum, yalpalamamı engelleyemiyorum. Hava kararmaya başlıyor, İznik Gölü manzarası güzel ama ben güzellik görecek hâlde değilim. Bakmaya doyamadığım gök mavisinin geceye dönüş renginden nefret edecek gibiyim.

Yarışı bırakmayı düşünüyorum. Asla asla asla! Ölmek var bırakmak yok. Ölmek yerine bırakmayı ve hatta durmayı da öğreneceğim gün elbet gelecek. Şimdi bırakamıyor ve duramıyorum. Hafif titremeler geliyor. Üşütmüş olamam. Öksüremem. Durup üzerime bir şey giyerek vakit kaybetmek istemiyorum. Artık kaybedecek zaman yok. Zaman yok. Soner, sessiz sessiz ilerliyor. Artık hiçbirimiz konuşmuyoruz. 19.30'da 75 km noktasında olmamız gerektiğini biliyoruz. Kontrol noktasındaki ışığı hayal meyal görüyor ve ilerlemeye devam ediyoruz. Ölüm sessizliği var havada.

75 km noktasında bekleyen ekipler, meğer araçların ışıklarını açmışlar, hâlâ ilerleyen bizler için. İznik Gölü sağımızda. Zemin çakıl ve kum. Bata çıka ilerliyoruz. İçimden bir daha "bata çıka" lafını kullanmamaya yemin ediyorum. Çıt yok. Alacakaranlık bir gök. Işığa doğru ilerliyoruz ve bir türlü yaklaşamıyoruz.

Benim hep kafamda müzik çalar. Kulağımda çalmasına gerek yok. Kafamda, sürekli ileri geri yapabildiğim, durdurup atlayabildiğim sonsuz bir müzik listesi var. Sertab başlıyor çalmaya. Eyvah. Babam öldüğünde dinlediğim, içimi parçalayan şarkı başlıyor:

Geceye açar akşam sefaları
Ölüme benzer güne vedaları
Deli dolu bir macera bir şölen bir düğün
Kadere kısmet narin hayatları

Işığa uçar bütün pervaneler
Ateşe giderken ne şahaneler
Dönerek acıyla aşkla şu âlemi
Yana yana raks eder divaneler

Bir varmış bir yokmuş dünya masalmış
Her yolcudan bu handa hoş seda kalmış
Gökten üç elma düşmüş yuvarlanmış
Herkes payına düşen elmayı almış

Sora sora az gidip uz gidip Kaf Dağı'na
Gizini arar saadetin dünyalılar
Günaha yakın dururken bir yanları
Ne kadar hazin hüzünlü sevdalılar

Ağlamamı durdurmaya çalışıyorum. Olmuyor. Kontrol noktasına karanlıkta varıyoruz. Sanki bir saygı duruşu var bekleyenlerde. İyi değilim. Topallıyorum. Sesim titreyerek, "Kaçırdık mı zamanı?" sorusunu sorduğumu, "Geçmiş olsun, maalesef diskalifiye..." dendiğini duyar gibi oluyorum...

Üzerinde yiyecek bir şeyler olan masaya yaklaşıyorum. Sayıklar gibiyim. "Ben devam edeceğim. 1,5 Safa Park kaldı, ben devam edeceğim." Masa başında Akut'tan görevli biri var. Sakince bana, "Lütfen önce bir şeyler atıştırın. Üzerinizdekileri değiştirin... Siz şöyle gelip bir oturun," diyor. Hayatımda bir insana attığım en kötü bakışı atıyorum. Bakışımı toplayamıyorum. Öldürürüm lan ben seni! Delirecek gibiyim. 75 km geldim. Kaldı 5 km

Çantamı çıkartıyorum sırtımdan. Sırt derim sökülüyor sanki. Moleküllerim acıyor. Çantamdan kafa lambamı, reflektörümü çıkarıp takınmaya çalışıyorum. "Ben devam edeceğim, 1,5 Safa Park kaldı," demeye devam ediyorum. Burnumu çeke çeke ağlıyorum, başarısızlığımı, yıkımı, sonuca varamayışı, tüm hayal kırıklıklarımı bir tükürükte, bir damla gözyaşımda yutmaya çalışıyorum.

"Çabuk arayın Caner'i, onunla konuşacağım, ben devam ediyorum!" diyorum.

Caner, organizatör. Bu benim hayatımda bir ilk. Birisine böyle bir cümle kurmuş, emir vermiş, ayrıcalık istemişliğim yok. Kendimi yırtık hissediyor ve çok haz alıyorum. Sıkıysa hayır desin bakayım Caner. Cümlelerimi tam kuramıyorum.

Arıyorlar Caner'i: "Caner, 75. km'deyim. Bu yarış zaten burada bitecekti. Ben devam edeceğim. 1,5 Safa Park," diyorum.

Caner bana sakin sakin: "Yoncacım, şu an o 5 km senin için en iyi hâlde en az 45 dakika demek. Üstelik ekipleri değil, kendini ve yol arkadaşlarını da riske atarsın. Sağlıklı düşünmen gerek. 1 dakika geç girenler de diskalif—" O kelimeyi duymuyor kulağım. "Seneye gel, bir daha koş Yoncacım, seneye bitirirsin," diyor.

Telefon kapanıyor.

İçimdeki aldatılmış kadın, tüm hayal ve Şebnem Ferahlı can kırıklarım, açlığım, acılarım, parçalanmış kalçam, kasığım baş başa kalıyoruz. Topunuzu öldürürüm lan! diye bağırmak istiyorum. Ağzımdan kelime çıkaramıyorum. Bir şeyler oluyor bana.

Meğer çoktandır benim bitiremediğim gerçeğini bilen arkadaşlarım da sabırla beni beklemeye koyulmuşlar. Aralarında konuşup anlaşmışlar. Her nasıl gelirsem, öyle sarmalayacaklar beni. Onlar bana hazır. Ben değilim. Ne kadar üşümüş olabileceğimi, benden önce gelenleri izleyerek öngörmüş Feyza. Orhangazi mağazalarından birinden bana mavi bir mont almış. Bu kadar düşünülmüş olmak, çok iyi, çok incitici.

Montu geçiriyor üzerime. Alıyor beni arabaya, ben ağlıyorum. Bir zangırdama başlıyor bedenimde. Deprem oluyor bende. Feyza panik hâlinde bağırıyor.

"Yonca neler oluyor! Yonca bana ölmeyeceğini söyle, ambulansa gidelim."

Ölmeyeceğim, diyorum. Çok emin değilim, ama bence ölmem. Çok üşüyorum. Çenem kilitlenmiş, zangırdıyorum. Yemek, diyorum, açım.

Et diyor, sana protein yedirmemiz, sıcak çorba içirmemiz lazım. Otelin yolu üzerinde bir yer buluyor. Kebapçı gibi. Zaten o saatte o ıssız yerlerde tek açık yer. Arabadan sökerek çıkarıyor beni. Bacaklarımı kıramıyorum, bükemiyorum. Titrememi durduramıyorum.

Başıma gelen şeyin "hipotermi" olduğunu ertesi gün öğreniyorum. Normal vücut ısımız yaklaşık 37°C. Beden ısısı, türlü nedenden 35°C'nin altına düştüğünde hipotermi ortaya çıkıyor. Hipotermi, vücudun uzun bir süre boyunca üretebileceğinden daha fazla miktarda ısı kaybetmesi sonucunda oluyor. Saatlerce soğukta, soğumuş terle ilerlemişim. Buzlu suya girmişim. Anormal elektrolit, sıvı, enerji kaybetmişim. Vücut ısısı düşen insanın kalbi, sinir sistemi ve diğer organları normal faaliyet gösteremiyor. Bana olan da bu.

Üzerimdeki ıslak şeylerin acilen çıkması lazım. Enerji verecek bir şeyler yemem ve tatlı tatlı ısınmam lazım. Feyza'nın da henüz bir Ultra uzmanı olmadığı ne kadar kesinse; akıllı bir mühendis olduğu da o kadar kesin. O da adını sanını henüz bilmediğimiz hipotermiyi benimle birlikte yaşıyor. İçgüdüleri doğru şeyler yaptırıyor. Üstümü başımı çıkarıyor. Arabasından kendi kıyafetlerinden bana giydiriyor. Aldığı mavi montu yeniden üzerime geçiriyor.

Çiş, diyorum zar zor. Yol üstünde neresi olduğunu dahi bilmediğimiz o restoranın tuvaletine sürüklüyor beni. 10 adımı 15 dakikada gitmiş olabiliriz. Tuvalet açıkhavada, karanlık. Kapıyı açık tutmak ve benimle birlikte içeri girebilmek için bir taş dayıyor. Bir yandan beni tutuyor, titriyorum. Mahcubum, artık ağlayamam. Bana bu kadar emek veren bir arkadaşıma yeterince yük oldum. Tahsil edilemeyecek borçlar ediniyorum. Tutuyorum kendimi. Şu anda yanımda olanın aslında onun değil, olması gerektiğini düşündüğüm kişinin olmaması öfkelendiriyor beni.

Tuvalete çömelemiyorum. Eğilmek, çömelmek imkânsız. Bedenimde akışkanlık yok. Bir heykel gibi dimdik kalmış olabilirim. Feyza bağırıyor, Yonca bırak, bırak diyor. Ben de kendimi tamamen bırakıyorum. İğrencim. Ter kokuma çiş kokum karışıyor. İnsan değilim. Donumu topluyor. Sürükleyerek beni restorana sokuyor. Siparişleri veriyor. Ayakkabılarım çamur deryası. Fırlıyor ayağa, ayakkabılarımı çıkarıp kendi ayakkabılarını bana giydiriyor. Direnecek mecalim yok. Bana bu kadar iyi bakan biri beyaz atlı prensim olmalıydı. Arkadaşımın iyiliğini beyaz atlı prens arayışımla aldatıyor olmayı da ayıplıyorum.

Bir şeyler yemek beni kendime getiriyor. Feyza gece gece evine dönecek. Onu da geciktiriyorum. Otele bırakıyor beni. Kimseye görünmek istemiyorum. Rezilim.

Yıkım içindeyim. 13 saatlik emek, çöp oldu. Otelde kimseye görünmeden odama, inlemelerimi içime tıkarak çıkıyorum. Yatağa yatamıyorum. Birisinin beni yatağa ittirip düşürmesi lazım. Küvete girip yıkanmak istiyorum. Küvete bacağımı kaldırıp giremiyorum. İnim inim inliyorum.

İçimde ne kadar kocaman hırslı bir insan varmış, inanamıyorum. Yan odalarda arkadaşlarım var. Keyifli sesleri geliyor. Hepsinden nefret ediyorum. Yardıma ihtiyacım var. Kimseden yardım istemiyorum. Cezalıyım ben. Ne çekeceksem çekeceğim tek başıma. Lak lak yapacağıma, her gördüğüm ağaca sarılıp belgesel çekeceğime koşsaydım, İznik Çinisi madalyamı ödül nişanı olarak alabilirdim.

O güzel köyleri, Müşküle'yi ve Müşkülelileri, zeytin ağacı ve doğanın renklerini kucaklamamın bedeli bu olmamalıydı. Aklıma 200 km koşmaya giden bir arkadaşımın, yarışın bir noktasında çekilme kararı alışı geliyor. Hiç anlamadığım bir şeydi. Ben ne çok şeyi hiç anlamamışım. Bitirememek, bırakmak, başarısızlık ne kadar olası. Ne kadar mümkün. Bunları yapabilmek, kucaklayıp alabilmek nasıl bir insanlık hâli. Bu duygularla insan nasıl baş eder, nasıl devam eder... bilmiyorum. Ben şu anda kimsenin karşısına çıkabilecekmişim gibi hissetmiyorum. Yatamadığım yatağımın karşısında sopa yutmuş bedenimle daha önce hiç hissetmediğim acılar içinde bombok duruyorum.

Duşu yerinden bir şekilde almayı başarıp küvete girmeden olduğum yerde üzerimden su akıtıp, havluya sarılıp sessiz bir çığlık atarak kendimi yatağa düşürüp ağlaya ağlaya sızıyorum.

Sabah uyandığımda acılarım bin beter. Korkarım sakat kaldım. Saçlarım ağlıyor. Kirpiklerim dökülmüş olmalı acıdan. Kapım çalıyor. Arkadaşlarım geldi. Beni yaka paça kaldırıp bin tane teselli cümlesi kuruyorlar.

Sanki bir kahramanım. "75 km koştun Yoncaaaa!" diyorlar. Yahu diskalifiye oldum ben.

Soner irkiliyor: "Bir sen değil, ben de diskalifiye oldum, başkaları da. Bence yarışın en değerli km'leri saatin 19.30 olduğunu gördüğümüz hâlde ilerleyen 6 kişi olarak, 75. km'ye kadar hep beraber devam etmemizdi. İznik Gölü hep burada. Sakatlık olmadan bitirdik. Yine deneriz." Kardeşim Fuat arıyor, "Abla 75km koşmak ne demek, zamanında sana yatırım yapmak lazımmış" diyor, gülerken ağlıyorum.

130 km'nin son 11 km'sini 45 dakikada koşmuş Elena'yı anlatıyorlar. Tanrıçalar çılgın. Muazzez Özçelik 2, Kutsal Bakiye Duran ise 3. olmuş.

Seneye bir daha gidiyorum İznik Ultra'ya, 80 km koşmaya. Bitiriyorum. Başarı da başarısızlık da göreceli, diyorum. İçimde neler kırıldı, kırılan kabuktan nasıl nasıl Yoncalar çıktı. "Kır kabuğunu çık," diye, TEDx konuşması yapıyorum.

Daha ne çok kabuk kıracağımı, kaç kabuk içinden kaç Yonca daha çıkaracağımı, yolların uzayacağını, henüz bilmiyorum.

Henüz.

Görecelilik - Kontrol Noktası

Keyif almanın bedeli, ağaçlara sarılmanın bedeli bu olmamalı. Anda kalmayı başardığım için, zamanı doğru kullanamadığım için mi cezalandırılıyorum yani? Kafam çok karışık.

İznik sonrası hiçbir şeyi tam anlayamıyorum. Bütün unutamadığım güzel şeylerin sonu böyle bir hüsran olsa... insan nasıl devam eder bir şeyleri yapmaya...

Böylesi bir hüsranın içindeki keyfi unutamadan devam etmenin ne demek olduğunu öğreniyorum.

Sevgili Okurum,
Acaba kitabımı okurken neler hissediyorsunuz?
Bu sayfaya kadar okuduklarınızla beraber, acaba siz kendinizle ilgili neler keşfettiniz? Neleri hatırladınız?
Burası da sizin "kontrol noktanız" olsun.
Hissettiklerinizi, farkındalıklarınızı yazıp, aşağıdaki QR kodların sizi yönlendirdiği sayfalarda #KontrolNoktası etiketiyle benimle de paylaşırsanız çok mutlu olurum. Sizden gelen yorum ve paylaşımlar hem bana, hem de bir başkasına da dokunur, ilham olur.

Dahası, bu kadar fena bir yüzleşme ve aydınlanma sonrası aynı rotaya yeniden gidip; bu sefer bir önceki hatalarımdan derslerimi almış ve çalışmış olarak 80 km koşup bitirmeyi başarıyorum.

Demek ben dersler alıp onları uygulayabiliyorum. Demek ben hem keyif alıp hem de hedefe odaklanabiliyorum.

Yine ağaçları, doğayı her adımda içime çekiyorum. Tek farkla; hem zamanı hem nefesimi kollayıp gözeterek.

Beni mahveden o çamur zeytinlik, yine yağmur yağınca balçık olacak diye daha oraya gelmeden Sölöz'de 60. km'de bırakma kararı alır gibi oluyorum.

Kontrol noktasında iki arkadaşım –Ulaş ve Ufuk– var.

Kararımı duyan Ufuk: "Yonca 2 kere yarış bıraktım. İkisinde de bırakan Ufuk oldum. Berbat bir ruh hâli. Bana birisi 'Acılar geçici ama bırakmak sonsuza dek,' demişti, hâlâ unutmam. İyi düşün. Gayet iyi durumdasın. 50 dakika avantajlısın. Kararın ne olursa olsun, bunun bugünkü ve şu anki koşullarda alındığını da unutma. Yani yarın yatağında uyanıp ah vah deme. Kendini yarının koşullarında bugüne bakıp yargılama!" diyor.

Ulaş, hesap kitap yapıp bundan sonra yürüsen de bu yarışı bitiriyorsun, diyor. Kuzenim Damla'yı arıyorum. "Bıraksam mı?" diye. Damla çok net; "Yonca, biz buraya bitirmeye geldik" diyor ve ardından belli ki herkese haber uçuruyor, arkadaşlarım aramaya başlıyor. Hepsi süremi takip etmiş, iyi durumda olduğumu söylüyorlar, "Bu sefer bitti bu iş Yonca, kop gel!" diyorlar. Emin, "Sen konuşmadan koşunca çok bunaldın, gel azıcık çekim yap, konuş ve koşmaya devam et" diyor, benimle 1 km geliyor, konuşturuyor, azıcık video çekimi yapıyorum.

Açılıp uçmaya başlıyorum. 60 km'den 75'e giderken, resmen uçuşa geçiyorum. İnsan bu kadar yorularak geldiği yerden, bu kadar güçlü devam edebilirmiş... Mümkünmüş. Kafamdaki imaj ve sesle, bedenim ve gerçek arasında fark olabileceğini anlıyorum. Ultra Maraton bana kafamdaki seslerin her zaman lehime konuşmadığını, beni sabote ettiğini de öğretiyor. Varsayımların her zaman gerçekçi olmadığını, hatta çoğu zaman uydurma olduğunu fark ediyorum.

Hepimizin içinde aralıksız konuşan bin tane ses var. Cesaret verdiği gibi, cesaret kıran sesler bunlar. Her duruma ayak uydurabilen, gıcık ve sinsi seslerle yaşıyoruz. Kimi zaman çok mantıklı bu sesler. Sana "boş ver" derken, çok haklı nedenler sıralıyorlar. Bahaneleri mükemmel buluyorlar. Zaten bitiksen, hazır değilsen, sarılıyorsun o seslere. Mesele, tüm o "mantıklı" görünen şeylerin gerçekçiliğini sorgulayacak farkındalığa sahip olmakta. Dahası, kendi kendine cesaret verebilmek, güç verebilmek, inanabilmek.

Kendinle Arkadaş Olabilmek

2014'te İznik 80 km finişine bomba gibi giriyorum. Ben, 80 km koşan ve sonrasında da güçlü olan bir insana dönüşüyorum.

Madalyamı da alıyorum. Havam yerinde. Tüm bildiklerim alt üst. Bilmediklerim, daha çok.

Başarı kavramını, cesaret, güç, dayanıklılık, zaman yönetimi, keyif, acı, direnç her kelimenin tanımını... her şeyi yeniden kodluyorum. Meğer bunların her biri kişiye özel bir anlam ifade edebilirmiş. Biricik olmak dedikleri böyle bir şeymiş. Ayarlarım değişmeye başlıyor. ASICS ilk defa Türkiye'de bir takım kuruyor. ASICS Team Türkiye olarak; Özlem Duygu, Ayşin Özer Başkır, Yasemin Göktaş, Mert Derman, Ilgaz Kuruyazıcı, Cemil Gökçe ve Önder Akay'la olağanüstü anılar biriktiriyorum. Hepsinden çok şey öğreniyorum.

Dünyada yapamayacağım hiçbir şey kalmadı gibi geliyor. Çalışırım, antrenman yaparım, danışırım, okurum, uğraşırım; yaparım. Belki de yapmam. "Belki" kelimesi anlam değiştiriyor. Belirsizlik azalıyor.

Her şey benim seçimim ve kararımla alakalı artık. Kontrol bende. Ne kahraman olmak için kurban olurum, ne de azmettirici bir kötü kahraman. Karpman'ın Drama Üçgeni'ni kırıp altıgen yapıyorum. Bal peteğiyim artık. Kafamdaki seslerle sohbet yerini açık sözlülüğe, dışa vuruşa bırakıyor. Kaybettiğim Yonca parçalarını yolda bulup yapboz gibi yerli yerine koyuyorum. Artık ayakkabıyla da koşmuyorum. 2012'de Barefoot Ted'in ayağında

Likya'da gördüğüm adı "Luna" olan sandaletlerle koşuyorum. Ayaklarım özgür ve güçlü.

Dinle, Ey Yolcu!

Uzun, çok uzun Ultralar koşanların anlattıklarını daha büyük ciddiyet ve farkındalıkla dinliyorum. Dinlemeyi öğreniyorum. Dinlediklerimi ciddiyetle uygulamam gerektiğini öğreniyorum. Hayat ciddiye alınarak yaşanması gereken ve kafana koyduğun şeyler için profesyonel uygulamalar gerektiren bir nefes.

Kimi dinleyeceğimi seçmek konusunda daha özenliyim. Uzun ve zor bir yola çıkarken çantama neleri alacağıma, beni neyin sürdürülebilir kılacağına dair daha bilgili ve tecrübeliyim. En önemlisi, ben artık, beni ne yarı yolda bırakır, ben nerede su koyarım, nasıl ve ne zaman tükenirim, bunları biliyorum. Başkasına bakarak değil, kendi ihtiyacımı duyarak su içmek, beslenmek. Yonca ne zaman acıkır veya ne zaman acıkmadan bile yemelidir... Mesela herkesten daha fazla su içmeye ihtiyacım olduğunu anlıyorum. Benim su ihtiyacım ile seninki bir değil. Ama suya ihtiyacımız kesin ve hayati bilgi, yayalım!

İnsanın nerede bittiğini bilmesi, nasıl bitmeyeceğini de öğretiyormuş. En çok da susmayı öğreniyorum. Bütün tecrübeli Ultracılar "nefesin çok değerli, koru onu" diyor. Nefesimin değerini anlamaya başlıyorum. Tuvalete çıkma ihtiyacının, yani boşaltım sisteminin önemini gitgide daha iyi kavrıyorum. En temel bedensel ihtiyaçlarımın, yıllar içinde ne kadar bozulduğunu fark etmemişim.

Herkes yokuş çıkmayı zor zannediyor, oysa iniş insanı mahvediyor. Hep basamakları yukarıya doğru çıkmanın başarısı üzerine kurulu bir okul ve iş hayatı anlatılmış bunca sene bize. İnişin önemini, inceliklerini anlatıp çalıştırmamış kimse. Yumuşak inişleri, hatta çakılma ve duvara çarpıp içinden geçme antrenmanları yaptırıyor koşu bana. Kramplar içinde devam edebilme, krampları yönetebilme, krampları geçirme yöntemleri öğreniyorum.

Hazırla(n)mamışız bir şekilde, düşüşe inişe. Bir şeylerin olmayışına ve ona rağmen devam etmeye, sil baştan yapmaya, başa dönmeye dair yüreklendirilmemişiz. Benim de kendi içimde, kendi çapımda, kendi çekirdek ailemde bir kahramancık olabileceğim ve bunu belki de çakılmayı başararak yapabileceğim aklıma hiç gelmemiş.

Çocuklarıma, "Başaramadım, yapamadım ve kendimden hiç beklemediğim öfkeli cümleler kurdum, olmayacak şeyler yaptım," diye anlatıyorum. Onlar da şaşırıyor ve hiç yargılamayıp ayıplamıyorlar beni. Anlayışla üzülüyorlar, moral vermeye çalışıyorlar. Koşmak, çocuklarımla aramdaki bağı sağlamlaştırıyor. Rezilliğimi, acılarımı ortaya serdikçe onlar da daha az tırnak yemeye başlıyor.

Otomatik vitessiz dönemde araba kullanmayı öğrenirken babam, "yokuşu çıktığın vitesle ineceksin" cümlesini ezberletmişti. Bunun bir hayat dersi olduğunu hiç düşünmemiştim. Koşuda yokuş iniş-çıkış antrenmanı da benzer bir öğreti. Dayanıklılık gelişmeden, hız gelişmiyor. Sabır gerekiyor. Yokuşu sağlam çıkıp inebilmek için de çalışmak gerekiyor. Tempoyu korumak, belli bir ritimde in-çık tekrarı yapmak; koşunu, gücünü, dayanıklılığını, hızını geliştiriyor. Aynı yokuşu sürekli temponu gözeterek inip çıkmak, insanın zihnini de terbiye ediyor.

Aynısı, hayat için de geçerli. İşinde süper başarılısın, artık yerini yeni nesillere bırakma zamanı gelmiş; belli bir tempoyu tutturarak, düşmeden, o koltuktan inmek gerekiyor. Hepsi bir kas ve beyin, hatta gönül gücü meselesi. Erdem antrenmanı desem yeridir. Korkmak yerine güvenle, gülümseyerek inebilmek. Ne çıkış ne de iniş, sadece düzlükte çalışarak olmuyor işte Yonca. Hayat mutlaka bir yerde seni o yokuşun tepesinde veya dibinde de bekliyor. Yaşamak istediğim her şeyin kendine has bir antrenman gerektirdiğini keşfediyorum.

Bu yaşadıklarım beni sahnelere taşıyor. TEDx konuşması yapıyorum. 1.800 kişilik salonda, günün ilk konuşmacısı olarak. Devasa bir arenada, kendimle savaşıp kan içinde kalışımı izleyecek ve buna alkış tutacak 1.800 kişi. Basamakları koşarak inersem nabzımı, paniğimi düzenleyebilirim, diye hesap yapıyorum.

Koşmak, sadece koşmak olmaktan çıkıp yaptığım şeylerle ilgili nabız/nefis/öfke/stres/anksiyete yönetimi konusunda destekleyen, düzenleyen bir iç mekanizmaya dönüşüyor.

Uykusuzluğa çözüm, koş Yonca koş.
Mutsuzluğa çözüm, koş Yonca koş.
Gizli öfkeye çözüm, koş Yonca koş.
Kalabalıklara çözüm, koş Yonca koş.
Delirmeye çözüm, koş Yonca koş.
Kilo takıntısına çözüm, koş Yonca koş...

Kır Kabuğunu Çık

Neremi kırıp neremden çıkıyorum pek anlamasam da TEDx konuşmamın adı buydu: "Kır Kabuğunu Çık."

Aklımda hep Kafka ve *Dönüşüm* var. Lisede kuru kuru okudum. Meğer olay buymuş. Döke saça kırıyorum ben de bir şeyleri. Kabuk değiştiriyorum. Utandığım şeyler oluyor içimde. Yüzleştiğim gerçekler, korksam da kaçmaktan vazgeçtiğim somut kararlara götürüyor beni. Başkalarının utanması gereken şeylerden, neden sürekli benim utanç duyduğumu irdelemeye başlıyorum koştukça. Benim kendini bulma sanatım, koştuğum yüzlerce, binlerce kilometre ile boyadığım devasa bir duvar grafitisi veya ormanda ağaç kovuklarına yontulan heykelcikler gibi ilerliyor.

Ayak tırnaklarım morarıyor. Olmadık yerlerim su topluyor, yara oluyor. Meme uçlarım sürtünen tişörtlerle tahriş oluyor. Popomun arası terden, tuzdan bildiğin bebek poposu gibi pişik oluyor. Yeniden doğuş de, ne dersen de, hepsi birden, eşzamanlı oluyor, koşa koşa... Tahriş olan yerlerimi vazelinlemeyi öğreniyorum. Daha doğrusu, bunu bana bin kere söyleyen dostları dinlemediğim için kendime çektirdiğim acılara son vermeye ve denileni yapmaya karar veriyorum. Kendimi umursamazlık "ata sporu"nu bırakıp, canımı korumaya karar veriyorum.

Elimdeki malzemeleri kullanmayı öğreniyorum. Sırt çantamdaki yedek giyim malzemelerini minik buzdolabı poşetlerine sarıyorum. Yağmur yağsa da malzemem kuru kalıyor. Zorunlu malzemeler arasında bandaj var, ben tomarla taşımışım hep. Yetecek kadarını, hafif olsun diye bir kaleme sarıyorum. Yeri geliyor, minik not defterime o kalemi kullanarak notlar alıyorum. Bir seferinde yanıma aldığım ve bana çok acı veren bir notu, bir ağaç dibine ağlaya ağlaya gömüyorum. Islanan malzemeyi nasıl kuruturum, soğukta çantada kazık gibi olmuş çikolatayı, protein barını nasıl ısıtıp yumuşatırım, öğreniyorum. Cevabı size de yazayım: Koltukaltıma yerleştirip koşarak... Bedenimin ne acayip becerileri olduğunu, koşan arkadaşlarımdan –onlar Ultra hocalar– öğreniyorum.

Kolektif zekadan zor durumda makul destek almayı öğreniyorum. Yağmurda koşarken üç kişiyle karşılaşıyorum. Hepimiz içimizden düşünüyormuşuz, konuşunca ayılıyoruz. "Hadi hep beraber aynı anda yağmurluk giyiyoruz!"

İnsan, koşullar zorlaşıp yorulmaya başladığında, dahası önündeki zorluklar artınca, bazen kendisiyle aynı koşulda birileriyle toplu düşünme ve karar alma ihtiyacı hissediyor. Bunun insana verdiği gücü deneyimliyorum.

Ve hep ANT içiyorum: Bu öğrendiklerimi, yaşadıklarımı bana tatlı tatlı ve en cömert halleriyle anlatan, bana bu "eli veren" tüm Ultracı sporcu arkadaşlarıma layık olacağım; ben de bana öğretildiği gibi, bu cömertlikte, bu şefkatle, bu etikle paylaşıp el uzatacağım...

İlk İnsan Mısın Sen?

Koşmaya başladığımda, koşu ayakkabısının ne kadar önemli olduğuna dair bir fikrim yoktu. Her zaman spor yaptığım, ayağım neyle rahatsa o ayakkabıyla koşmak bence tamamdı. İlk 4 km koşumu hangi ayakkabımla koştum, markası neydi, hatırlamıyorum.

Koşmayla ilişkim ciddiye binince, nişanlılık dönemimizi ASICS marka koşu ayakkabılarıyla koşarak geçirdim. İlk 10 km, 15 km, ilk yarı maraton (21 km) ve ilk maratonumu, Venedik'te 2012'de yine ASICS ayakkabılarla koştum. Rahattım. Tırnak morarmaları dışında –ki uzun mesafe koşmaya başlayanlar için her türlü tırnak morarması, hatta tırnak düşürmek normaldir– hiçbir sorun yaşamadım. O zamanlar, koşu ayakkabısı alırken, bugünkü gibi teknoloji, bilim, bilgi, tecrübe ve merak da yoktu.

Hatta ilk Likya Yolu 6G'de, patikada koşmak ile yolda koşmak arasındaki ayrımı bilmediğim için yine aynı ayakkabılarla koştum. Zemine, ortama, koşullara uygun farklı tür koşu ayakkabıları olabileceğini, duruma ve hırsa göre farklı modellerin devreye girebileceğini de yine Likya Yolu Ultra Maratonu'na gidince öğrendim.

Sonra koşuyla evlendim. Hayat arkadaşı olduk. Deliler gibi okur, sorar, araştırır oldum. Koşan binlerce arkadaşım oldu. Her biri çok bilgili, çoğu da benden tecrübeliydi, o zamanlar. Her markayı, modeli tartışacak, tartacak ortamım oldu. Ben de koşu ayakkabısı hakkında konuşacak kadar deneyimli olmaya başladım.

Sonra malum, "Patikaya Giriş"te okuduğunuz üzere, Ekim 2012'de Barefoot Ted ile tanıştım. Ayağında kendi üretimi Luna sandaletleri vardı. Oradan dönünce ilk işim o sandaletlerden edinmek oldu. Çünkü biz 6G'yi bitirdik ve tırnak, ayak ne varsa o patikalarda bıraktık; Ted'in ayağında tek araz yoktu. 2012 Ekiminden itibaren ben de Luna sandaletleriyle koşmaya başladım. Ama öyle attan inip eşeğe biner gibi değil. Ayaklarımı, Ted'in dediklerini dinleyerek, zamana yayarak sandaletlere alıştırdım.

İznik Ultra'yı ilk koştuğumda Luna sandaletlerimle koşacaktım, son dakika aklımı çelen bir arkadaş yüzünden, acemilikten ayakkabılarla koştum. İki tırnak düşürmüştüm. İkinci kez gidip 80 km İznik Ultra bitirdiğimde, ayağımda Luna sandaletlerim vardı. Ve pedikürüm bozulmamıştı.

Nedir Bu Luna Sandaletler?

Sevgili Okurcum, burada biraz koşu ayakkabısı bilgisi vereceğim, ay bu beni sıkar diyen, bir sonraki bölüme atlasın. Ama bence okuyun. Çünkü bu da insanın kendine uyan seçimleri yapmasının, onu dilediği yere götüren araç olduğuna dair iyi bir örnek.

Koşarken, "Yazık, kadının ayakkabısı yok, parmak arası terlikle koşuyor" diyeni de duydum; yanıma gelip "sizin koşu ayakkabısı alacak imkânınız yok mu?" diyeni de. "Terlikle burada koşarsan düşüp ölürsün" noktasında abartılı şeyler de duydum. Halen duyuyorum. Bir keresinde, ülkemizdeki uluslararası bir yarışa neredeyse "koşu ayakkabısı" ile koşmadığımdan kabul edilmeyecektim. Luna sandaletlerle dünya çapında koşulan tüm Ultra Maratonlar'dan belgeleri topladım, sundum, hakkımı aradım, buldum ve karar değiştirildi. Yarışları sandaletlerimle koştum. 2012'den beri 12 yıl oluyor, beni hâlâ kim nerede ayağımda sandaletlerimle koşarken görse şok geçiriyor. Türkiye'de bu sandaletlerle koşan ilk insanım!

Nasıl Bir Malzeme?

Luna sandaletlerin tabanı doğal ve tüm ciddi koşu ayakkabılarının taban malzemesiyle aynı: Vibram. Sandaletlerimin üretiminde emek hırsızlığı veya haksız işçilik yok. Çocuk işçi, vergiden, malzemeden kaçırma gibi benim için çok önemli hiçbir etik açık sorun olan üretim evresi de yok. Ayaklarım her anlamda yere sağlam basıyor. Malzemede kimyasal da kullanılmadığı gibi tamamen çevre dostu, vegan bir ürün. Her türlü zemin ve hava koşuluna uygun. İster koş ister yürü ister dereden ister tepeden geç ister plajda takıl. Gününü, ayağındaki sandaletlerle yaşa. Bir kere alıştıktan sonra, başka hiçbir şeye ihtiyacın olmuyor.

Taşlar, Yaralar...

Luna Sandaletler parmak arası terlik gibi olduğu için, herkesin en çok merak ettiği şey, parmak aram yara oldu mu olmadı mı.

Cevap veriyorum. Hayır, parmak aram hiç yara olmadı. Çıktığımız herhangi bir yolda sabırsız davranırsak yara da alırız, düz yolda taşa da çarparız. İnsanın hayatında öğrenmekten en kaçındığı şey sabır, en çok ihtiyacı olan da sabır.

Ayağımı yaralanacak şekilde hiç taşa çarpmadım. Çamur, kar, taşlı arazi, kum, çakıl, çarşak zemin, orman içi, dere yatağı, asfalt, suni zemin, beton, dere geçişi, şelale geçişi, buzlu alan geçişi, tuz gölü, deniz geçişi... aklınıza gelen her zeminde koştum, hala koşuyorum.

Luna sandaletlerle koşmak zemini, zemindeki ısıyı anlama duyarlılığımı da geliştirdi. Bir patikada koşarken karşıma deniz çıktığında, taşı çakılı veya ayağıma bir şey batar mı, kayıp düşer miyim düşünmeden, yüzmeye de aynen devam ediyorum. Çok hızlı kuruyor ve ağırlaşmıyor.

Sadece spor salonlarında, ağırlık çalışılan ortamlarda mutlaka spor ayakkabılarımı giyiyorum. Ayağıma ağırlık düşmesi riskini almıyorum. Bir yarışta, önümde koşan ve baton kullanmada çok tecrübesi olmayan bir arkadaş, batonlarından birini ayağıma saplamıştı... Neyse ki şanslıydım, önemli bir yaralanma olmadı. Yarışa devam ettim, bitirdim. Sonrasında, baton kullananları uyardım. Tecrübe edindim, ne zaman önümde batonuyla giden birisi olsa, mesafeyi açarım, kendimi kollarım veya dikkat rica ederim, uyarırım. Her acı, bir ders.

Yavaşlık ve Acelesizliğin Hayati Önemli

Sandaletlerimi, yani benim koşu ayakkabılarımı, önce sadece evde ve sokakta giydim. Ayağımın alışması ve sandaletlerin ayağıma uyumlanması için, duşa da sandaletlerle girdim.

Sonra, 3 km koşmaya gidip 500 metresini sandaletlerle koşup, devamında ayakkabıya geçtim. Ayaklarımı, baldırlarımı yeniden, yavaş yavaş güçlendirdim. Acelesiz. Bunca yıllık, ayakkabı içinde kasları tembelleşmiş ve unutmuş ayaklarıma geceden sabaha şok yaşatmak, sakatlık çağırmaktan başka bir şey değil. Acele karar verip 10 km koşmaya çıkanların ağrıları olduğunu, kendilerini sakatladıklarını biliyordum. Ted de sabırlı davranmamı söylemişti, ben de yavaştan aldım. Koşu bana yavaşlığı ve acelesizliği bir de böyle deneyimletti. Yavaşlık ve acelesizlik candır.

Aklıma koyup gönül verdiğim konuları özenle hayata geçirmek ve dilediğim hedefe varabilmek için yavaş ve emin adımlarla ilerlemek, acelesizliği benimsemek.

Zarar/Fayda

Lunalarla koşmak reklam kazancımı, sponsorluk alma şansımı etkiledi. Koşu malzemesi markaları benimle çalışmaya yanaşmadı. Skechers, Los Angeles Maratonunu koşup yazmam için iyi bir teklifle geldi. Ne kadar sevindim, anlatamam. "Şort, tişört, kılık kıyafet, diğer malzemeler tamam ama hiç koşmadığım ayakkabıyla okur önüne reklam için çıkıp –mış gibi yapmam ve dahası bu bir maraton, 42 km 195 m, 6 saat reklam için ayaklarımı hırpalamak, sizce bana yazık değil mi?" dedim. Anlaşamadık.

Mutlaka bizim ayakkabımızla koşacaksınız, dediler. Onları da anlıyorum ama maraton uzun bir mesafe. Sporcuların, hele de sponsora gerçekten ihtiyacı olan bir sporcunun canını yakan bir malzemeye dayanmak zorunda kalması... kapitalist düzenin bir başka acımasız dayatması.

Koşmak için Doğmuş

Luna sandaletlerle ilkin, Christopher McDougall'ın yazdığı *Born To Run* kitabını okurken tanışmıştım. Kitabı bitirdim, Likya Yolu Ultra Maratonu'na gittim, karşımda kitabın 25. bölümünde anlatılan Barefoot Ted'in ayağında da kendi üretimi Luna sandaletler. 6 gün, 140 km o zor ve değişken arazide tıngır mıngır gitti yanımda. "Bu sandaletler tam benlik!" dedim. Havadar, özgür, rahat. Benim tırnaklarsa ayakkabı içinde perişan, Ted'in ayakları mis.

Alışma Dönemi

Sandaletlerimi, yani benim koşu ayakkabılarımı, önce sadece evde ve sokakta giydim. Hatta duşa da sandaletlerimle girdim. Ayağımın alışması ve sandaletlerin ayağıma uyumlanması için. Sonra, 3 km koşmaya gidip 500 metresini sandaletlerimle koşup, devamında ayakkabıya geçtim. Ayaklarımı, baldırlarımı yeniden, yavaş yavaş güçlendirdim. Acelesiz. Bunca yıllık, ayakkabı içinde kaslarını unutmuş bir ayağa, geceden sabaha şok yaşatmak, sakatlık çağırmaktan başka bir şey değil. Acele karar verip 10 km koşmaya çıkanların ağrıları olduğunu, kendilerini sakatladıklarını biliyordum. Ted de sabırlı davranmamı söylemişti, ben de yavaştan aldım. Koşu bana yavaşlığı ve acelesizliği bir de böyle deneyimletti. Yavaşlık ve acelesizlik candır.

Ayaklarımdaki özgürlük hissi, koşarken rüzgârı hissederek koşmak, klimalı ortamdaymışım hissi olağanüstü geldi. Kırmızı ojeli parmaklarımla, yazlık komşum Gülseren'in ve arkadaşım

Gamze'nin keçeden yaptığı 4 Yapraklı Yonca'ları da üzerine dikerek kişiselleştirdiğim Lunalarımla çok havadardım.

Sırasıyla 10 km, 15 km, 21 km yarı maraton, 42 km 195 m yol maratonu, 80 km İznik Ultra, 50 km Sapanca Ultra, Runfire Cappadocia üç kere 120 km (Tuz Gölü dahil), Cappadocia Ultra Trail (110 km start aldım 87 km'de yarışı bıraktım), Likya Yolu 6G 140 km iki kere ve 2016'da 256 km Likya Yolu Ultra Maratonu Luna sandaletlerimle koşarak bitirdim. 256 km'de ayağımda iki ayrı yerde su toplaması oldu. O zorlu mücadelede bu kadarlık "acı" hayli olağanüstüydü. Pedikürüm bozulmadı, manikürüm bozuldu. Ayaklarımı gören diğer koşucuların o sene kamp ateşinde ayakkabılarını yaktıklarını hatırlıyorum. Çok gülmüştük! Özetle, 2012'den bu yana tüm yarışlarımı da, antrenmanlarımı da Luna sandaletlerimle koşuyorum. 2022'de 57 km 50 Yaş Kadınlar 3'üncüsü oldum, yine Lunalarımla.

Ayaklarım aslan pençesi kadar güçlendi. Kalıplar içinde koşmaya başlayan Yonca, kalıpları atıp çıplak ayakları ile birlikte tam anlamıyla özgürleşmeye başladı. Burkulma tarihe karıştı. Burkulsa da o kadar etkilenmiyorum. Eskiden minicik bir sarsıntıda bileğim şişerdi. UTMB'nin OCC kategorisini koşarken 32. km'de bileğime yanımda koşan adam kayıp düştü, yetmedi aynı adam ikinci kez yine kaydı ve beraber düştük, bileğim kötü incindi. Ayak bileğim boynumdan kalın şişti ama koşuyu bitirdim. Kırılmaması mucize, fakat doktor da "minimal malzeme ile koştuğunuzdan güçlü ayak ve ayak bilekleriniz var, ondan kırığın yok" dedi.

Kış Koşullarında Ne Oluyor?

Soğuk hava için özel patikleri ve beş parmaklı çoraplar var. Kanada'da, Kuzey Amerika ve soğuk Avrupa koşullarında karda kışta koşan da tanıyorum, çölde koşan da. Benim koştuğum gibi sandaletlerle UTMB bitiren de var. 2017'de UTMB'nin OCC kategorisi, yani Mont Blanc Dağı'nda Dünya Patika Koşusu Zirvesi Şampiyonası'nda, 56 km (3.500 m kazanımla 14,5 saat limit) Lunalarımla koştum. Raporu biraz uzun, onu web sitemden okuyun bence. 2018 CCC'de 101 km start aldım, 57. km'de zamana yakalandım, bitiremedim ama hep Lunalarımla koştum.

Değişim - Uyum - Sağlık - Amaç

Değişim, dönüşüm zaman alıyor. Uyum sağlamak da. Doğduğum gün koşmaya başlamadım ki. Ayaklarım onlarca yıldır ayakkabı hapsinde. 11-12 aylık bebekken yürümeye başlamışım ve hemen ayakkabı içine sıkıştırılmışım. Ayaklarım onlarca yıl o daracık, iş koşullarında giyilen, yeri geldiğinde topuklu vs. ayakkabı içinde güçsüzleşmiş, şekli bile bozulmuş. Ayaklarım benim tek taşıyıcı aracım. Beni bir yerden diğerine, saatlerce, kaç kilo yüklü olursam olayım taşımak için tasarlanmış en güçlü uzuvum. Tank gibiler.

Bedenimizde en fazla kemik sayısı ayaklarımızda. Her türlü zemine ayak uydurabilecek şekilde tasarlanmışlar. Eğer biz ayaklarımızın gücüne sadık kalır, gelişmelerine izin verirsek, sakatlanmaları da o kadar zorlaşıyor.

Eğer tercihiniz ve isteğiniz benim gibi minimal bir malzeme ile koşmaksa, önce bebek adımları gibi sabırla, sakinlikle güçlenip hazır olunca ve güvenimiz tam olunca uzun koşmayı hatırlayalım. Amaç sağlıkla, keyifle, ömrümüzü sporla uzatmak değil mi?

Doğaya, doğamıza dönmek ve hareketli geldiğimiz dünyadan hareket ederek gitmek istiyorsak, uyuma zaman vermek de gerekiyor. Hareket insana hayat katıyor. Ülkemin bir şeyleri acele ve hızlı yapmadan önce sabırla, uzun vadeye yayarak, uzun ömürlü, kalıcı bir şeyler yapmayı öğrenmesini diliyorum. Koşuyla anlatmak istediğim değerlerden biri de "özen".

Özen zaman istiyor.

Sabır, azim, dayanıklılık, güç, güven. İnsan önce bebek adımlarıyla ayağa kalkmayı, kendine ve yola güvendikçe koşabilmeyi, dayanıklılığı öğreniyor. Dayanıklılık gelişir. Stratejik düşünce de hızı belirler.

Hatırlatma

- Bana uyan marka ve malzeme size uymayabilir. Sporda ve hayatta rahat ettiğimiz ortam ve malzemeler işimizi kolaylaştırıyor. Başkasına uyana değil de, kendi kişisel ihtiyaç ve zevkimize odaklanmak, kendimize uyanı seçmek lüks değil. Kolaylık.
- Rahatınıza, ihtiyacınıza, içgüdünüze güvenin. En doğru yolu, markayı, malzemeyi bulacaksınız. En rahat ettiğiniz en iyisidir.
- Lütfen en önce ve her zaman yaşadığınız soruna dair konunun uzmanı bir doktora danışmayı ihmal etmeyin. Sağlık kontrollerinizi düzenli yaptırın.
- Her türlü sağlık sorununa uyan bir spor, bir hareket var. Hareketsizlik sağlıksızlığın en baş nedeni.

Ultra Yonca

Venedik, Paris, İstanbul, Amsterdam, Malta, Medoc, Paris, Barselona, Dubai maratonları koşuldu. 42 km 195 m koşmak sıradan bir koşturmaca oldu. 6 saatlik süre; sohbet, gır gır, bir iki kramp, bol gülmece, acemilere destek, destekçiyle şak şak yaptığım, maraton koşmak isteyene yol arkadaşı olduğum bir keyifli zaman dilimi oldu çıktı.

Likya Yolu'na ilk gittiğim seneden sonra, 2013'te organizasyon maliyet ve türlü zorluklar yüzünden yapılamadı. Biricik Gökşin Bey (Gökşin Ilıcalı) ve Taner Hoca (Prof. Dr. Taner Damcı) benim Likya'da yaşadıklarım ve "Burası bundan böyle benim hac yolum" deyip kurduğum bağlar üzerine, yapılamayacağını haber vermek için aradıklarında o kadar ağladım ki... Bütün yarışlar bir yana, Likya bir yana. Hayatımda başka bir yeri var Likya Yolu'nun. Böylesi zor bir organizasyon bu kadar iyi nasıl yapılır ve nasıl bu kadar az destek görebilirdi. Yurtdışında koştuğumuz organizasyonlara bin katı para ödüyor ve böylesi ihtimam göremiyorduk.

Organizasyon, ertesi sene yine gücünü topladı: bu işin başı, sahibi Uzunetap Outdoor Sports neyi var neyi yok ortaya koydu. Ben de artık neredeyse her hafta yarış koşan bir kadındım. Kilometrelere doymuyordum. Bir dolu koşu arkadaşım olmuştu. Triatlon da yapıyordum. Hayatım boyu yaptığım spor, her türlü imdadıma yetişiyordu. Sağlığım çiçek açmıştı. Zatürreler bitmişti. Depresyon, üzüntü vs. hepsini yönetmenin en şahane yolu koşmak olmuştu.

Dağlar, yollar, patikalar benimdi. Gün doğumunu karşılarken, gün batımında, iki sohbet arasında, zifiri karanlıkta, ay ve yıldız ışığında, her hava koşulunda koşuyordum. Böyle bir özgürlük yoktu. Yarışlar koşa koşa, daha uzun koşarak kaçabildiğimce kaçtığım, kaçtıkça kovalandığım ne kadar derdim varsa hepsine daha yaklaştım. Ben de içimdeki fırtınayla arkadaş olup yüzleşmeye yaklaşıyordum. Her startı bir derdi bitireceğimi düşünerek alıp finişe ulaşıyordum. Sonra bir baktım, daha alınacak çok start bahanem ve haklı nedenim var ve bazı finişler hiç gelmiyor.

Oh o da canıma değsin. Yollar değil, ben büyüyordum. İçime değil, yollara vuruyordum. Koşan arkadaşlarımdan öğrendiğim tonla bilgelik, bir yandan bana da kendime ait bir tür bilgelik katıyor gibiydi.

Bakiye Abla, "Yoncacım, başladığın iş illa biter. Startı aldın mı finişe de gelirsin. Sabah kahvaltımızı ettik, akşam yemeğine geleceğiz," demişti İznik'te... Ne zaman herhangi bir konuya başlamak zor gelse kulaklarımda bu cümle yankılanıyordu. Bir şekilde başlayayım, elbet finişe gelecektim. Geldiğim kadarı, finiş olacaktı.

Şaka maka artık dört senedir LYUM 6G kategorisini koşuyordum. Likya Yolu'nun bazı rotalarını ezberlemiş gibiydim. Oyun ortamımdı benim. Organizasyon da az afacan değildi tabii. Sahada teknik destek veren, rotayı gözü kapalı bilip çıkaran hazırlayan Set Adventures ekibi mutlaka her sene bir orijinallik katıyordu işin içine. Her sene eylül sonunu hayatımı değiştirecek dönüm noktası olarak bekliyordum. Rotaları, sorunları, olası zorlukları, aksilik olabilecek yerleri, en zorlandığım kısımları ezbere biliyor gibiyim. Üstelik her sene aynı rota, bambaşka tecrübeler yaşatıyordu insana. Aynı rotada bambaşka tecrübeler yaşadıkça, Heraklitos'un dediği "aynı suda iki kere yıkanılmaz" ne demektir yaşayarak anlıyordum. Likya Yolu ile ben, senede bir kez buluşan âşıklardık.

Yıl 2016. Hayatım paramparça, neyi tutsam elimde kalıyor. Çok da şey etmemek lazım diye susuyorum. Kimin hayatı derli toplu ki... Hele bir Likya'ya gideyim de ben. Toplarım dağılan parçalarımı yolda.

Önce Kayaköy'de "kampa giriş" için alanda buluşulacak. Klasik. Teknik toplantı yapılacak ve ilk gece ana kampta kalınacak.

Klasik. Organizasyondan Özge'yi görüp sarıldığımız an, sanki şifalanıyorum. Set Adventures ekibi, kocaman ailem gibi. Tolga, Ozan, Serdar, herkesle kucaklaşıyoruz. Ecem, Özgür, bütün Uzunetap, gönüllüler, ah ah ah rahmetli kelimesinin asla yakışmadığı arkadaşım Onur Çam ve Goshots fotoğraf ekibi. Benim Likyalı Ailem. Günler yaklaştıkça her biri, yollar hep rüyalarıma giriyor.

Bir küçük rutinimiz var kuzenim Damla ile. Her sene, Datça'dan arabayla çıkıyoruz yola. Fethiye Otogarı'nda bütün yarışçılarla buluşuyoruz. Müthiş bir eğlence.

Tecrübeliler, tecrübesizlerin sorularını cevaplıyor. Ben artık tecrübeli bir koşucuyum. Ultra mesafeler koşmuşum. Likya 6G hele, uzmanlık alanım olmuş. Etrafımda hemen bir kalabalık oluveriyor. İlk kez koşmaya gelenler tedirgin. O kadar iyi tanıyorum ki o duyguyu...

Ultra koşacaklara karşı herkes başka bir saygı besliyor. Bu hiçbir zaman değişmiyor. Onlar hem daha gururlu hem daha sessiz. Önlerinde 256 km'lik bir 6 gün var. Aldıkları her nefesi ekonomik kullanıyorlar ve otogardaki dükkanlardan sürekli bir şeyler alıp yiyip içiyorlar. Depolarını dolduruyorlar. Su en önemlisi. Bol bol su içiyorlar.

Ben de bol su içiyorum ama bir önceki gün ve geceden kalan rakı dolu kanımı arıtmak için. Damla'yla buluşunca mutlaka rakı balık yapıyoruz. Geberiyoruz gülmekten. Bu sefer biraz dozunu kaçırdık. Datça sahilinde Fok Badem'in heykeliyle sarmaş dolaş öpücüklerle fotoğraflar çektik. Nitekim su depolarımızı doldurma çabamız daha start almadan başlıyor ve hayati önemde. Otogardaki kafelerden, bakkaldan son eksiklerini tamamlıyor herkes. Ultracılar kendine has ihtiyaçlar peşinde, ilk kez Likya ve uzun soluklu bir Ultra deneyimi yaşayacaklar da keyfi şeyler peşinde. Yok çekirdek çitleriz, yok çikolatam da olsun...

Herkes birbirinin çantasına bakıyor. Herkes süzüyor; kim neyle gelmiş, yanında ne getirmiş. Çok az eşyayla geldiği için kendiyle gurur duyanlar da var, tecrübesizlikten çok eşyayla geldiği için utanan da. Tecrübelilerin çantası minicik. Benim de çantam artık minicik. Ne kadar yüksüz ve hafifsen o kadar özgürsün, rahatsın. Doğa, patika, çadırlar beni öyle bir hafifletti ki iş toplantılarına herhangi bir seyahate giderken de artık minnacık bavula sığıp giden bir kadın oldum. Oh!

Ultracılar için, yarın start almadan önceki son yemekler bunlar. Bir daha uzun süre bakkal market göremeyeceğiz hiçbirimiz. Kalan altı gün boyunca yiyecekleri ve tüm malzemeleri sırt çantalarında taşıyacak Ultracılara bazılarımız acıyarak bakıyor.

Konserve, kuru gıda, hepsi en hafifinden. Sırtında 6 gün taşıması kolay olsun diye makarnayı blenderdan geçirip paketini küçülten bile var. Diş fırçasının sapını keserek kısaltan, kıyafetlerdeki etiketleri keserek 1 gram bile olsun, yükünü hafifletmeye çalışan çalışana. Organizasyon sadece sıcak ve soğuk su verecek onlara. Bir de hava durumunun sıcaklığına göre, limon-tuz. Aşırı tuz kaybı oluyor sıcakta. Verilen sıcak suyla da hazır çorbalarını, makarnalarını yapacaklar.

Tam olarak neyi nasıl yapacaklar onu da tam bilemiyorum. Dört senedir aynı kampta 6G kategorisini koşuyor, Ultracıların kaldığı çadıra uğruyor, onlarla röportaj yapıyor, videolarını çekip paylaşıp meraklılarına "habercilik" yapıyorum. Anlattıklarını yazıyorum, yaşadıkları şeyi görüyorum ama aklım ve bedenim almıyor, kafalarının içini çözemiyorum. 6 günün sonunda o insanlar başka bir şeye dönüşüyor... Bunu bunca senedir görüyorum. İçlerinden cin çıkıyor gibi. Süzülüyorlar. Kilo kaybı, ruh tazelenmesi, gençleşme gibi bir şey oluyor hepsine. Gülümsemeleri değişiyor sonunda. Ermiş gibiler gözümde. Onları gözlemlemek bana da çok şey anlatıyor.

6 gün boyunca sıcakta upuzun mesafeleri dağları, patikaları, imkânsız denecek yerleri aş, ara zaman limitlerini kaçırmamaya çalış, zamanı yönet; sırtında giyim, yiyecek, acil durum malzemesi vs. gibi şeylerin olduğu 10-12 kiloluk çantayı taşı ve kampa geldiğinde ertesi güne hazır olacak şekilde kendini besle, dinlendir, koru... topla. Haydi sar başa...

Yazarken zor. Yaşarken, hiç kolay değil.

6 gün belirli gıda ile beslenmemin antrenmanı nasıl olur? Açlıktan şikâyet edeni de hiç görmedim. Sadece bir keresinde Elena "Eve gidince hapır küpür Jumbo karides yiyeceğim," diye anlata anlata bitirememişti.

Yapıldığı ilk sene hariç tüm yıllarında sektirmeden geliyorum LYUM'a. Hac Yolu benim için. Kimilerine *Simyacı*'dan tanıdık olan Camino de Santiago yolu gibi. Benim yolum da bu. Nitekim, LYUM'a benim kadar tekrar katılan koşucu da az. Benim gibi asla kaçırmamış kimse yok. İçimde kalan tortu ne varsa o yola akıyor gidiyor. Bana hayata devam etme gücü, cesareti veriyor. Öfkem, kalbim, dünyam yumuşuyor Likya'da. Nefretlerim mesafe koyduğum sınırlara oturuyor. Kimseyi kırmayacağım diye kırdığım içim, bol oksijen, ağaçların kokusu, arıların vızıltısı, yolların taşlarında bir şekilde unutuluyor veya aklıma türlü yaratıcı çözüm geliyor. Kırıklarım onarılıyor. Ölü derime kese atıyor. Doğa mutlaka iyileştirip geri yolluyor. Sadece beni değil, gelen herkesi.

Minibüslerimiz geliyor, biniyoruz. Fethiye Otogardan Kayaköy'e kıvrıla kıvrıla giden orman yolundayım. Yine gelebildim çok şükür. Virajları döndükçe uçurumlardan boyunu uzatan dev çam ağaçları...O uçurumu dokunulabilir kılan, derinliğini sığlaştıran çamların boyu. Pencereyi açıp bağırıyorum; "Dünyanın en güzel uzun bacakları sizin! Ey ulu çam ağaçlarıııı!" Minibüsteki insanlardan bazısı beni yadırgıyor. Oysa ben bunu babamdan gördüğümden, çocukluğumdan beri hep yapıyorum. O çam ağaçlarının o uzun bacaklarına hayranım... Her sene onlara kavuştuğumu, yine geldiğimi böyle haber veriyorum.

Kayaköy'deki kamp alanına geliyoruz. Az ileride kayıtların alındığı, teknik toplantının yapıldığı ana çadır. Yörük çadırı son dört senedir en sevdiğim yuvam. Gülüm bir keresinde ben oraları anlattığımda "Yonca bir gün tepen atacak basıp ormana gideceksin ve asla geri gelmeyeceksin gibi geliyor, korkuyorum" diyor. Vallahi yaparım. Ormanda çok mutluyum.

Uzaktan çadırın içindekileri seçebiliyorum. Solda yemek standı kurulu. Şakir Abi yine orada. İnsan tanıdık yüzleri görünce tamamlanmış hissediyor. Yemek standlarının önünde el örgüsü hasır birkaç tabure, tek tük oturan birileri var. Kamp merkezinin etrafında kurulu yörük çadırları. Kimisi 6G'cilerin kalacağı çadırlar, kimisi de Ultracılara özel. Birkaç tane de sponsor firma standı.

Sırt çantamı minibüsün arkasından alıyorum. İstikamet kayıt çadırı. İçimde öldürmek istediğim bin kaçak duygu. Hepsini dağlara adım adım gömmeye geldim. Al bir derin nefes Yonca, evine geldin kızım yine.

Erteleme

Yine, yeniden Likya'da koşacağım. 6G kategorisine yazıldım yine. Yani toplamda 1 haftada 140 km gibi bir mesafe koşacağım. Her gün en az 4-5 saat patikalarda, dağlarda rotayı takip ederek koşabildiğince koşar, koşamadığın yerleri yürürsün olayı. Ara zaman limitlerini kaçırmamaya çalışarak tabii.

Rota, tarihi Likya Yolu'nun kırmızı-beyaz boyalı taşlarıyla işaretli ama bu işaretler her zaman doğru yolu göstermez. Yıllar içinde, kimi restoran veya aklı evvel birileri bazen alakasız yerlere de kırmızı beyaz Likya Yolu işareti boyayarak kendi turistik pansiyon veya restoranlarına yönlendirme yapmışlar. Bu nedenle de teknik toplantıda anlatılan rota detaylarına dikkat etmek ayrı bir önem taşıyor. Bir sene öncesinin rotası üzerinde mutlaka ya inşaat türüyor ya asla olmaması gereken bir oluşum. Kimse sahiplenmiyor dünya mirası olması gereken bu biricik rotayı. Rota üzerinde yüzlerce yabancı görüyoruz. İnsanlar hayran. Biz neredeyiz bilmiyorum.

Beni dünyadan koparan, doğaya yaklaştıran, içimi temizleyen, kendime, hayata, gücüme sarılmayı hatırlatan Likya Yolu. Kışa girmeden insanın o coğrafyada kendi limitlerini aşması, zorlaması, neler yapabilecek güçte olduğunu hatırlaması hayli iyi geliyor.

Kaybolmak meselesini de yıllar içinde yine yollarda, Likya Yolu'nda çözdüm. Bir sene, yarışçılardan biri akşam çadırda isyan etti: "İşaret kaçırdım, hiç yoktan 10 km daha koşmak zorunda kaldım. Çok kötü kayboldum, bu ne rezalet" diye. O sırada Bakiye Abla ayağa kalktı: "Kızım neredesin sen şu anda?" dedi. Yarışçı, "Buradayım, çadırda," dedi. "E bak, demek kaybolmamışsın. Kaybolmuş olsan şu an burada olmazdın. Kaybolmak başka bir şey. Sen yorulmuşsun, işaret kaçırıp rotadan şaşmışsın. Bu işin doğasında bu var," dedi. Hepimizi aldı bir gülmek! Bir daha da "kayboldum" tantanası yapmadık. Bazen, sadece, rotadan şaştık.

Rotadan şaşmak, hayatın tanımında var. Hiçbir ağaç, ot, diken seni utandırmıyor. Sessizce dinliyor. Görmezden geliyor. Bütün ayıplar mubah. Tüm acılar birden kalbinden çıkıp baldırına, koluna, ayağına dökülüyor, elle tutulur ağrıların oluyor. Elle tutulur yaralarını, acıyan kaslarını iyileştirmesi kolay.

Karar Geliyorum Derken

Kamp alanı, Kayaköy yakınlarındaydı. Kampa giriş yaptık, sarılarak kavuşmak, karşılanmak öyle güzel ki! Bir dolu tanıdık yüz, Uzunetap ailesi, Set Adventures ailesi. Dört yıldır aile olduk. Güneş tepede, ağaçlar çevrede, çadırlar çepeçevre. Artık çoğuyla tanıdık olduğum nice insan; Likyalılar. Solda yemek karavanının önünde Bakiye Abla'yı gördüm, Bakiye Duran. Bir taburede oturuyordu. Kayıt masasının olduğu büyük çadıra gitmek yerine, koşarak onun yanına gittim. Saygı!

Kelimenin her anlamıyla en büyüğümüz o. Eli öpülesi. Bizlere, Ultra Maraton yollarını açan kadın o. Ondan öğrendik, cesaretlendik. O sırada bize her koşulda en güzel yemekleri yapan, hazırlayan Elai Cappadocia ekibinden Kubilay Bey ve Şakir Abi ve hatta tüm ekibine de selam sabah ettim. Bir çay aldım, Bakiye Abla'nın yanında bir tabureye çöktüm. Kayıt işlemlerimi az sonra tamamlarım nasıl olsa. Önce Bakiye Ablam'la iki sohbet edeyim. Çılgın. O yine 260 km koşacak. Yine tatlı tatlı sohbet ediyordu birileriyle, sessizce sıramı bekledim. Aramızda başka bir bağ var onunla. İznik Ultra'da ikinci kez gidip de bir önceki sene bitiremediğim 80 km'yi bu sefer bitirdiğimde yanıma gelip: "Yonca kendi koştuğunu, yaşadığını yaz ve anlat. Beni anlatmayı, başkasını yazıp öne çıkartmayı bırak. Herkes kendini anlatır. Sen, senin hikâyeni yaz ki insanlar senin yolundan ilham alsın. Bizi artık bırak," demişti.

Bir ara es verdi sohbete. Göz göze geldik. Temmuz sıcağında Runfire Salt Lake 6G koşmaya gittiğimde, (Runfire da hiç kaçırmadan koştum) "Hadi gel Ultra koş artık," demişti. Cesaret edememiştim. O tarihten beri de içimde bir uhde. Biraz da mahcubum. Bir efsane ile koşmak şansını kaçırmışım.

"Yonca, n'aber Yonca?" dedi. "Bakiye Ablam," dedim; "ben karar verdim, artık seneye seninle Runfire'da kesin Ultra koşacağım. Kararlıyım."

"Ah be kızım, madem kararlısın, niye seneyi bekliyorsun? Hadi gel şimdi Ultra yapalım. Neden erteliyorsun? Bende sakatlık var, zaten yavaş gideceğim, seni taşırım, beraber koşar gideriz işte. Bekleme seneyi. Burası senin en sevdiğin yer. Şimdi yaparsın sen. Şimdi yap, hadi," dedi. O an, kalbimin nasıl çarptığını tarif edemem. Kafam çok karışmıştı. Çok korkuyorum ama çok da istiyorum. Bunu bana ikinci kez söylüyor Bakiye Abla. Erteleme hayatı Yonca. Ya şimdi, ya şimdi. Ya üçüncü kez sormazsa Bakiye Abla? Hadi Yonca!

Ağzımdan çıktı istemsiz: "Tamam Bakiye Abla. Varım!" dedim.

Ultra için malzemem bile yok. Ben yine 6G koşmak için hazır geldim. Yiyecek, çanta, bunlar nasıl olacak? Aman Allahım, ciddi miyim ben? Neler oluyor...

"Yonca, ilk iş Taner Hoca'yı arıyorsun şimdi. Önce ona sor ve iznini al. Organizasyon açısından, teknik açıdan, etik açıdan sorun yoksa gerisi olur zaten. Her şeyi çözeriz. Federasyon görevlisine de danış. Organizasyona leke gelmesin. Malzemeler için Mahmut'u ararız, o kolay iş."

Kıpkırmızı oldu yüzüm. Yanıyorum cayır cayır. Yerimden kalktım, başım dönüyor. Kuzenim Damla da Likya'da 6G yapacak. Taner Hoca'yı aramadan Damla'ya söyledim yeni kararımı. Taner Hoca'yı aramaya gittim. O an kampta herkese bir garip haller oldu. Fark ediyor ama görmezden geliyorum. Herkes tek tek yanıma gelmeye, deli misin, ne yapıyorsun, dur bir düşün, hazır değilsin, sen Ultraya göre antrenman yapmadın, malzemen yok, demeye başlıyor. Herkes çok endişeli. Yüzbinkoş'dan Göksen Hoca yanaşıyor yanıma; "Yonca gel bir konuşalım önce" diyor. "Bak, en son Temmuz' da Runfire'dan beri düzgün antrenman yapamadım diyorsun, emin misin? Bu iş ciddi..." diyor en ciddi hâliyle. Ben de "Biliyorum. Çok istiyorum, Bakiye Abla yanımda. Bana ben seni taşırım dedi. Vardır bir bildiği. Yoksa demezdi. Dahası ben yolun devamını, yani o yıllardır hiç koşmadığımız kısmını çok merak ediyorum. Bakiye Abla iki seferdir bu teklifi yapıyor bana. Bu sefer bu şansı ertelemeyeceğim, deneyeceğim," diyorum ve bunları dediğime kendim de inanamıyorum. Göksen sustu, durdu, nefes aldı ve "Sen bilirsin Yoncacım," dedi. Ardından Yüzbinkoş'dan bu sefer Özgür Aksaman (Axa) hocam geldi, bana baktı. "Delisin sen," dedi, gitti. Beni en iyi tanıyan hocalarımdan biridir Axa.

Acilen Taner Hoca'yı aramam lazım. Bir başkası geliyor yanıma. "Yoncacım, sakin olur musun, bilimsel bir şeyden bahsediyoruz burada. Ultra koşmak için gereken antrenmanlar var, bu işin bir dayanıklılığı var. Yaşadığın yorgunluklarla geldin buraya. Daha önümüzde çok yarış var ve senin antrenman eksiğin var," dedi. Haksız değiller. Antrenmanlarımı bir süredir düzenli ve tam yapamadığım için üzüldüğümü sağır sultan bile duymuştu. Herkese sayıklar gibi aynı cevapları veriyordum. Bisiklet Hocam Halil arıyor, o daha rahat. "Yonca sen güçlüsün, ama kontrollü git," diyor.

Herkes bana deliymişim gibi bakıyordu. Herkesten uzaklaştım. Kimseleri kırmadan Taner Hoca'yı aramaya çalışıyordum. Bakiye Abla yanıma yanaştı; "Yonca, herkesle konuşmayı bırak, Taner Hoca'yla konuş kızım, zaman kısıtlı" diyerek beni uyardı.

"Taner Hocam merhaba, Yonca ben. Hocam, eğer siz uygun görürseniz, organizasyon ve federasyon açısından etik ve kurallara uygunsa, ben izninizle 6G'den Ultra kategorisine geçmek istiyorum. Uygun mudur ve daha önemlisi sizce de ben bu işi yapabilir miyim hocam?"

"Yoncacım, bu kararı vermekte geç bile kaldın diye düşünüyorum. Benim açımdan hiçbir sorun yok. Yapacağına inancım sonsuz. Hayırlı olsun, yine de lütfen federasyondan görevlimiz orada, onunla ve teknik ekiple konuş, onların da onayını al, hata olmasın," dedi. Taner Hoca'nın bu çok emin ve rahat cevabı benim iyice ayarımı kaçırdı. Kendimi bir şey sanmak ile korkmak arasında kaldım.

"Yani siz de benim Ultra koşabileceğime eminsiniz? E siz de bunu diyorsanız, kem küm, ben gerçekten denemezsem yazık, çok teşekkür ederim. Hem bana inandığınız için hem desteklediğiniz için. Ben şimdi ne yapayım, Özge ile mi konuşayım?"

"Federasyon yetkilisiyle ve evet, mutlaka Özge ile konuş. Malzeme işin ne olacak? Yiyecek kısmı ve zorunlu malzemeler, hayati ve çok önemli. Bu konuda biliyorsun çok ciddiyim. Malzeme ve yiyecek kontrolde yetersiz olursan, onay vermem."

"Hocam, Bakiye Abla ve Mahmut Yavuz ile çözeceğiz. Mahmut gelirken ihtiyacım olan gıdayı alır gelir. Onu arayacağım."

"Tamam. Özge'ye söyle, bizim açımızdan sıkıntı yok. Sana yeni göğüs numaranı versinler. Malzemelerini hallet, kontrol edeceğim akşama, malzemen eksik, gıdan yetersiz olursa izin veremem, tekrarlıyorum."

Telefonu kapadım, yerimde zıpladım. İş ciddi. Korku, heyecan, panik, sakinlik hepsi var.

Çantanı Topla, Kafanı Topla

Ultra Maraton için yanımdaki 6G koşu çantam yetersiz. En az 12 litre kapasiteli bir çanta olmalı. Raidlight markasını Türkiye'ye getiren ve biz koşmanın K'sini bilmezken Bakiye Abla ile UTMB'de TDS koşan Ultra Maratoncular'ın ilklerinden sevgili Emre Tok. Beni tüm koşularımda hem destekleyen hem Venedik Maratonu'nda yaşadıklarımı görüp yüzlerce tavsiyede bulunan, bana her daim çok şey öğreten, mentorum diyebileceğim arkadaşım Emre, kamp alanında Raidlight'ın standını kurdurmuş. Çanta için Emre'yi arayacağım, ondan açık açık çanta isteyeceğim.

Sponsorum yok. Hiç olmadı. Zaten bu ülkede nice şahane elit sporcunun bile sponsoru yokken benim bunu söylemem de gereksiz. Bana gelene kadar kurumlar, kurumsallar, markalar nice sporcuya sahip çıkmalı. Öte yandan, benim gibi sporu bir profesyonel gibi ciddiye alan ve tanıtımını yapan bir yazara da sahip çıkılabilmeli.

"Emre, ben Likya'da Ultra kategorisine geçip 260 km'yi koşmaya şu an ani bir karar verdim. Çantam yok. Standınız burada. Senden çanta istesem?"

"Yoncacım hangi çanta, git bir dene, bak. Bana haber verin, elbette yardımcı olacağız. Kızım çılgınsın sen" dedi.

Stantta hemen birkaç model denedim. Aslında herkesin kullandığı ve tavsiye ettiği model değil de benim içinde daha rahat ettiğim bir modeli seçtim. Memelerim olmadığından ve önümde taşımam gereken su mataraları beni darladığından seçtiğim modelle daha rahat edeceğime kanaat getirdim. Emre'yi aradım, onayladı.

Mahmut'u aradım, durumumu anlattım. Mahmut, her zamanki gibi son derece sakin sesiyle, "Tamam ya iyi olmuş. Çıkıp koşacağız işte ne var, sen rahat ol. Koşarsın. Ne alayım sana?" dedi. Hiçbir fikrim yok! 6 günlük kendi kendine yeterlilikle koşulacak 260 km için ne alınır, ne yenir, ne kadarı yeter? Bunca sene, bu deli mesafeyi ve Ultra'yı sırtında yüküyle koşanları hep uzaktan izledim. Hiç gidip tam olarak o çantada ne var ne yerler diye bu ciddiyetle bakmadım.

Yanımda 6G için biraz fazla kaçacak kadar kuruyemiş getirmişim. Onu da düşünmemin nedeni, 6G'cilerle yarışır, belki de iyi hissedersem o günün Ultra mesafelerini de denerim, gibi bir fikrimin olmasındandı. Tabii içimde bu istek vardı ama en büyük korkum da açlıktı. Geçen sene, yine 6G diye gelip ilk gün, Ultracılar'ın gittiği mesafeyi gitmiştim. Bana çok iyi bir fikir gibi gelmişti. Çok sevdiğim bir protein barı var, doğala yakın ve çikolatalı. Hindistan cevizli bir bar. Ondan da vardı yanımda. Ama bu Likya Ultra, böyle abidik gubidik planlamayla olmaz ki! Önümde 6 gün var. Toplam 260 km!

Her gün yiyeceğim her şey planlı ve belli olmalı. Gerçi bugüne kadar Ultra koşan biri de çıkıp açlıktan şikâyetçi olmadı. Sadece, hararet ve özlemle canlarının çektiği şeyleri anlatırlardı. Bakiye Abla'nın yanına koştum; "Mahmut soruyor, bana ne alsın diye, ben ne yerim, Mahmut'a ne demeliyim?"

"Kız amma heyecanlısın, sakin ol. Mahmut kendine ne alıyorsa söyle, aynısından sana da alsın, burada hallederiz," dedi. Mahmut'u arayıp "kendine ne alıyorsan, bana da aynısından al dostum. Ben sana EFT mi yapsam, nasıl yapacağız ödemeyi?" dedim. "Yonca ne alemsin, hele bir geleyim hallederiz, sakin ol" dedi. Bütün Ultracılar tüy gibi hafif ve sakindi. Sinirleri alınmış bu insanların. Bir tek ben delirmiş gibiydim. Zaman su gibi geçiyordu. Hiç geçmiyordu.

6G için yerim olan çadırdan eşyalarımı alıp ayıklamaya yöneldim. Damla bir yandan "Ya ben seninle aynı çadırda eğleneceğim, bu sene geçen sene yaşayamadıklarımızı yaşayacağız diye geldim. Sen başka çadıra gidiyorsun!" modunda, eğlencesini kaybetmiş çocuk gibi serzenişte bulunuyor, hem de eşyalarımı ayıklamaya yardımcı oluyordu. Çantamın başına geçince Damla'yla birlikte, Ezgi, Nurcan hemen yanımda bittiler ve ayıklamaya başladık. Herkes kendi yanında getirdiği ve bana verebileceği şeyleri vermeye hazırdı. Harika anlar. Ultra yapacak birine ne ihtiyacı varsa herkes her şeyini vermeye hazır. Kendimi çok ayrıcalıklı hissediyorum. Herkes kararımın kesinliğini kabullenince, benim için bir şeyler yapmaya odaklandı. Mahcubum, mutluyum, korkuyorum, hislerimin sarhoşuyum!

Bazı arkadaşlarım neredeyse üstündekileri çıkarıp verecekti. Muazzam bir dayanışma. Doğada koşanların, o ruhla oraya gelenlerin, o ortamda olanların yapabileceği bir şey. O çadırlar, o doğa, o patikaları koşmak bunları yaşatarak öğretti bize. Çantamda, geride bırakmaya kıyamadığım bir şeyler vardı sürekli. Gözüme sürdüğüm simlerim mesela. İlk gittiğimde de varlardı, son gittiğimde de olacaklar. Totemim onlar benim. Yanımda hem mor hem de metalik iki sim getirmişim, ikisini de yanıma almaya kalktım, ayaklanma çıktı çadırda. Ultra Maraton çantası demek, her şeyin miligramlarla ölçülerek ayarlandığı çanta demek. "Birini bırak bari!" dedi birisi. Ben de moru bıraktım, doreyi aldım. Kırmızı rujumu asla bırakmam! Bırakmadım.

Birçok malzememin etiketlerini zaten kesmiştim. Alper Dalkılıç'ın bir Ultracı'nın taşıdığı yükleri nasıl azaltabileceğini anlattığı ve "Etiketlerin de biriktiğinde hayli büyük bir ağırlığı var," dediği günden beri her etiketi keserim. Bir Ultra Maratoncu diş fırçasının uzun sapını dahi keserek gramajdan tasarruf eder. Altı gün boyunca kilometrelerce sırtınızda o koca çantayla ilerleyeceksiniz. Ne kadar hafif, o kadar iyi.

Lavanta yağım vardı yanımda. Sineksavar ve mis gibi uyku yapar diye getirmiştim. Onu da elbet lazım olur, hepimize iyi gelir diye yanımda tutmaya karar verdim.

Bir şort, bir tayt (uzun, gece için), bir uzun kollu tişört, buff (boyunluk), iki külot, bir kısa tayt, sapı kesilmiş diş fırçam, mini diş macunum, uyku tulumum. İşlem tamamdır.

Uyku tulumumun altına serdiğim matı bırakmaya karar verdim. Çadırın zeminindeki toprak ve taş zemin beni o kadar da rahatsız etmiyor.

Küçük, hızlı kuruyan bir kamp havlum vardı, onu aldım. Duş sonrası kurulanmak için bence yeter. Oysa daha sonra Güney Afrikalı kadın arkadaşımdan gördüm, duştan sonra dört parça kâğıt havluyla kurulanabiliyordu.

Şampuan zaten kullanmıyorum, doğada da evde de. Sabunlarım var benim. Ama oralarda hiç gerek olmuyor. Yanımda getirmemiştim, başkasından da almadım.

Uzunetap her yarışta tişört veriyordu, onu giymeyi tercih ettim.

Dr. Nurhayat Gül'ün tarifiyle yaptığım, tuz ve karbonhidrat gücü kuvvetli, kendi hazırladığım bir granolam vardı. Bir torba onu aldım yanıma. Her sabah bir kaşık yesem, yolda da atıştırsam iyi gelirdi.

Merve evinde şekersiz fıstık ezmesi yapıyordu. 6G için ondan da sipariş vermiştim, yanında getirmişti. Buzdolabı poşetine ondan on kaşık doldurdum. Torbayı iki torba içine daha koydum, sıkı sıkı kapattım. Akmayacağını ümit ettim. Sabah kahvaltısında veya güçsüz kalınca jel gibi yemeyi hayal ediyordum. Tabii bunları yaparken, yanıma bir de kaşık almayı akıl etseydim iyi olacaktı...

Herkes şaşkınlık içinde beni izliyordu. Bana da bir serinkanlılık gelmişti. Ya da iyice aptallaşmış, uyuşmuştum. Artık olan neyse olacaktı. İlk hedef, malzemeleri düzenleyip yeterli hale getirip, malzeme kontrolünden geçebilip onayı almaktı.

Benim deneyimsizliğimle birlikte, hepimiz aynı anda bir şeyler öğreniyorduk. Hepimize bir hayat tecrübesiydi tüm bu hazırlıksız yapılan hazırlık. Planlasam belki bu kadar iyi hazırlık yapamazdım.

Hani Robbie Williams ne diyor şarkıda:

'Cause I got too much life
Running through my veins
Going to waste
...
Scare myself to death
That's why I keep on running
Before I've arrived
*I can see myself coming'**

Çanta Kontrol-Starttan Önceki Gece

Teknik Malzemeler

- Çanta
- Luna sandaletlerim (Oso Retro model)
- Şort ve kapüşonlu üst, LYUM tişörtü
- Uzun tayt, geceler için
- Çorap, gece uykusu için
- İki külot
- Uyku tulumu
- Flipbelt –sırt çantasından çıkarması zor olan telefon, jel vs. taşımak için
- Gözlük
- Buff
- Şapka
- Mini havlu
- Baton

* "Çünkü çok fazla hayat var
Damarlarımda akan
Boşa giden
...
Kendimi ölümüne korkutuyorum
O yüzden koşmaya devam ediyorum
Daha varmadan önce
Geldiğimi görebiliyorum"

Zorunlu Malzemeler
(Organizasyon, bu malzemeleri ilk gün kontrol eder ve start için çantayı işaretler. Yarış boyunca kontrol noktalarında hakem çanta kontrolü yaptığında eksik malzeme olması durumunda, ceza süresi yazılır. İkinci kontrolde eksik çıkarsa diskalifiye olmaya kadar giden cezası vardır. Bunun yanında hayati önem taşır.)

- Ultra Maraton çantası
- Cep telefonu (Acil durum aramaları için cep telefonu yarış öncesi-sırası-sonrasında ulaşılabilir olmalıdır. Powerbank bulundurulması gerekir.)
- Kafa lambası ve 6 gün yetecek kadar yedek pil
- Düdük
- Ayna
- Çakmak
- Suluk (Her startta en az 1 litre su taşıyacak hazneli suluk bulundurulması şarttır.)
- Bardak (Kontrol noktalarında plastik bardak bulunmayacak ve plastik şişeyle su veya içecek verilmeyecektir.)
- Acil durum battaniyesi
- Elastik bandaj
- İlk yardım kiti
- Göğüs numarası ve zamanlama çipi (Organizasyon tarafından verilecektir –Göğüs numarasının yarış boyunca yarışmacının tişört veya şortuna karşıdan görünür şekilde takılı olması zorunludur.)
- Kimlik
- Kendi kendine yeterlilik için yiyecek ve yiyecek desteği (enerji jel, barlar, vb.)
- GPS rota takibi için saat ya da cihaz
- Uyku tulumu

Likya Yolu, hayat gibi. Nihayet inişe geçtik sandığın anda, ananı esas o inişte ağlatarak hep beklenmedik şekilde şaşırtan bir yol. Dağ büyük görünürken gözüne, içindeyken küçülüp önündeki o tek taş parçası kadar oluyor. Tırmanmak kelimesi zorluğu çağrıştırırken sözlüklerimizde, inmek... inletiyor her adımda. Taşların soğuk olduğunu düşündüğün yerde, sıcaktan yaktığında şoke oluyorsun. Karanlıklar şehirde kocaman bir korku ormanıyken, gecenin içinde tek başına bir ormanda cesaretin şaha kalkıyor. Ben miyim bu diyorsun kendine. Bu cesur kız ben miyim? Dağlarda, ormanlarda hep korkacak bir şey arayan insanlar bir şeyi hiç bilmiyor ya da eksik biliyor. Esas korku, kaygı, endişe şehre indiğinde başlıyor. Ormanda karşılaştığın tilki seni rahatsız etmeden yanından geçip giderken şehrin göbeğinde koşarken sarkıntılık eden adam tüm karanlık ormanlardan daha korkutucu ve tehlikeli oluyor.

Herkes Eğlenirken Uyumak

Mahmut, yolda ihtiyacım olacağını düşündüğü tüm besinleri alıp kampa geldi. Konserve ton balığı. Makarna. Hazır çorba. Demleme çay poşetleri. Tuzlu kraker. Etimek. Konserve somon balığı. Çubuk kraker. Çokoprens. Patates püresi. Hepsi 6 günlük. Sabah-öğle-akşam diye düşünürseniz altışar adetten 18 ve daha fazla paket... Kendisi ne yiyorsa, onlar. Mahmut Yavuz, Ultralar'ın süpermeni. Uçarak koşuyor. Hızıyla baş etmek imkânsız. Benim son saniyede gireceğim finişe, kimi zaman organizasyondan önce gitmesiyle meşhur. Dolayısıyla onun yediği kadarla benim günü geçirebilmem imkânsız gibi ama olsun. Azla yetinmeyi öğreneceğim. Mahmut'un aldığı gıda malzemeleri, yanımda 6G için getirdiğim granola, barlar, kuruyemiş, jeller... kılık kıyafet ve zorunlu malzemelerle çadırda çantamı toplayacağım. O sırada gelen giden bitmiyor. Tanıdık tanımadık, herkes çok yanlış bir şey yaptığımı söyleme yarışına girmiş adeta.

Bakiye Abla geliyor yanıma: "Yonca, ben bu yolu ve daha nice Ultra'yı koştum. Sana, sen bunu yapabilirsin diyorum. Sen, bu yolu veya bir Ultra'yı hiç koşmamış insanların lafıyla korkuya kapılıyorsun. Hem bilmiyorlar hem konuşuyorlar. Sen ne istediğini biliyor musun?"

"Evet Bakiye Abla. Ben bu yolu uzun yaşamak istiyorum. Yolu merak ediyorum."

"Tamam o zaman. Kimseyi dinleme. Kulağını tıka, çantanı hazırla."

"Bakiye Abla, ben 2. gün Patara plajından ve 5. uzun günden çok korkuyorum."

"Kızım insan yaşamadığı bir yoldan, daha gelmediği günden korkar mı? Hele bir oraya gelelim, orası kolay."

Derin bir nefes alıyorum. "İnsan yaşamadığı, görmediği yoldan korkar mı?"

Çantamı düzenlemek için çadıra gidiyorum. Artık Ultracılar'la aynı çadırdayım. Çoğu çanta kontrolü için eşyalarını açmış yere dizmiş, Taner Hoca ve hakemi bekliyor.

Bakiye Abla, Aylin, Mahmut çantama alacaklarımı ve yiyeceklerimi gün gün planlamak için yardım ediyorlar.

"Çokoprensleri almayacağım," diyorum.

"Hepimiz her gün finişe gelip çaya bandırıp yerken canın çeker, pişman olursun bak," diyor Mahmut.

"Yok, bırakacağım. Onların yerine protein barlarımı bandırırım çayıma. Hem daha sağlam gıda hem keyif olur."

Tabakımsı bir kabım var. İyi ki getirmişim yanımda. Bardağım da tamam. Kıyafetler her şekilde idare edilir. Çantam hazır.

Taner Hoca çadıra geliyor, hakem yanında. Organizasyondan Özge, bana sakin olmam için bakış atıyor. Organizasyon destekleyici ve yüreklendirici. Çantamı kontrol ediyor Taner Hoca. Eksiğim yok. Rujumu ve simleri görünce gülüyor.

"Çantan starttan 2 km sonra gülle gibi ağır olacak, emin misin?"

"Eminim. Onlar olmadan olmaz."

Zorunlu malzemelerim de tamam. Suluklarım da. Kontrolden başarıyla geçiyorum.

Sırada teknik toplantı. 1. gün rotasını adım adım anlatacak Tolga Gözüm. Hangi kontrol noktasına nasıl geleceğiz, yolda nelere dikkat etmeliyiz, neresi hangi konuda riskli, neyi gözden kaçırırsak rotadan şaşarız...

Öyle dikkat gerektiriyor ki! Bir önceki sene Alınca'yı geçmeyi denemiştim. Akıllara zarar bir zemin, eğim ve rota. Koca kayalar içinde, üstünde çok fena bir eğimde yamaç geçişi var. Kayalar ayağının altında toprak kayması gibi gidiyor. Metrelerce kayabilirsin. Sırtında ağır bir çanta. Nasıl olacak? Bakiye Abla'nın cümlesi çınlıyor: "Hele bir oraya gelelim, orası kolay." Teknik toplantıda tüm ince detayları pür dikkat dinliyorum. Biliyorum ki yarın start sonrası çoğu rüya gibi, hayal gibi uçuşacak ama acil durumda aklıma gelecek.

Çok pişmanım bu kararı aldığım için.

Çok gururluyum cesaret edip Bakiye Duran'la ilk Ultra'mı tarihi Likya Yolu'nda koşacağım için.

İçimdeki pişmanlık ve gururla nasıl baş edeceğimi bilmiyorum. Açım. Şimdi herkesle birlikte şahane açık büfeden tıka basa yemek yemek istiyorum. Bu, herkesle beraber açık büfeden yiyeceğimiz son yemek.

Yemeğimi yedim. Oturduğum sandalyeyi de kaykılırken kırdım. Güldük. Ultracılar'dan çadıra çekilip uyumaya başlayanlar var. Uyuyabilecek miyim stresten, emin değilim. Taner Hoca, en büyük toparlanma uykuda olur, der. Çadırıma çekiliyorum.

Herkes eğleniyor.

Uyumaya çalışacağım.

Pişman ve Gururlu - 1. Gün

Ovacık-Sdyma Parkuru, toplam koşulacak mesafe: 36,1 km

İlk kontrol noktası, Kirme 9.5 km'de ve bu noktaya varış için Ultracılar'a verilen zaman limiti: 3,5 saat.

2. kontrol noktası, 19 km'de Alınca. Buraya varmak için 7 saatimiz var.

3. kontrol noktası, Boğaziçi 26,8 km'de ve buraya da 9,5 saatte varmamız gerek.

Sdyma Finiş noktası, 36,1 km. Finişe varış için verilen toplam zaman limitimiz 11 saat.

Gece pek uyuyamadım heyecandan. Bakiye Abla solumda, ayak ucumda Mahmut uyuyordu. İki büyük güç arasında, Ultracılar arasında uyumak. 1 gecesi bile ömre bedel.

Sabah saat 07.00'de start için transfer var. Bu da demek oluyor ki en geç 04.30 civarı kalkmak gerek. Kafa lambanla eşyalarını topla, sessizce giyin. Çadırda uyanan var, uyuyan var.

Yüzünü yıka, kahvaltını hazırla ve et. Tuvalete git. Bir şekilde "büyüğünü" yapmayı başar. Kabızlık veya bağırsak boşaltmadan yola çıkmak koşucunun kâbusu. Koştukça, bağırsaklarım da düzenli çalışır oldu. Koşu, bağırsak çalışma düzeni yaratıyor, kesin bilgi.

Dişini fırçala. Bunları çok hızlı yap.

Start alanına yolumuz bir saat. Araçta uyur, azıcık daha dinlenirim.

Suluklarımı doldurmalıyım. Yavaş gittiğim için herkesten daha çok suya ihtiyacım oluyor. Herkes 1 litreyle başlıyor, benim kesin 1,5 litre almam lazım.

İlk sabah granolamın içine fıstık ezmesi de katıp sıcak suyla yumuşatıp yiyorum. Bir de çay, oh mis. Olacak bu iş.

Kahvaltımı hızlıca hazırladım, yedim. Eşyalarımı da hızlı topladım. Kendimle gurur duyuyorum.

Bakiye Abla çok konuşmuyor. Herkes az konuşuyor. Ultra çadırında sessizlik derinliği, kararlılık derinliği. Benim kadar çok konuşan birisi için az konuşmak da iyi bir ilk deneyim.

6G koşacaklar da uyanıyorlar, açık büfeden kahvaltılarını, kahvelerini alıyorlar. Biz onlardan biraz daha arka taraftayız. Ne yediklerini düşünürken yakalıyorum kendimi. İncecik bir pişmanlık.

Artık olan olmuş. Starta son saatler. Ultracıları transfere alalım diye sesleniyor birileri. Bakiye Abla gülümsüyor. Ben de gülümsüyorum. Dünyanın en normal şeyini yapıyormuş gibiyiz. Çantamı alıyorum tek elimle sağ omzuma, aman Tanrım! Bu ne ağırlık... En az 11 kilo olsa gerek. Keşke içinden bırakabileceğim bir şey olsa. Ama yok. Başa gelen çekilir. Bakiye Abla önde, ben onun arkasında, araca biniyoruz. Güneş yavaş yavaş yüzünü göstermeye başlıyor yolda. Uyuklamaya çalışıyorum. Her ufak arayı dinlenmek için değerlendirmek konusunda hiç bu kadar bilinçli olmamıştım.

Saat 06.45 civarı, start alacağımız LYUM start noktasına geliyoruz. Kalbimin gümbürtüsü dağları yerinden oynatabilir. Batonumu açamıyorum. Paniğim. Birileri yardımcı oluyor. Çok gerginim. Çok pişmanım. Bakiye Abla, çok güzel olacak diyor. Öyledir eminim. Ondaki rahatlık bana da bulaşsın istiyorum. En azından Ultra'nın ilk günü için start aldım derim. Bu da yeter. Başlamadığım Ultra'yı, bırakma kararını almaya hazır şekilde starta yanaşıyorum. Herkes son kez çişini, kakasını yapmaya sağa sola kaçışmış durumda.

Artık starta hazır olun, diyor ekip. Starta geldim. Hazır mıyım, boş veeer. Sırt çantalarımızın dışa dönük kısmına takip cihazlarını yerleştiriyoruz. Acil durum düğmeleri açık ve çalışıyor, eminiz. Son kontroller tamam. Saatimde rota yüklü ve açık.

Sıcak kendini belli etmeye başladı bile. Saat daha sabahın 8'i. Geri sayım başlıyor. Midem bulanıyor. Başım dönüyor. 10-9-8... 5-4-3... Start!

Kimisi uçup gidiyor.

Biz Bakiye Abla ile tatlı tatlı koyuluyoruz yola. "Acele yok, yol uzun," diyor. Sağımızdan solumuzdan geçenler, haydi kolay gelsin, hayranız filan diyorlar. Ben konuşmaya korkuyorum ama çok gururluyum. Zemin oynak. Sağımız olağanüstü bir manzara. Ölüdeniz'e bakıyoruz ilerlerken. O ilk geçtiğim gün geliyor aklıma. Tüm koşanlara kıyasla biz bildiğin kaplumbağadan halliceyiz. "Acaba seni geri mi bırakıyorum Bakiye Abla? Ya seni mahcup edersem... Beni bırakıp koşacaksan, bak ne olur koş. Ben çok yavaşım zaten normalde de."

"Yonca, çok konuşuyorsun be kızım. Nefes önemli. Ben sana ne dedim, sakatlığım var zaten, ben seninle yavaş yavaş giderim dedim mi dedim. Sen beni düşünme şimdi. Ben bu kararı kendim seçtim. Yapamayacak olsam niye sana gel diyeyim?"

Çanta sırtımda daha şimdiden ağırlaşıyor. "Bakiye Abla bu çanta nasıl 6 gün taşınır yahu?" diyorum. "Başta çok zor gelir, sonra alışırsın, merak etme," diyor, "dinlene dinlene gideceğiz zaten."

Tırmanışa başlıyoruz, tarihi Likya Yolu'nun rotasında. Ölüdeniz görünmez oluyor. Çarşak zemin bitip kayalık patika başlıyor. O kapıdan yine geçiyorum. Bu sefer hikâye bambaşka. Bu eşik başka eşik.

Çok pişmanım Allahım, neyin gazına geldim? İlk 4 km'de hayata küseceğim. Sırtım zonkluyor. On kere duruyoruz benim yüzümden. Çantamı indiriyorum. Çantamı indirip içinde sırtıma batanları yeni baştan yerleştiriyorum. Çantamı geri takıyorum. Rezil oluyorum diye sürekli dudaklarımı kemiriyorum.

"Ver ben taşıyayım" diyor, olur mu hiç! O öyle deyince kendime geliyorum.

"Asla Bakiye Abla, ben şimdi kendime geleceğim..."

"Yonca," diyor, "rahat ol. Hepimiz geçtik bu zorluktan. Kontrol noktasına gelelim, bir şeyciğin kalmaz, alışacaksın."

Dağın tırmanışı bitmek bilmiyor. Saatlerdir çıkıyoruz. 12 km'lik bir çıkış. Nasıl biter Allahım bu dağ tepe!

Sürekli şikâyet ederken yakalıyorum kendimi. Benim kadar olumlu bir insan nasıl bu kadar şikâyetçi olabilir. Bakiye Duran makina gibi. Gülümsüyor. Türkü söylüyor. Bana moral veriyor. Olur böyle diyor. Bak şu tepeyi geçelim gerisi kolay diyor. Beni düşünme, ben iyiyim diyor. Sen de iyisin kız merak etme bu ilk gün böyle, diyor.

Kontrol noktasına yaklaşırken Bakiye Abla'ya bambaşka bir güç geliyor. "Hadi Yonca, hadi, topla kendini, organizasyon bizim için elinden geleni yapıyor. Bizi bekliyorlar, onlara ağlak ağlak moralsiz gitmeyeceğiz. Güçlü, gülümseyerek ve onlara da biz moral olacağız. Onlar olmasa biz nasıl koşalım bu dağları, sayelerinde buradayız. Hadi toplan."

Akşam finişe geleyim. Bırakacağım. Bakiye Abla beni bıraksın devam etsin. Benim yüzümden rezil oluyor, bu onun da Ultra'sı. Bu kadarı da benim için çok büyük gurur. Çok gururluyum bir gün bile olsa Bakiye Duran ile yan yana Ultra'da koşabildiğim için...

Kontrol noktasına varıyoruz. Gülümsüyorum. Sanırım şoktayım. 19 km gitti. Geride 19 km kaldı, benim ömrümden de 19 yıl geçmiş gibi.

Dilim dolanıyor. Ağzımı toplayıp düzgün konuşamıyorum. Tuz kaybı. İçim kuruyor. "Hemen tuzlu kraker ye," diyor Bakiye

Abla. "Tuzlu krakeri önce ye, üstüne suyunu iç. Yoksa miden ayran gibi olur. Suyu tutacak bir şeyler olsun içeride."

Kontrol noktasında gönüllü arkadaşlar, teknik ekip bizi alkışlarla karşıladılar. 7 saat süremiz vardı. 6,5 saatte gelmişiz. Ucu ucuna. Panikliyorum. "Çabuk, kalkalım." "Hayır" diyor, Bakiye Duran; "bundan sonra hep iniş. İlk günün ilk anları gibi koymaz. Daha rahat gideceğiz. Soluklan. Dinlenmemek büyük hata olur. Acele yok. Yetişeceğiz." Ne derse asker gibi dinliyorum. "Acele yok," diyor. "Yetişeceğiz," diyor. Kulaklarım acelesizlik ve yetişebilmek kavramlarını bana inandırmak için çınlıyor. Biraz kraker, taze su. Bundan daha lezzetli tuzlu kraker hayatımda yemedim. Suyun tadı ne değerli.

Çıkıyoruz kontrol noktasından alkışlarla. En son biz geldik. Biz gidince bu noktadaki ekipler de bir sonrakine devam edecek. Evet, kesinlikle daha iyiyim. Bir şeyler yiyip içince, azıcık oturunca bile kendime geldim. İniş kolay olacak. Şikayetlerimi artık içimden söylüyorum.

Artık 1. günün finişine geri sayımdayız. Gidilecek yol, geldiğim yoldan daha kısa. Vay, olumlamalar başladı bende. Nefesim tıkanıyor. Hava sıcak. Üstelik giderek artıyor. Arı vızıltıları, cırcırlar, güneş. Sırtımdaki suluk çiş gibi oluyor yine. İçsem de su içmiş gibi hissettirmiyor. Her dur-kalkta acaba bir şey yesem de yüküm hafiflese mi diyorum. Ama yok. Daha yol uzun. Ya devam edersem... Temkin, panik, bilinmezlik, sırtım ağrıyor deli gibi. Çanta artık 150 kilo!

Örümcekler görüyorum, ayağımızın altından koşarak gidiyorlar. Ben büyükmüşüm, örümcek küçükmüş. O, bu arazinin kralı. Sıcak koymuyor ona. Baksana nasıl hızlı. Eziliyorum güneşin, göğe uzanan ağaçların altında. Dağın tepesinden gökle birleşmiş deniz, sanki avcumun içinde. Tüm bildiklerim göreceli olmaya başlıyor ilerledikçe. Aklım, mantığım beni kandırmaya uğraşıyor. Bedenim zonklarken tüm akıl oyunlarına "bir çekilin yoldan" diye diye Bakiye Duran'ın peşinde ilerlemeye çalışıyorum.

Alınca'dan Gey köyüne saptığımız o deli patika, yamaç, kayan kayalıkların arasında bir dala tutunarak hayata tutunup geçtiğimiz uçurumlar. Rüya gibi. Kâbus gibi. Hepsi gerçek. Yok öyle aylak basmak yere. Ayağımızı yere çok sağlam basıyoruz. Yoksa akbabalar yer leşimizi. Durum ciddi.

Yolumuzun üstünde bir köy evi var. Bakiye Abla evin sahiplerini, o aileyi tanıyor. Beni de tanıştırıyor. Ayran ister miyiz, diye soruyorlar. Keşke ama alamayız, çok teşekkürler. Bu yarışın kuralına göre dışarıdan yiyecek-içecek almamız yasak. Aile, o nasıl iş öyle yazık size bu sıcakta diyor. Bakiye Abla gülüyor. Ben, gülemiyorum. Kendim ettim kendim buldum.

Aklıma Tina Turner'ın *Easy as Life* şarkısı geliyor. Hiç ses etmeden, adım adım giderken dağdan aşağıya, kafamda çalıyor şarkı.

Bu korkunç zor kısmı da geçtik işte. Bakiye Duran önde, ben arkada. Arkama dönüp bakmaya cesaret ediyorum. Aman Tanrım. Dağların içinden geçen bendim.

27 km bitti. Kaldı 9,1 km. O 0,1 km bile çok önemli.

Elton John yazmış o şarkıyı:

"This is the moment when the gods expect me," – Tanrıların benden yardım için yakarmamı beklediği an, bu an...

Ama ben denemeyeceğim bile – "To beg for help but I won't even try."

Kendimden başka beni koruyacak hiçbir şey istemiyorum. "I want nothing in this world but myself to protect me."

Ama, yan gelip devrilip ölmeyeceğim. Tek yapmam gereken onu ne kadar sevdiğimi unutmak.

"But I won't lie down, roll over and die / All I have to do is to forget how much I love him."

Kolay, hayat kadar kolay...

"Easy, it's easy as life."

Aşağıda kampın sesini duyuyoruz. Bakiye Abla; "Geldik Yonca, az kaldı, şu virajı dönünce artık kamp ve finiş. El ele gireceğiz birinci günün finişine. Bitirdin bak, gördün mü, çok da iyi geldin. Yarın çok daha kolay olacak. Şimdi bir duş, bir yemek, bir uyku. Sabaha yepyeni olmuş gücünle start alırız."

Çok pişmanım âşık olduğum için. Çok gururluyum aşka cesaret ettiğim için. Çok pişmanım bu yola baş koyduğum için. Çok gururluyum en azından denediğim için.

Finişe giriyoruz, el ele: 8 saat 9 dakika 26 saniye.

Alkış, kıyamet. Birinci günün en sonuncuları biziz, en büyük karşılama bize. Zamanında geldik. Muhteşemiz!

Bakiye Abla soruyor; "Nasılsın kız?"

"Pişman ve gururlu!" diyorum. Gülüyor.

Bırakmayacağım. Devam edeceğim. Çadıra geçiyoruz.

Çadırın yanında, gölgede oturan tüm Ultracılar. Çorbasını içen, ayaklarını uzatan. Sydima'da, ormanın göbeğinde, gök kubbenin altındaki evimizin balkonundayız.

Şaşkın ve Devam - 2. Gün

Sydma-Pınarkürü Parkuru, koşulacak toplam mesafe 46,71 km.
İlk kontrol noktası 6,17 km. Belceğiz – varış için verilen süre 2 saat.
İkinci CP (kontrol noktası) 14,10 km. Pydnai, 5 saat.
Letoon 23,74 km, 7,5 saat.
Eşen 29,2 km 9 saat.
Patara 35,9 km 11 saat.
Pınarkürü 46,7 km finiş 12,5 saat.

Gece salyalarım akarak uyumuşum. İlk günü bitirdiğime inanamıyorum zaten. Çantamı sırtımdan çıkartıp duş almaya gittiğimde, yalpalayarak zor yürüyordum. Duşta çığlık attım. Çanta sırtıma sürte sürte pişik ve yara yapmış. Su değdikçe yaralarıma cayır cayır yanıyor. Duşu kısa kesip avucumdan azıcık büyük yüz havlusu kadar havlumla kendimi kurularken kaslarımın da hepsini tüketmiş olabilirim. Kurulanmak ne saçma bir şey. Sırtım çok acıyor, ağrıyor. Ayaklarım gayet iyi durumda. Luna sandaletlerim pek rahat.

Çocuklarımdan çok güzel mesajlar geldi. Onlara da ağladım. Canım çocuklarım...

Ton balığı, kraker, hazır çorba, çay ve protein bar yedim akşam yemeğinde. Gündüz bir kontrol noktasında öğle yemeği niyetine de çantamdan bir ton balığı ile kraker yemiştim.

Kafamda tam tutamıyorum ne yedim ne içtim. Panikliyorum düşününce. Çok yedimse son güne aç mı kalacağım? Bir sene bir Ultracı yanındakileri çok erken bitirince en zor güne çok az gıdası kalıp perişan olmuştu, onu hatırlıyorum. İyice panik oluyorum. Neyse, bugün biraz daha dikkat ederim. Çayın her yudumunu hüplettim. Tasarruflu kullanıyorum her bir çay poşetimi. Daha 5 gün ve 5 gecem var.

Diğer çadırlardan kahkahalar, yemek sırasında gülüşmeler geliyor. Görecek hâl mi var bizde. Kampa geldiğimiz gibi bir baktım Bakiye Abla tulumunun içine girdi yattı. Uyku ve dinlenmek önemli Yonca, dedi. Ben bir şeyler yedim, azıcık sohbet ettim. Kendimi çok yormadan çadırımıza çekildim. Beslenmem, uykum önemli. Çenemi bile az kullanmam gerek. O da kas kullanıyor, enerjimi alıyor.

Her yerim ağrıyordu uyurken. Hayatımda en hızlı daldığım uyku olabilir. Hiçbir yere pek bir şey yazıp paylaşamadım. Hiçbir şeyi, kendimden başka bir şeyi düşünecek hâlim yok. Canım da istemiyor. Hayatta -anda- kalmakla meşgulüm. Zamana yenilmeden finişe gelmekten başka bir şey yok aklımda.

2. günün sabahında Ultracı çadırı herkesten önce uyanıyor. Kendi yemeğimizi hazırlayacağız, tuvalette kuyruk olmadan işimizi göreceğiz, çanta yerleştir-yatak topla-yüklen-starta hazır ol derken işimiz çok.

Patara plajını boylu boyunca koşacağız bugün. Çok korkuyorum. Oradan ötesini de hiç görmedim. Zaten burası Gavurağılı denilen o korkunç rotayla başlıyor. Dev kayalar ve uçurum...

Orayı aşınca, Letoon'a kadar nispeten bildiğim bir rota. Sıcak, insanı yer. Sonrası Patara ve büyük bilinmeyen. Bakiye Abla'ya bakıyorum. Kızım korkma, diyor sürekli. "Hele oraya gelelim orası çok kolay." Dünden kararlıyım. Şikâyetçi kız olmayacağım. Bakiye Abla dizine merhem sürüyor. Dizi çok ağrıyor. "Merak etme 20. km'den sonra bir şeycik kalmaz, koştukça açılıyor," diyor. Asabım bozuluyor.

Granolama fıstık ezmesi, sıcak su, çay ile kahvaltı. Dişimi fırçalıyorum. Yüzüm biraz süzülmüş. Hoşuma gidiyor. Tuvalet işimi de halledip çantamı, uyku tulumumu topluyorum. Starta az kaldı. Damla geliyor yanıma. Benden haberleri o uçuruyor herkese. Telefonum, saatim, şarjım artık daha da önemli.

Bugün Ultra içinde Ultra koşma günü. Mesafe 46,7 km

Bugün, eziyet mecbur... Yarını düşünmeden yaşama sanatına girişteyim. Çocuklarım, ailem, Arda, içimde bir sızı bir özlem. Şu yaptığımı anlamalarını çok istiyorum. Keşke onlar da görse. Çok duygusal bir sabah.

Çantamızı sırtımıza geçiriyoruz. Gülle mübarek. Dünden hafif olması gerek, sanki daha mı ağırlaşmış bu? Sırtımdaki yaralar öyle acıyor ki... Bir süre sonra uyuşuyor, hissetmiyorum.

Start alıyoruz.

Ver elini dev kayalıklar! Arı kovanları arasından koşmaya başladığımızda, gün ağarmaya başlıyor. Güneşin gelişini sesi yükselen arılardan, cırcırlardan anlıyoruz. Derin sessizlik, birden senfoni şeklinde yükselen arı vızıldamasıyla kaplanıyor. Renkler muazzam. Gök, şeftali renginde. Maviye çalıyor. Orman kokusu, baş döndürücü. Ultracılar olarak bizi bugün sıkı bir 12 saat bekliyor. Hiç konuşmuyoruz.

Koşuyoruz. Gavurağılı'nı koşmaya girerken, Bakiye Abla, "Acele etme. Her yere yetişeceğiz," diyor. Acele etmeden nasıl yetişeceğimizi hiç bilemiyorum. Hayatım boyunca en çok duyduğum komut "çabuk, hadi, acele et, durma." Ben, insan ancak acele ederse yetişir diye biliyordum.

Bakiye Abla yol boyu sürekli "acele etme, dinlen" diye tekrarlıyor. İçim hem rahatlıyor, hem huzursuzum. Şu sihirli cümleleri hayat boyu sürekli duysam... Acele etmeden de bir yere varabileceğim fikri bile mucize gibi. Garip bir şekilde de, acele etmeyip dinlendikçe açılıyoruz. Her mola sonrası müthiş koşuyoruz. Zaman kazanıyoruz.

O arada bir yerde ben işaret kaçırıyorum ama Bakiye Abla GPS gibi. İçine rota kaçmış. Hemen ayılıyor. Burası değil diyor, az bir geri gidip rotaya giriyoruz. Dikkatsizliğim bize nereden baksan ekstra 1 km'ye mâl oluyor. Al sana, 46,7 km oldu 47,7 km...

Antik şehrin içinde kadınlar el arabasına odun yüklemişler. Onlarca kilo odunu iterek giderlerken sohbet ediyoruz. Bu kadınlar bu yükü güle oynaya itiyor, ben çantadan şikayet ediyorum öyle mi!

Bakiye Abla yolda insan olunca tatlı bir sohbete giriyor. Konuştukça açılıyoruz. Yavaş yavaş anlıyorum "yoldaş" olmayı. Sohbet müthiş bir güç pekiştiricisi. Kadınlar çok tatlı. Ne yaptığımızı söylediğimizde, bir köylü kadının bizi anladığı kadar şehirden kimsenin anlamadığına içerliyorum.

Letoon'daki kontrol noktasında alkış kıyamet karşılanıyoruz. Ver elini Patara! Patara startına tekne ile geçiyoruz. Burayı hep Uzunetap'ın çektiği videolardan görürdüm. Artık ben de içindeyim. Patara'ya girişimiz tek kelimeyle muhteşem oluyor. Kumlar ne sert ne yumuşak. Sanki insan koşsun diye özel zemin yapılmış. İlginç bir kuş türü, önümüze gelip üçlü üçlü pati izleri bırakarak sek sek oynuyor. Dalgalar geliyor geçiyor. 6 km'lik bir kızıl kum çölü. Muhteşem!

Bir ara solda o uçsuz bucaksız kum üzerinde birkaç turist görüyoruz. Anadan üryan, çırılçıplak güneşleniyorlar. Umurumda mı dünya? Dalgalar ve koşarak geçen bizler. Patara'nın sonuna geldiğimize üzülüyorum. Hayatımda bu kadar lezzetli bir koşu zemini, ortamı yaşamadım. O kadar korkum boşa çıkıyor. Zevkten dörtköşeyim. Sahilden kontrol noktasına doğru bayrakları takip edip çıkıyoruz. Bakiye Abla, burada durup dinleneceğimizi söylüyor, ne derse yapıyorum. Sandaletlerim kum içinde. Köşedeki çeşmede akıtıyorum. Mis. Bakiye Abla'nın ayakkabısı kum torbası, çorapları kum içinde. Kumlu çorap testere gibi olsa gerek.

Suyumuzu içip yenisini dolduruyoruz. Çantayı sırtımdan, pardon sırt derimden, sıyırarak çıkartıyorum. Hiç çıkartmasam daha iyi olacakmış. Canım hiçbir şey yemek istemiyor. "Hayır yiyeceksin" diyor Bakiye Abla, "Öğün atlamak yok. Daha yolumuz uzun. Gücümüzü sırtta değil, bedenimizde taşıyacağız. Ye."

Bir çorba, kraker, jel ve protein barı. Ay, protein barımdan nefret ettim şimdiden. Yiyorum ittire kaktıra. Bir sonraki etap için hazır olunca, haydi yine yükleniyoruz çantaları. Yeme içme, dinlenme hepi topu en fazla 15 dakikadır. Sanki tatil köyünde yatıp kalktık. O kadar iyi geliyor. Ah o çantayı o yaralı sırta takmak olmasa!

Önümüzde 10,8 km var. İnanılmaz bir sıcak bastırıyor. Güneş beynimizi pişiriyor. Rotaya bir çıkıyoruz ki, kayalık, çıkış, diken, incecik ve zor bir patika. Ağaç yok. Güneşin alnı. Rotaya çıktıktan 1 km sonra dayanılmaz geliyor her şey. Bu daha ikinci gün ve bundan 4 gün daha var ve hatta 5. gün 106,1 km yekpare bir rota var, ben ne yaptım! Şaşkın ve devam... Parkurun bu kısmı kâbus gibi geçiyor.

10 saat 42 dakika 3 saniye sonra finişe giriyoruz. Dilim damağıma yapışmış. Gözlerim boş bakıyor. Ama finişe 1 km kala ziller, davullar duyuyoruz. Bizi bekliyor bütün kamp.

Bakiye Abla, "toplan kız" diyor, "güçlü gireceğiz finişe. El ele. Onlar bizi karşılamak için beklediler bunca saat, biz de onlara layık geleceğiz." Kendime geliyorum. "Bu kızı yeniden büyütmeliyim" derken, Bakiye Duran büyütüyor bu kızı. İçindeki küçücük atom karınca kadın, takım arkadaşlığının en unutulmaz okulu. Alkışlar içinde ikinci gün bitiyor. Özge, o iğrenç, mahvolmuş hâlimle bile bana sımsıkı sarılıyor.

Çadıra kendimi nasıl attığımı bilmiyorum. Tolga, Özge herkes, "2. gün bittiyse bu iş bitti Yonca," diyorlar. Gerçekten mi?

Bacaklarımda dikenli bitkilerin kestiği izler. Hepsi nasıl yanıyor. Duşa zor giriyorum. Üzerimden su ile birlikte toprak akıyor. Öyle duruyorum suyun altında. İki günde 80 km'den fazla mesafe. Minnacık aynama bakıyorum, yüzüm incelmiş. Ruhuma kese atmışız. Hiçbir şeyi düşünecek hâlim yok. Yarın 3. gün. Rotanın çok zor olduğu söyleniyor. Artık zor kelimesi bana ne ifade ediyor pek bilmiyorum.

Teknik toplantıya kadar kendimi toplamaya çalışıyorum. Kirli çamaşırımı yıkayıp ipe mandallıyorum. Çantamda kısacık bir ip ve mandal da var. Artık hayvan gibi kokmadan da eşya kurutabiliyorum.

Akşam yemeğinde somon ve makarna, yanında bir çorba, kraker. Herkes çayın yanında Çokoprens çıkartıp yerken ağlayacak gibi oluyorum. Mahmut haklı çıkıyor. İçim gidiyor.

Teknik toplantıda 3. gün başımıza neler gelecek, dikkatle dinlemeye çalışırken uykudan gözlerim kapanıyor. Herkes yine çok şaşkın. Şaşkın ve devam. Kendime inanamıyorum. Kendimi daha hiç tanımıyormuşum. Ben neler neler yapabiliyor ve aşabiliyormuşum. Yarını düşünmeden yaşama sanatı dalında iyileşiyorum. Hele bir yarın olsun, gerisi kolay.

Şaşkınım ve devam ediyorum.

Çıplak ve Hızlı - 3. Gün

Kaş-Simena koşulacak, toplam mesafe 34,48 km.
Fakdere, 3 saat
Boğazcık, 6,5 saat
Aperlai, 9 saat
Finiş süresi, 11 saat.

Verilen rotayı elimdeki sarı lamine kâğıt üzerinden okurken artık her şey normal geliyor. Ultra dilini konuşmayı öğrenmişim. Babaları takip etmek, işaretlerin hangisi yanıltıcı hangisi doğru ayırt etmek, teknik toplantıda Tolga'nın altını çizdiği önemli noktaları bir şekilde hafızaya kaydetmek gibi becerilerim gelişti. Bir maratonun 42 km 195 m olduğunu, dünya standartlarında yolda koşulan bu mesafe için yaklaşık 6 saat süre verildiğini düşünürseniz; 34,5 km'den az mesafe için 11 saat limit denildiğinde ne kadar zor bir arazide ilerleyeceğinizi de anlayabilirsiniz.

Zaman, mesafe, zorluk göreceli kavramlar. Bunu yollarda öğreniyorum. Ama ne öğrenmek! Bacaklarım davul gibi uyanıyorum. Sırtımdaki yaralar kabuk bağlar inşallah diye dualar ediyorum. Çantam yediklerimi düşersek 1 kilo daha hafiflemiş olabilir. Ama zaten artık çantanın ağırlığı bir şey ifade etmiyor. Yüzüm gözüm şiş. Doğada ne zaman bu kadar zorlansa beden, bitki örtüsü, polenler vs. derken artık ne oluyorsak, acayip şişkinlik oluyor. Zayıfladığıma eminim ama ödemden bi acayip olduğuma gülebiliyorum. Bu da bir ilk. Meğer ödem, bir tür bedensel "air bag" imiş. Kasları su kaplıyor ve korumaya almaya çalışıyor. Beden su tutuyor yorgunluktan, zorlanmaktan. Yapacak bir şey yok.

Diğer koşucular bize bakıp ah ah vah vah diyor. Onların da parkuru, yarışı zor. Ama akşam Şakir Abilerin enfes yemeklerini yiyorlar. Biraz acıkmış ve biraz da özenmiş hissediyorum. Bir tür oruçta gibiyim kendi hac yolumda. Herkesle muhabbet gır gır şamata yapardık her parkur finişi. Gak diyecek hâlim olmuyor.

Bir kısmını 6G'den bildiğim ve çok ama çok sevdiğim bir parkurdayız bugün. Aperlai kral mezarları, lahitler içinden geçeceğiz. Manzara olağanüstü olacak. Sağımızda deniz derya mavinin yeşilin en güzel tonları. Yer gök deniz ve orman. İpli geçiş var. Bunu ilk defa yaşayacağım. Her sene Ultracılar'ın orada o ipli geçişte fotoğrafları olurdu, özenirdim. Benim de olacak.

Biz bütün Ultracılar, herkesten ayrı ve uzakça bir köşede, ayrı bir çadırdayız. İnanılmaz bir karşılıklı saygı ve dayanışma var çadırda. Tek kişiden negatif cümle duymuyorum. Bir kişi şikâyet etmiyor. Herkesin ağrısı, yarası beresi var ve yine de müthiş bir yüreklendirme hâli.

Bitirecek gibiyim galiba. Çok heyecanlanıyorum ama heyecanlanmak için çok erken. Bugün için de çok zor bir rota diyorlar. Bugünkü rotanın son 12 km'sini 6G ile koşmuştum. Ama ilk 22 km harbi çok deli deniyor. Kaygan kayalık, sert çıkış iniş ve ayağını basamadığın bir zemin, bol bitki örtüsü. Aperlai içinden geçiş, büyüleyici. Bu rota zor ama çok da güzel.

Ben sadece güzelliğine kilitlenmeyi ve bugün, dün yaptığım hatayı yapmamayı hedefliyorum. Bugün, bugünü yaşayacağım. Hayaller azim ve güçlülük, bakalım gerçekler ne olacak?

Rotada sağ tarafı uçurumsu olan bir kısımda, kral mezarı duvarına insanlar tutunarak düşmeden geçebilsin diye ip bağlanmış. Ona tutuna tutuna geçiliyor. İpli geçiş, o. İpe tutunarak hayatta kalmak.

Sabah hızlıca rutinlerimi yerine getiriyorum. Çok hızlı hareket edemesem de tecrübe hız kazandırmış. Bugüne kadar Likya Yolu'nda beni benden alan 2 parkurdan ikinci en sevdiğim rotada olmak fikri sanki her şeyi daha kolay olacakmış gibi hissettiriyor.

Bakiye Abla topallıyor. "Açılır koşmaya başlayınca, merak etme" diyor. Gülümsüyorum. Biliyorum açılacak.

Start alıyoruz. Bazı 6G'ciler çok gıcık. Sadece kendini değil, başka koşucuları da tehlikeye atacak şekilde davranıyor. Patika tek kişilik, sağda keskin kayalıklar ve düşme olasılığı yüksek olan yerde sollama yapmaya kalkıyor. Kimisi batonlarını kullanmayı yolda öğrenecek daha. Bir yandan koşuyor bir yandan batonlarının arka tarafta çok havaya kaldırdığını fark etmiyor. Arkasındaki koşucu da tecrübesizse, batonların bir yerine saplanmaması mucize gibi. Bakiye Abla ile birkaç kere uyarmak zorunda kalıyoruz. Son derece nazik bir şekilde söylüyoruz. Kimisi teşekkür edip hemen özen göstermeye başlıyor. Kimisi her şeyi hiç bilmeden de çok bildiğinden "sen kendi işine bak" gibi cevap veriyor. Susuyoruz. Bakiye Abla ile göz göze geliyoruz.

İpli geçişe geldiğimizde korkudan, tecrübesizlikten geçemeyenler rotada olduğundan duruyoruz. Bekliyoruz. O sırada geçiş yapacak kişinin önündeki arkasındaki koşucular destek olmaya çalışırken; aklı evvel birkaç koşucu orada da sollamaya kalkınca bir tür isyan yükseliyor. E yok artık evet! Kaç kişi bekliyor, beklemek de mecburi. Yoksa mutlaka biri düşecek... Kayalar inanılmaz kaygan. Zemin ayaklarımızın altından kayıyor düpedüz.

İple geçiş sırası bize geliyor. Hem geçiyoruz hem de acelesizliğimiz içinde birbirimizin videolarını, fotoğraflarını çekiyoruz. Belgesel gibiyiz, çok eğleniyoruz. Bakiye Abla "ben seni taşırım" derken ne demek istediğini yeni anlıyorum. Yarenlik nedir, anlıyorum. Yol değil, bu yoldaşlık bizi götürüyor bir adım ileriye.

"Kız burayı geçince, geldiğimiz koy cennet gibi."

"Yüzer miyiz Bakiye Abla, vaktimiz olur mu?"

"Yüzeriz tabii," diyor. Zevke bak be!

Patikanın içindeki kayalıkların arasından döne dolaşa geçiyoruz. Dikenlerin bacaklarımızı sıyıra sıyıra iz bıraktığı o daracık patikada seksek oynayan iki kız çocuğu gibiyiz. Çalılar, ağaçlar öyle kaplamış ki patikayı, gölgesinin içindeki koridorda ilerleyip birden cennete çıkıyoruz!..

"İşte şimdi cennete geldik. Koş kız, yüzelim!"

Sanki sırtımda 10 kilo yük ve yaralar yok. Sanki bacaklarım yara bere içinde değil. İniyoruz sahile. Çantaları çıkartıyoruz. Bakışıyoruz ve başlıyoruz soyunmaya. Ohhhh anadan doğmayız. Anamızdan şimdi doğduk. Denizdeki Hurileriz. Bakiye Abla önde, ben arkasında, kayan taşlara basa basa denize giriyoruz. Neşe çığlıklarıyla. Deniz, dağlar, ağaçlar ve biz...

Bakiye Abla, saate bakalım dediğinde neredeyse çok gecikmek üzereymişiz. Kontrol noktasına 4 km var ve biz an itibariyle ışık hızıyla koşmalıyız. Zaman nasıl geçmiş, farkına varmamışız! İpli geçişte çok bekledik tabii! Yoksa elden gidiyor mu Ultra?!

Anadan doğma hâlimizle apar topar giyinmeye çalışırken, birden sesler duyuyoruz. Taner Hoca ile Gökşin Bey'in sesi bu! Eyvahlar olsun...

Bakiye Abla acayip hızlı toplanıyor, çantasını takıyor sırtına. Ben hâlâ yarı çıplağım. Rezil olma endişesinden bir türlü toparlanamıyorum. Kahretsin. Her şey şu harika denizde azıcık yüzdük diye bitmiş olamaz!

Bakiye Abla bana bakıyor; "Yonca şu andan itibaren tek kelime yok. Kontrol noktasına koşuyoruz. Süreyi kaçırmak yok. Koş, hızlı koş."

Bakiye Abla bir başlıyor ki koşmaya, yetişmek ne mümkün... Ceylan gibi uzuyor önümde. Tıkanarak koşuyorum. Neremden nefes alıp vereceğimi bilemiyorum. Yokuş yukarı koşuyoruz. Güneş yakıyor. Olacak gibi değil. Boğulacak gibi oluyorum ama durmak dinlenmek yok. Zamanı iyi kullanmak, zamanı yönetmek, acil durumda yokuş yukarı koşmak zorunda kalmak ve kaybetmek istemediğin bir şey için elinden geleni yapmak.

Deliler gibi koşarken önümüze bir Ultracı çıkıyor. Hâli hiç iyi değil. Yalpalıyor, düşecek gibi. Ya beslenmedi, ya susuz.

Bakiye Abla sesleniyor; "Oğlum su iç, bir şeyler ye, dur dinlen... Hâlin hâl değil."

Konuşmuyor.

Bakiye Abla duruyor. Allahım ne olacak şimdi? Yanına gidiyor Ultracı'nın: "Sana diyorum, beni dinle. Hemen şimdi bir şeyler içeceksin. Yanında suyun var mı?" Kafasını sallıyor arkadaş. "Tamam çıkart iç. Yiyecek bir şeyin var mı?" Var gibi sallıyor kafasını. Bakiye Abla bir kayalığın üzerine oturtuyor arkadaşı. Çantasını çıkartmasına yardımcı oluyor. Çantasından tuzlu bir şeyi yemesine yardımcı oluyor. Bana da suyunu ver eline içsin diyor. Suluğunu veriyorum ben de ona. Biraz yudumluyor. Bakiye Abla, "gözün açılır gibi olmadan devam etme. Azıcık beslen, suyunu iç öyle devam et, anlaştık mı?" diyor. Arkadaş kafasını sallıyor, tamam dercesine. Konuşacak hâli yok. Dudakları kurumuş. Salyası iz yapıp kurumuş dudak kenarlarında.

Bakiye Abla arkadaşın iyi olduğundan yüzde yüz emin olunca bana hınzır bir çocuk bakışı atıp "Koş Yonca! Koş!" diyor. Başlıyoruz yine deli danalar gibi koşmaya. Kontrol noktasına varmamız için son 6 dakika. Bütün bu zamana karşı yarışta zorda olan bir yarışana yardım ettik. İyi olduğundan emin olmadan yola devam etmedik. Bakiye Abla'nın yaptıklarına gözümün dolacak zamanı bile yok. Kalbim doluyor. Ya zamanında varacağız ya da diskalifiye olacağız. Ölüyorum panikten. Kaç km var diye bakamıyorum. İznik geliyor aklıma. Hayır, düşünme!

Bakiye Abla'yı göremiyorum. Uçmuş. Koşuyorum. Patika döndükçe dönüyor, kayalıklar bitmiyor. Yahu nerede bu kontrol noktası! Bakiye Abla bile bir ara "Kayalığa doyduk ha!" diye serzenişte bulunuyor. Bu bir ilk. O bile bunu dediyse... Gülmek istiyorum, yüzüm aldığım nefesin zorluğundan gülmeyi hayal ediyor ama gerçekleştiremiyor.

Derken bayrak görünüyor ve alkış seslerini duyuyoruz!

Kontrol noktasına giriyorum ve "Yonca oldu, geldik!" diyor Bakiye Abla.

Son 1 dakika kala, zamanı geçirmeden giriyoruz kontrol noktasına. Yere atıyorum kendimi. Konuşacak hâlim yok. Beynim zonk zonk. Yıldızları sayıyorum gözlerimin önünde. Bayılacak gibi değilim. Öyle değil. Bedenim bana büyük. Kalbim çıkmak istiyor içimden. Nefesimi hiç bu kadar hızlı aldığım için sakinleştiremediğim olmamıştı. Bedenime laf dinletemiyorum. kontrol noktasında herkes gülüyor. Meğer tüm ekip benim üzerime bahse girmiş. Birileri yine kaybetti!

Bakiye Abla, hadi burada çok durma lüksümüz yok, hızlıca yola koyulmamız lazım, zaman kazanmak zorundayız, diyor. Asker gibi dinliyorum dediklerini, yola koyuluyoruz.

Bayıldığım bir rotaya daha geldik. Sağımız deniz. Dar kayalıklar arasında ilerleyeceğiz. "Yonca sıra sende, dizim ağrıyor, şimdi sen beni taşıyacaksın" diyor, "geç bakalım öne, yolu takip et, ben seni izleyeceğim."

Hayatımın en büyük sorumluluğunu alıyorum o an. Bakiye Duran bana görev verdi. Onu ben taşıyacağım yani. Patika boyunca bir Ultracı arkadaşla karşılaşıp duruyoruz. Biz onu ne zaman görsek rotadan çıkmış ve yolu arıyor oluyor. Sonra bizi görüp yolu buluyor ve önümüze geçip koşuyor. Sinir oluyorum. Biz ona seslenmesek yolu bulamayacak. Sayemizde rotaya giriyor ama bir teşekkür etmeden basıp gidiyor.

Tam hadi bir şey demeyeyim derken Bakiye Abla; "sanki biz onu kaybolduğu yerde bırakıp sollamayı bilmiyoruz, yaptığı hoş değil. Kendini akıllı sanana ders zamanı" diyor. Acayip rahatlıyorum. Çünkü hakikaten bu arkadaş bizi kullanıyor. Bakiye Abla, "bir sonraki kontrol noktasında çantanı çıkartma. Suluklarına değil, midene su doldur. Saatine bak ve sadece 2 dakika tut. 2 dakikada içebildiğin suyu iç, kendini hızlıca topla ve hadi de. Tamam mı?" diyor. "Tamam, anladım!" diyorum.

Bu arkadaş yine yolunu şaşırmış, görüp bize takılıyor, kontrol noktası görününce, birden sollayıp bizden önce giriş yapıyor. Ya sabır! Kontrol noktasına girerken saatime bakıyorum. Hızla su içiyorum. Bakiye Abla da hiç konuşmuyor, bana bakıyor, su içiyor, ben de ona bakıyorum. 1 litre su içmiş olmalıyım. Suluklarımdan biri de dolu zaten. Finişe son kilometreler. Bu son kontrol noktasıydı. 2 dakika doluyor. "Hadi!" diyorum, Bakiye Abla'nın dediği gibi.

"Yonca koş!" diyor Bakiye Abla. Çok ciddi ve hatta sinirli olduğunu hissediyorum. Ben önde, o arkamda öyle bir koşuyoruz ki patikada. Ne yapıyoruz tam bilmiyorum ama ciddiyiz. Koşuyorum. Öyle bir açılmışım ki ve Bakiye Ablayı taşıyormuşum hissi, onun arkamda bir kuvvet olması ve ona yolu açan olmak hissi bana müthiş iyi geliyor. Bir ara arkamdan; "kız sana sorumluluk çok iyi geliyor, şuna bak uçuyorsun, zoru ve sorumluluğu seviyorsun" diyor. Doğru.

Finişin yakın olduğunu davul sesinden anlıyoruz. Uzaktan davulun sesi hoş geliyor, bir türlü kendi gelmiyor. Hayli hızlı koşuyoruz. Finişe geliyoruz. Etti toplam 114,51 km. Keyfimiz acayip yerinde. Deniz kenarı şahane bir alandayız. Kaleköy... Hava muhteşem. Gün batıyor. Şerbet gibi bir hava. Son Ultracı da gelince çadıra gideceğiz. Kontrol noktasındaki ekiplerle gülüşüyor, şakalaşıyoruz. 3. gün de bitti. İnanılmaz!

Kaldı 3 gün. Ve kaldı en uzun gün. Düşünmüyorum. Hele bir o gün gelsin, orası kolay.

Bizi sürekli kullanıp son dakikada geçmeye kalkan arkadaş geliyor ve maalesef süreyi kaçırıyor. Onun yarışı burada bitiyor. Bakiye Abla'nın tanıdığı bir koşucuymuş: "Bak oğlum, gördün mü, biz de basıp gitmeyi biliyoruz. Demek ki neymiş, sen öyle bizi kullanıp son dakikada geçtim sizi yapmayacakmışsın. Hem patikayı bilmiyorsun hem bize saygısızlık ediyorsun. Bizimle bulduğun patikada bizi bırakıp gideceğine, birlikte gireydin el ele kontrol noktalarına, buraya da birlikte finişe girerdik," diyor...

Havada sessizlik. Arkadaş kafasını zor kaldırıyor. "Haklısın Bakiye Abla," diyor. Çadırlara gidiyoruz. İçimizdeki hırslar, saygısızlıklar... her şeyimizle yüz yüze ve çıplağız. Azimli ve güçlü demiştim sabah mottoma, bir de bu ikiliyi eklemek lazım; çıplak ve hızlı.

Sakin ve Duru - 4.Gün

Toplam koşulacak mesafe, 11,27 km.
Kapaklı-Demre, toplam süre 6 saat
Start, sabah 10.30'da.

Sabah çok acıkmış uyandım. Granolamın torbasını bile yemek istiyorum. Startın 10.30'da olması garip geliyor. Günlerdir 4.30-5 civarı uyanan biri için gün ortası gibi. Bugün 5. ve uzun günün öncesindeki kısa gün. Kafalar rahat. Rota ve mesafe tüm koşanlara eşit. 6G de, Ultracılar da 11 km koşuyor. Huzur içindeyim, endişesizim. Şişmiş davul gibiyim. Gözlerim çekikleşmiş şişlikten. Bacaklarım, bedenim ağrı içinde. Acayip huzurluyum. Kafamda sürekli Barış Manço'nun "Dönence"si çalıyor.

10.30'da starta geldiğimizde kafamdaki şarkı değişiyor. Yine Barış Manço'dan ama *Anlıyorsun Değil Mi.* Ailemle konuştum.

Herkes müthiş destek mesajları gönderiyor. Havam pek yerinde. Damla ile geyik yapıyoruz. Hâlinden hem benimle gurur duyduğunu, hem çok heyecan yaptığını, hem de hırsını görebiliyorum. Çok hoşuma gidiyor. Beni acayip gaza getiriyor. Hep hırslanmak isteyip de rahat rahat hırslanamadığım o yerimi pek tatlı kaşıyor Damla.

"Farkındasın değil mi, bunu bitirirsen Likya Yolu'nu bitiren 3. Türk kadını sen olacaksın ve tarihe geçeceksin!" diyor. Ben bunu hiç düşünmemiştim. Vaaay! Misyona koş. Çok duygulanıyorum.

Start alıyoruz, yine her günkü gibi, Bakiye Abla ile yan yana. 1 km sonra patika daralacak, deniz kenarına inecek, oradan devam edince çakıllı bir minik sahil, ki işte her sene orada yüzerdim. Oradan yine kayalar arasında koş ve finişe git. Nispeten insani bir rota. Patika darlığında birbirini geçmek ise en büyük sıkıntı. Bakiye Abla bana bakıyor, "iyisin iyi" diyor. "İyiyim Bakiye Abla," diyorum. "E tamam o zaman," diyor. Ve... Bakiye Duran durmaz, öyle bir koşmaya başlıyor ki herkesi sollayıp keçi gibi uzayıp gidiyor, arkasından bakakalıyorum. E haklı, kadın şişti benim yanımda. Bakiye Abla'yı finiş sonrası, çadıra kadar görmüyorum. Uçup gidiyor. Şaşılacak derecede güçlü ve hızlı diyeceğim de, şaşıramıyorum. Sanki içeride bir yerde gizli aküsü var. Müthiş zekice yönetiyor gücünü, patikayı, hayatı. Nerede duracağını, kendini nereye saklayacağını makina gibi biliyor. Finişe geliyorum. Karşılama muazzam yine. Çanlar, davul, müzik.

11 km'yi ve 4. günü bitirip çadıra gittiğimde Bakiye Abla'yı uyurken buluyorum. Gözlerimden şelale gibi yaş akıyor.

4. gün de bitti. 125,78 km oldu toplam.

Sakin ve huzurlu.

Çok aptalca bir şey yapıyorum. Bakiye Abla'dan feyz alıp uyumam, dinlenmem gerekirken içimdeki heyecan ve coşkuyla, ki buna koşu kafası da derler, gidip finişte müziğin yanında her geleni alkış kıyamet karşılamaya başlıyorum. Deli gibi dans ediyorum. İçimden anormal bir enerji fışkırıyor.

Oysa 5. gün, en uzun gün. Akşam teknik toplantıda detayları öğreneceğiz. Elimdeki sarı Ultra kâğıtta 106,1 km ve 32 saat yazıyor. Görmezden geliyorum. Hele bir oraya gelelim, orası kolay.

Azıcık denize giriyorum. Bacaklarımdaki diken çiziklerini denizde tuza banıp dağlıyorum. Cümlemdeki deniz ve dağları aşıyorum. Eşyalarımı yıkayıp asıyorum.

Herkes geliyor finişe, çadırına geçiyor. Ben de Damla'yı karşılayıp nihayet gidiyorum kendi çadırıma. Çantama bakıyorum. Ne yemeliyim ki 106,1 km için hazır olabileyim? Dünyayı yesem ne olacak? Tek seferde 106,1 km'yi kafamda canlandıramıyorum bile. Muğla il sınırı bitti, Antalya il sınırı sırada.

Akşam yemeğimi yiyorum: makarna, ton balığı, mercimek çorba, patates püresi, kraker. Çay. Ah ulan Çokoprens!

Yatıyoruz. Çadırın çatısından göğü görüyorum. İnsan yapımı ışık yok. Gök, bana bakan yıldızlarla dolu. Yaşadığım her şeye yolun verdiği bir cevap var gibi. Uyuyamıyorum. Gözümden yaşlar akıyor ılık ılık.

5. ve En Uzun Gün

29 Eylül 2016, Perşembe - 30 Eylül 2016, Cuma yazıyor kağıtta. 2 gün kadar koşacağız. Birinci grup, yavaş olanlar yani ben ve benden ötürü Bakiye Duran, saat 14.00'de start alacağız. İkinci grup jetgiller, saat 17.00'de start alacak. Karaöz ara nokta. Oraya kaçta gelirsen gel durdurulacaksın. Sabah saat 06.00'da Karaöz'den yeniden start alınacak. Okuyorum, dinliyorum, az anlıyorum. Yolda anlarım nasıl olsa.

Teknik toplantıda Tolga, havanın beklenenden de sıcak olduğunu söylüyor. Taner Hoca, olası dehidrasyon risklerini anlatıyor. Suyun, beslenmenin ne kadar önemli ve hayati olduğunu vurguluyor. Sıcağın mevsim normali üstünde olmasından ötürü organizasyon 106,1 km için 35 saat limit güncelliyor. Sevinmeli miyim?

İçimdeki panik dışarıdan görünmüyor. Kamptaki Toplum Gönüllüsü genç İrem saçlarımı örüyor, sağ olsun. 35 saat 106,1 km boyunca bir saçımın önüme düşmesi eksik. Önüme hiçbir şey çıkmasın istiyorum. Nedir beni bu kadar zorlanmaya ittiren? Babam çok güzel öfkelenirdi. O öfkeler içinde ben hep umut, mutluluk, hedef şaşırtan bir Yoncacık olurdum. Şimdi öyle öfkelenmemek için kendime hedef şaşırtıyorum. Dur bakalım, sırası değil bunların.

Start alınacak saatlerle bir kontrol noktasına kadar gelmek için verilen saatlerin arasındaki farkları bu kadar zor koşulu aşmaya çalışırken nasıl aklımda tutacağımı bilemiyorum. Elimizdeki kağıtta yazıyor her şey ama yolda kağıdı çıkartıp bakmak imkansız. "Allah'a emanet," diyorum. Yolda anlarım belki.

Karaöz'den sabah 06.00'da start alınması gerek. Karaöz'ün 68,5'uncu kilometre olduğunu ve oraya varışın çok zor olduğunu yıllarca diğer Ultracılar'dan dinledim, biliyorum. Kontrol noktası kapanış saati 09.00, Karaöz'e varış için hepimize verilen maksimum süre. Saat 09.00'a kadar tüm yarışçılar oraya geldik geldik, o saatten sonra kalanlar diskalifiye olacak. Düşününce panikliyorum. Artan yorgunluk ve kilometrelerle zamanı ve kendimi daha temkinli yönetmem lazım, anlıyorum. Nasıl yapacağımı yolda öğrenirim herhalde.

Rota: Belören-Çıralı. Toplam mesafe: 106.1 km
Belören'den yarışçı hareket saati: 11.00
Kontrol noktaları ve verilen kapanış zamanları:
Dereyatağı 15 km, 20.00
Aşarönü 24,50 km, 22.00
Finike 36,6 km, 01.00
Kumluca 53 km, 05.00
Mavikent 56,6 km, 06.00
Karaöz 68,5 km, 09.00
Adrasan 89,7 km, 14.00
Musa 97,1 km, 17.30
Çıralı 106,1 km, finiş: 20.00.

Rota, bitmeyen bir fetva gibi uzuyor önümdeki sarı kâğıtta. Fotoğrafını çekiyorum. Rota ekrana sığmıyor. Boş boş bakıyorum. Şaşkın ördek yavrusu gibiyim. O gece kendime ve Instagram hesabıma şöyle not almışım:

Ben en uzun gün için start alıyorum.

13 Ultracıyız, 3 kişi de sadece "Uzun bir Gün"cü olarak bugün sadece bu 106,1 km'yi koşmaya gelen yarışmacı.

Bakiye Abla ve herkes yerli yabancı tüm yarışmacılar, bugüne kadar burayı koşan herkes aynı şeyi söylüyor: Likya Yolu çok zor bir parkur Dünya'da eşi benzeri de yok.

Bakiye Abla bana, beynini yönetmeyi öğreneceksin, ona komut vermeyi öğreneceksin ve bu uzun gün bitince en zoru o ilk gündü diyeceksin. Öyle kolay bitecek çünkü 4 gün boyunca bugüne hazırlandın, bugüne hazırsın Yonca diyor.

(Şuna bak.

Doğduğun gün yürümeye hazırlanıyorsun. Yürüdüğün gün, koşacağın günlere... Koşmaya başladığın gün okula, okula başladığında da işe hazırsın.

Hayat adım adım seni büyümeye hazırlıyor.

Sonlara, başlangıçlara.

Büyümek, risk almayı içeriyor.

Mutluluk; kan, ter, gözyaşı dahil olunca, zorluk ve hüsran da katılınca mutluluk oluyor. Ağrısız kas gelişmiyor.

Ben günlerdir, yıllardır bugüne hazırım.

Hayat okulu bunu doğruluyor.)

Bizi öyle bir uğurladı ki tüm kamp, alkışlarla askere gidenler gibiydik. Kurbanlık koyun da olabilir bu his. Kampta bizi uzun güne uğurlayan tüm organizasyon ve koşucuların o "ilham" alan, şaşkın ve hayran bakışları insana büyük duygular yüklüyor. Bakiye Abla "Yonca bu sevgiye layık olacağız" diyor. Bence de...

Bugün başlayıp yarın varacağımız rotada, o birkaç sene önce yanan canım Adrasan da var. Bir doğum günümde çağrıda bulunmuştum, TEMA ile anlaştım, bütün bağış yapanlarla birlikte uğruna hep beraber Umut Ormanı kurduk, Balıkesir'de 7 bine yakın fidan bağışıyla. Gurur duyuyorum.

Yolumuz açık, havamız mis, bacaklarımız sağlam, kafamız kararlı, kalbimiz güçlü, niyetimiz finiş olsun.

Gelidonya var bu rotada. Gelidonya AŞKINA!

İlk 6G senesi, 2012'de gördüm Gelidonya'yı. Dilim tutuldu. O gün orada yemin ettim, her sene koşulsun bu yarış, ben de her sene geleceğim diye.

Bekle beni, ada çayı koklayarak sana geliyorum. Gelidonya'ya çıkarken, o secdeye yatmış ağaca sarılıp öpüp şükredip sendeyim Gelidonya Feneri.

Bütün arkadaşlarımla sağlıkla finişte buluşmak istiyorum.

Bu insanlarla paylaştığım her şey büyük onur!

Bunu size çok iyi anlatmak isterim bitince. Çok iyi anlatmak isterim, çok!

Ultra güzel bi uzun gün olsun.

Canım Çocuklarım,

Destinacığım, Aslan Cemciğim.. bir gün sizi ben karşılayacağım finişte.

29 Eylül 2016
Saat: 00.23

30 Eylül 2016, 17.18 (olsa gerek)

Uzun gün... Çok uzun bir gün. Kaçıncı saatin kaçıncı kilometresindeyim bilmiyorum. Devam ediyorum. Ağlayarak yollardayım. Gelmişime geçmişime. Kızdıklarıma sövdüklerime. Sevdiklerime kendime. Sevemediklerime. Sevilmediklerime. Hayallerime. Yaşadığım tüm aşklara...

Kızacak şeyim kalmadı içimde. Öfkeye, biriktirmeye mecalim kalmadı. Tertemiz gibi oldu iliklerim. Düşünmeye hâl kalmayınca hayat güzel. Düşünecek molekülüm kalmadı. Yolda eridi bitti tüm düşüncelerim.

Yanımdaki insanların gücü, ruhu bana geçti. Bakiye Abla'nın sakinliği, kendinden eminliği, emin olduğu yerde başkalarına kulak vermeyişindeki o müthiş afacan çocukluk hâli. Çocukluğunu böyle güçlü koruyabilmişliği ve büyüklüğü. Olgunluğu.

"İnsanın seni incitmesi neden kolay biliyor musun Yonca? Çünkü sana bin kötülük yapsa da senin ona bir şey yapmayacak kadar iyi olmana güveniyor. Senin bu konuda kendini de korumayı geliştirmen gerek... bunu bir düşün."

Ne olursa olsun, bu bir yarış ve koşacağız, elimizden gelenin en iyisini yapacağız. Organizasyon bizim için elinden gelenin en iyisini yapıyor, unutma...

Her şey koca bir şaka gibi.

Düşecek, adım atacak hâlim olmadığında bana: "Yonca, çocukların der ki, bizim annemiz böyle bir kadındı. En zor zamanlarında, nasıl bir kadının çocukları olduklarını hatırlarlar. Senin yaptıkların, olduğun insan, onların cesareti olur. Bizim genimizde bu güç var derler. Sen bu yolda bu azmi miras edinip bırakıyorsun" deyişi. Bana kendi atalarından nasıl bir güç alarak geldiğini anlatışı... "İlham olmak için değil, geride ne bırakmak istediğini değil, ileriye ne vermek istediğini düşünerek koş bu yolda" deyişi. Çok ağlıyorum ben uzun günde. Niye var bu gözyaşları? Ağlamak için tabi.

Likya Yolu'yla nikahlandık gibi. Git git bitmiyor yollar. Çık çık bitmiyor dağlar.

Kontrol noktasında limon ve tuz vardı. Hayatımda böyle lezzetli bir dilim limon ve tuz tatmadım. Her tanenin tadına teşekkür ederim. İnsan bu kadar uzun yol kat edince tuzlu limon ekşi değil, tatlı geliyormuş.

Yolumuz Daha Çok Uzun

Böyle notlar almışım yolda telefona. Sesli, ağlayan kayıtlar yapmışım. Gece karanlıkta Finike'den Kumluca Sahil'e varmadan Bakiye Abla sağa çekip dinlenelim dediğinde, bizi henüz nelerin beklediğinden bihaberdim.

Hayatımda böyle uzun ve mahveden bir iniş görmedim. İn Allah in, bitmiyordu yol. Kontrol noktasında sıcak suyumuzu aldık, çorbamızı içtik. Yine içine kraker attım çorbamın. En sevdiğim şey bu oldu. Bir küçücük ağaç dalı ile de kaşık niyetine karıştırıyorum. Doğa her aracın yerini tutuyor. Zifiri karanlık. Kafa lambam ne gösteriyorsa gördüğüm o kadar. Ötesi yok. Yolumuz daha çok uzun. Azıcık dinlenip tekrar yola koyuluyoruz. Kontrol noktasından bizi uğurlayan ekiple sarılıyoruz. Sarılmalarındaki sımsıkılık ağlatıyor beni. Onların bize olan anlayışı çok duygulandırıyor. Sırf onları görmek için bile ilerlemeye değer.

50. km'ye gelirken artık Antalya il sınırı yazan tabelanın önünde, gecenin köründe, kara yolu üzerindeyiz. Organizasyondan arkadaşlar ve jandarma bizi gözetiyor.

Otobanda iki kadın. Sırtımdaki çanta artık derimin bir parçası. Ayaklarım, bacaklarım bitik. Dümdüz asfaltın kenarında, yanından arabalar geçerken koşmak çok sıkıcı. Düzlükte çok zorlanıyorum. İniş çıkış oyalıyor. Düzlük perişan ediyor beni. Dağların, ormanların içinden araç geçen şehir havasına gelince insanın bünyesi almıyor. Hayvan olmuşsun, şehirde duramaz olmuşsun.

Ne kadar süre geçiyor bilmem, gecenin karanlığında birden kaldırımdan düşecek gibi oluyorum. Bakiye Abla, "Yonca uyaaan, uyuyorsun" diye bağırınca ayılıyorum.

Nasıl ya... Uyurkoşar mı oldum? Koşarken uyuyup uyanıyoruz. Daha neler artık.

Kumluca'dan Mavikent'e, yani 52. km'ye geliyor olmalıyız. Bir bu kadar daha var! Neyse ki Gelidonya olacak orada. Sırf Gelidonya'mı görmek için devam edecek güç geliyor. Ayağımda bir acı hissediyorum. Azıcık topallıyorum. Su toplamış olabilir.

Bakiye Abla, "Neyin var?" diyor. "Ayağım galiba su topladı ama yok bir şey," diyorum. Herkesin tırnakları düşmüş, ayak derileri soyulmuş, benim ilk ayak problemim, bence problem değil. Bakiye Ablam zınk diye duruyor: "Dur hemen bak ayağına. Ayağındaki acı insanın kalbini deler. Acıyan yerin varsa hemen bakacaksın. Ertelenmez. Acı büyür. Devam edemezsin," diyor. "Yok o kadar önemli değil, devam edelim," diyorum ama dinletemiyorum. "Hayır, acını küçümseyip ertelemeyeceksin, hemen bakıp saracaksın."

Bulunduğum yerde bu cümleyle bir kaldırıma çöküyorum. Durduğumuzu gören jandarma yanımıza geliyor, bir durum mu var diye. Derken organizasyon arabası yanaşıyor. Özge iniyor arabadan.

"Kızlar hayırdır, bir şey mi oldu?"

Kafa lambamla ayağıma bakıyorum. Su toplamış Özegecim, o batıyor iğne gibi. Çantada zorunlu malzeme olarak bandaj, iğne, iplik, ne istersen var. Lunalarımı çıkartıyorum.

Bakiye Abla, "Tükür," diyor.

"Anlamadım?"

"Kızım tükür!"

"Nasıl?"

"Yahu tükür. İnsanın kendi tükürüğü en iyi dezenfektan ve merhemdir."

Tükürmeye çalışıyorum, tükürüğüm kalmamış. Gülüyoruz. Jandarma, organizasyon, hep birlikte tükürmemi bekliyoruz. Tükürüğümle ayağımdaki çamuru, tozu temizliyorum bir güzel. İğneyi çakmakla yakıp dezenfekte ediyorum. Bir güzel iplik geçiriyorum dikiş iğnesine ve su toplayan baloncuğu bir yanından patlatıp diğer tarafından çıkıyorum iplikle. Böylece toplanan su sürekli drene olacak. Başka türlü devam edilmiyor. Bu yaptığım da Ultracılar'ın kullandığı bir yöntem. Ayağım rahatlıyor, oh acı bitti. Biz neden acılarımızı durup sarmak yerine o acıyla devam etmeye çabalıyoruz? Hep birlikte hâlimize gülüyoruz.

Velhasıl oradan da hareket ediyoruz ve asıl azap işte şimdi başlıyormuş meğer. Sahile, kum ve çakıla çıkıyoruz. Deniz var sağ yanımızda. Ilık ılık bir esinti geliyor. Dalga sesi de geliyor, dibindeyiz denizin ama zifiri karanlıkta hiç göremiyorum. Kafa lambam ne kadar gösteriyorsa o kadarını görebiliyorum.

Koşmaya çalışıyoruz ama nafile. Batıyoruz, her adımda kum ve çakıl içine. Yavaşlayıp süre uzadıkça bin katı artıyor yorgunluk. Susuyoruz. Uyuyoruz. Sayıklıyoruz.

56 km bitiyor, 60. km gelmek bilmiyor. Karaöz'e vardığımızda 68,5 km geride kalmış olacak ve o noktada mecburi durdurulacağız. Sabah 6'da tekrar start alıp Gelidonya'ya çıkacağız. Karanlıkta o çıkışa izin yok. Hızla koşup gidenler, çoktan çadırlarında uyuyor. Benim sayemde biz hâlâ yoldayız. Aşırı uykum var. Gözümü zor açıyorum, adımlarımı zor atıyorum. Sahilin bu kadar zor geleceğini düşünememiştim. Çok ağır zorlanıyorum.

Birden aklıma Arda düşüyor. Çok özlüyorum. Kırmızı elbisemi getirdiğimi hatırlıyorum. 6G bitince son gece partide giyeceğim diye getirmiştim. Şu hâlime bak. Perişanım. Ultra'yı bitirince, bitireceğim değil mi –kırmızı elbisemi giyeceğim ve belki Arda bana sürpriz yapıp finişe gelir... gelir mi? –onu görünce sarılıp çok öpüşüp çok sevişeceğim... Tövbeler olsun nereden çıktı bu fikirler birden böyle... "Arda yok," diyorum, "kırmızı elbisenin sırası hiç değil." Beynimi susturmaya çalışıyorum, çok acayip cevaplar duyuyorum. "Arda yoksa başkası da olur." Olamaz. Olur mu? O da gelseydi, yanımda olsaydı... Kırmızı elbisem bana çok yakışıyor. Her şey olabilir. Yonca sus. Kafam, hayvansal içgüdü, neyim varsa beni ele geçiriyor. Bakiye Abla'ya anlatsam, kimya öğretmeni olarak bana bu hâlimin kesin bilimsel bir açıklamasını yapar.

Pes ediyorum. Sahilde bir ara yönümüzü kaybediyoruz. Yorgunluk sarhoşluğu. Ayakta duramıyor ama devam etmeye çalışıyoruz. Çok zavallı bir durum. Arada bir kontrol noktası var. Tolga ile Sevda orada. Yanlış yerden geldiğimizi görüp bizi uyarıyorlar. Kahretsin, geri dönüp yola giriyoruz.

Kendi gölgemi bile erkek gibi görüp çok beğeniyorum. Hormonlarıma mı bir şey oldu, hiç anlamıyorum. Halüsinasyonlar içindeyim. Havayı, karayı, suyu avlanacak seksi bir hayvan olarak gördüğümü kimseye söyleyemiyorum. Gölgeler şekillere bürünüyor. Bana bir şey oldu. Bu normal olamaz. Sarhoş gibiyim, dilimi toplayamıyorum.

Sevda ve Tolga hâlimi anlıyor bence. Çok garip gülüyorlar. Ben de sonra güleceğim ama şu an gülemiyorum.

Karaöz'e 12 km var. Yuh! Hayatımın en uzun 12 km'si. Ne küfrettik o dağa. O yola. Dön dön dön, gelmiyor Karaöz. Bir türlü kavuşamıyoruz KARA ÖZümüze.

Saat yaklaşık 5.00, gün ağarmak üzere. Eyvahlar olsun, biz daha çadıra varıp ayağımızı uzatamadan yeni start gelecek. Ve asıl en zor kısım o zaman başlayacak.

Likya'nın en zor parkurlarından biri şimdi, bu sabah başlayacak. Artık hiç gülmüyorum. Sürünerek yürüyoruz. Saat 05.30 civarı Karaöz'e berbat bir şekilde giriyoruz. Kimseye cümle kuracak hâlim yok. Çadırda iki dakika uyusam, ayağımı kaldırsam ama uyuyakalmaktan çok korkuyorum. Saatimin şarjı bitti, kapandı. Telefonun şarjı bitmek üzere. Bir de bunları şarj etmek lazım. Bir şeyler yemek... nasıl olacak?

İlk geldiğim sene, tam bu noktada bir Ultracı uykuya yatmış ve tüm çabalara rağmen uyandırılamamıştı. Horlayarak diskalifiye olmuştu uykusunda.

Alarmı kurup, telefonu şarja takıp, prizin yanına yatıyorum. Alarm çaldığında saat 06.00. Uyuduğum 15 dakika, bir ömür gibi geçmiş. Gözümü açamadan ayağa kalkmaya çalışıyorum. Kazık gibi bedenim. İnleyerek kalkıyorum. Ayakta duramıyorum. Bakiye Abla, "buradan biraz geç çıkalım, risk alalım" diyor. Yarım saat geç çıkış yapacağız, arayı başka yerde kapatacağız.

Artık ne olacaksa olacak. Buraya kadar geldiğime şükür. Gelidonya Feneri'ni bir kere daha görmek nasip olsun, ölsem de olur. Kendimi zar zor topluyorum. Konuşacak hâlim yok. Damla ve Kıvanç geliyor yanıma. Onlar da kendi Gelidonya startlarını alacaklar. Perişanım. Sırtımı sıvazlıyorlar. Bana bakışlarından ve seslerinden hâlimin zavallılığını anlıyorum. Yine de beni yüreklendiriyorlar. Benim videomu çekiyorlar. Belgesel gibiyim. Ah arkadaşım Ayşen bana nefis bir biftek yapsa gibi bir şey geliyor aklıma. Fikri kovuyorum. Bir şeyler atıştırıyorum. Yemem lazım. Çantam da hafifliyor. Ye kürküm ye Yonca.

Kendime somonlu tuzlu krakerli çorba yediriyorum. Çay içiriyorum.

Çantayı yüklenip saat 06.35'de Karaöz'den start alıyoruz. Eksi 35 dakika!

Yürüyoruz artık. Gelidonya'ya tırmanırken secdeye yatmış bir ağaç var. Ona gelince sesli ağlıyorum. Orman inliyor. Bakiye Abla hiç soru sormuyor. Fotoğrafımızı çekiyoruz o ağaçla. Sonra o ağaç gübre oldu. Ortadan ayrıldı gitti. Her sene kalıntılarına dokunarak geçtim ben de. 2016'da son kez secde hâlinde gördüm.

Karaöz Korsan Koyu. Bir efsane ve binlerce hikayeden birine göre, korsanların avlanmak için saklandığı koy. Gelidonya'nın oradan dönen burunda batan çok tekne varmış. O rotada yukarıya doğru fenere çıkarken ağaçlar kulağına ne fısıldayacak, zamanında orada ölmüş korsanlardan ve denizcilerden bakalım ne nasihatler duyulacak, onları dinleyerek çık denilir, ben de sesleri dinlemeye çalışıyorum. Bu fısıltı; deniz, rüzgâr ve ağaçların senfonisi...

Fener bizi bütün ihtişamıyla karşılıyor. Gökte asılı üç damlacık gibi duran adalar. Bulutların arasında iki minik kadınız. Mucizeyiz. Mucizenin içindeyiz. Gelidonya aşkı beni yıllardır kendine getiriyor. Dünya'da eşi benzeri olamaz bu noktanın.

Patika dimdik. Toprak kırmızı. Ada çayı kokuları sarıyor içimi. Kafa yapıyor. Tütsüleniyoruz, dağ kekiği ve ada çayı kokularıyla.

Adrasan'a kadar olan rota, nasıl desem, ana ağlatan cinsten ve oraya kadar su noktası yok. Dolayısıyla sırtımıza fazladan su yüklemiştik. Çok ağırız. Yavaş ve emin ilerliyoruz. Arada gölge bulunca, bir kayalığa çömüyoruz. Nedense sessizlik bana ayıp ediyormuşum hissi veriyor, konuşmaya, bir konu bulmaya çabalıyorum. Bakiye Abla, "Kızım nefesini yorma, konuşmak zorunda hissetme, koru kendini," deyince rahatça susuyorum. Rahatça susabilmek iyi geliyor.

Adrasan'a geldiğimizde kalçamdaki ağrı beynimi oymak üzere. Yardım istiyorum... Ağrı kesici olsa keşke. Yok. Daha yol çok. Önümüzde Musa Dağı var, daha onu aşacağız. En iyi ihtimalle 6 km tırmanış. Sonraki inişi düşünemiyorum. Çam ormanları, çam pörçükleri yeri kayak pistine çeviriyor. Öyle çok yanmış, yıldırım düşmüş ve kırılıp parçalanmış ağaç var ki akrobasi gerekiyor. Oraları düşününce bayılacak gibi oluyorum. Sıcak dayanılacak cinsten değil. İşkence demeye dilim varmıyor.

Musa Dağı girişinde resmen bir tür mağaramsı delikten geçmemiz gerekince, Bakiye Abla, rotayı hazırlayan Tolga'ya bir güzel "Ulan Tolga!" sallıyor. Kahkaha atıyorum. Musa Dağı'na çıkmaya başlıyoruz. Bir ara, totom kalmadı diyorum. "Evet" diyor Bakiye Abla, "Nereden baksan 60 bin squat yaptık. Totomuz kalktı," diyor. Sinirden gülüyoruz. Bir ağaçtan nar koparıyorum. Yemek için geberiyorum. Sulu sulu. Yalan yok, kırıp yiyoruz. Aslında yapmamak gerek. Ama kimse görmedi. Allah affetsin.

O nar sayesinde çıkıyorum Musa'yı. Musa'yı çıkmak "göğe ermek" gibi. Dağın tepesinde, yaylada bir köylü aile. Yere yazgı sermişler, çay demlemişler. Yanlarına oturuyoruz. İki sohbet. Çantamızdan artık az kalan bisküvilerimizi çıkarıyoruz. Sıcak su alıp onlardan, kendi çayımızı içiyoruz. Ohh, canlanıyoruz. Ayağımda bir su daha topladı. Onu da hemen patlatıp iğne iplikliyorum. Bu sefer daha kolay tükürüyorum.

Musa'dan inişte, maymun olmalıyız, sedir ağaçları, sığla ağaçları, dallarına tutuna tutuna hayli hızlı iniyoruz. Dağ karanlığa düşmeden inmemiz gerek. Artık sona geleceğiz. Bir gece daha geliyor. 97. km'yi geride bıraktığımızda Olympos Antik Şehri'nden Çıralı sahile çıkıyoruz. Çakılların içinden nehrin denize karıştığı yerdeyiz. Likya Yolu Ultra için yaptığım "Forever Young" playlistimden *Forever Young* çalıyor kulaklarımda. Ayaklarımız değiyor önce suya, nehrin içindeyiz dizlerimize kadar ve karşıya geçiyoruz, o buz gibi suyun içinden.

Meğer gerçekmiş müzik. Finişe kalan 3,5 km'de kamptan Göksen, Aksa, Damla, hepsi yanımıza desteğe gelmiş. Yanımızda müzik çalarak ilerliyoruz. Karanlık bastırıyor. Konuşmuyoruz. Bu sessiz dayanışma unutulacak gibi değil. Gözüm açık ama bir şey görmüyorum. İleride incecik bir ışık, kumlu çakıllı sahilde ilerliyoruz. O sırada sol taraftan Gökşin Bey fırlayıp geliyor. Ebru gelip sarılıyor boynuma. Ruh gibiyim. Bizi alkışlıyorlar. İnanılmaz insanlar. Bu rotayı sahiplenen, Türkiye'nin ilk uzun soluklu çok etaplı tarihi yol Ultrası'nı yaratan insanlar.

Şaşkınım. Tam anlayamıyorum olanları. 32 saat olmak üzereymiş. 32 saat.

Finiş yaklaşırken müzik ve davul sesi coşuyor. Hani uykudan uyanırsın da bir şey anlamazsın, öyle bir hal. Bütün kamp ayakta bizi karşılıyor. Bakiye Abla sanki hiç koşmamış gibi, zinde. Herkes alkışlıyor. Kafamızdan şampanya mı bira mı, bir şeyler boca ediyorlar. Belki de ben öyle sanıyorum. Sarılıyoruz herkesle.

Bakiye Abla, "Yonca bak gördün mü, yapabilirsin demiştim. Helal kız sana!" diyor. Gururlanacağım ama hâlim yok.

Boş bakıyorum. Damla, Memnune, Kıvanç hayal meyal birileri daha. Koluma giriyorlar. Tuvalete gitmiş ve yüzümü yıkamış olmalıyım. Birileri benimle konuştu sanırım. Çadıra nasıl gittim, nasıl yattım hatırlamıyorum. Sadece gece bir şey oldu, inleyerek uyandım. Böbreklerimi düşürüyor olmalıydım. Bedenimdeki ağrılar çığlık çığlığa. Sanki bedenim bağırıyordu beni uyandırmak için. Çıt yok ortalıkta. Emekleyerek, inim inim inleyerek ambulansa gittim. Kapıyı çaldım. Doktor açtı.

"Hayırdır?"

"Çok ağrım var, bu ağrılar çok fazla. Bir şey mi oluyor bana?"

"106 km koşmuş olabilir misin Yonca, ne sanıyordun? Çok normal bu ağrılar. Kendi hâline bırakmak ve bedenin bu zorlanmayı toparlamasına izin vermek lazım. Dayanacaksın."

"Ne yapayım ben şimdi?"

"Çadırına dön ve uyu. Yarın son gün."

"Nee...!!!"

Daha yarın var. Ama imkânsız. Yarın nasıl ayakta duracağım? Emekleyerek çadıra dönüyorum. İnleye inleye uyuyakalıyorum. İçimde sapıkça bir zevk ve keyif var. Sabah davul sesini duyup uyansam da acele etmek istemiyorum. Ne kadar iyi uyandığıma ve güçlü hissettiğime inanamıyorum...

Teknik toplantıya gidemiyorum, çünkü tuvaletten çıkamıyorum. Ayşen'e telefon açıyorum, döndüğümde ıspanaklı dip yapar mısın, diyorum, pirzola bandırıcam o ıspanaklı dipe... Ayşen "Sen ne istersen yaparım dostum," diyor, ağlıyorum.

Kendimi hazırladığımda Tolga Gözüm'e gidiyorum: "Tolga ben toplantıya yetişemedim. Bilmem gereken ne var?"

"Yoncacım, ikinci sahilde içeri girecek patika ve çeşmeyi görünce sağdan devam edeceksin. Orayı şaşırma."

Sahil mi dedin? Kum mu? O kadar sinirleniyorum ki! İçime atıyorum öfkemi. Ne yapacaksın... Çare yok. Rota bu. Kum ve çakıl görecek hâlim yok, onlar mahvetti beni.

Starta 3-4 dakika var. Hemen rujumu tazeliyorum.

Bitti bu iş.

Bitik ve galibim.

Son Gün... Çıralı - Phaselis Antik Şehir

Günlerden 1 Ekim 2016, Cumartesi.

Sürekli olarak, gerçekten 24,01 km mi diye sordum. Nedense ben son gün hep 15-18 km arası bir mesafe diye hayal etmişim.

Oysa ilk günden beri kapı gibi 24 km yazıyor kâğıtta. Kafa işte, akıl oyunları.

Tek derdim, start öncesi, bütün Ultracılar'la fotoğraf çekilmekti. Kırmızı rujumu, simlerimi sürdüm. Kendime çeki düzen verdim, fotoğrafı çektirdik.

Çıralı Sahil'de, bilen bilir, devasa bir çam ağacı vardır. Kutsal Ağaç. Onu çok göremedim diye dertliyim. Kırmızı elbisem yine aklıma oturdu. Bu akşam giyeceğim. O muhteşem çam ağacına, günün doğuşuna baktım.

24 km içinde 3 kumsal. Son...

Start aldık. Nasıl bir mutluluk, deli gücü geldi üstüme. Sanki hiç koşmamış gibi enerjiğim. Bacaklarım süper, sanki dün gece o bağıran acı hiç olmamış. Sohbet ederek, koşan herkesle gülüşerek, çoğunu sollayarak devam ediyorum. İnanamıyorum kendime. Bakiye Abla ile startta bakışarak anlaştık. O basıp gidecek. Artık ömrümce bakışarak anlaşırım onunla. Biz, biriz.

Birinci kumsalı son derece temkinli, büyük taşlara basarak, içerden dönerek geçtim. İçim soğumuş kumsal fikrinden. Kumluca Sahil travma bıraktı dün geceden. Evvelki gece miydi yoksa? Memnune, "Ben seninle finişe girme kararı verdim Yonca," dedi, "tabii eğer hızlanmazsan." Gülüştük. Ay nasıl mutlu oldum. El ele gireriz. O da ilk 6G'sini koşuyor.

5. km civarı çıktığımız tepede, finişe koşuyorum diye Instagram'a post ettim. Sohbet ede ede, dinlenerek koşuyoruz.... Birden ahhh diye çığlık attım.

Sol ayak bileğime sanki yıldırım düştü. İçeride damar koptu veya bir şey oldu. Olmaz, olamaz. Sanki çat etti. Edemez. Hayır!

Acıdan ayrı ve çok, korku öyle bir çöktü ki üzerime. Olamaz. Bu, şu an oluyor olamaz.

Bileğime basamıyorum. Adım atabilmek için ayağımı yamultuyorum, şekilden şekle sokuyorum, olmuyor. Basınca dayanılmaz bir acı yaşıyorum. Memnune de şokta. Hiçbir şeyim yoktu. Memnune'ye tutunarak, elimdeki batona yüklenerek, derin nefesler alıp vererek ve yalvararak kontrol noktasına kadar devam ettik. Geldiğimizde, UMKE ekipleri de oradaydı. Soğuk sprey sıktılar. Biraz iyi geldi. Azıcık uzattım bileğimi ve Memnune'yi beni bırakıp gitmeye ikna ettim. Kimseye yük olacağım veya geciktireceğim fikriyle kendimi zorlamak istemiyordum.

Derin bir nefes alıp yola çıktım. Öyle acıyordu ki bileğim. Gölgede duran taşları buz torbası gibi hayal ederek, arada durup bileğime o yoldaki soğuk taşları temas ettirerek, topallayarak devam ediyordum. Bitecekti bu iş. Hayatımın en ciddi matematiğini yapıyordum. Önümde şu kadar km kaldı, bu hızla gidersem şu kadar saatte finişe gelirim... Gayet serinkanlı ve azimliyim ama çok canım acıyor.

Ben bu finişe geleceğim. Terapist doktorun dediği gibi: "Bizde ümit var." O kadar inanmışım ki ümitsiz vaka olduğumuza. Ümit olmasına şaşırıyorum. Gözümden yaşlar süzülüyor.

Bizde ümit var. İyi ki var...

Ben bu finişe geleceğim.

Yavaş, sağlam, sakin ve sorumlulukla... Bebek adımlarıyla, acelesiz, sağlam geleceğim finişe... Yeniden başlamak için her şeye. Sil baştan. Ne istediğimi biliyorum. Ne istemediğimi de.

İkinci sahile gelirken çantamdan yedek şortumu çıkarıp sol dizime sarıyorum. Yedek külotumu da sağ dizime. Çömelip başlıyorum emeklemeye. Ohh. Bileğim havada, dizlerim sıcak kumda, ellerim yanıyor biraz ama idare ediyorum. Bayağı hızlı emekliyorum, dörtnala at gibi gidiyorum sahilde. Bu fikrime bayılıyorum ve inanamıyorum bu yarattığım süper çözüme. Sahil bitince ayağa kalkıyorum. Topalım.

Sahilden çıkıp yeni bir patika tırmanmaya başlıyorum. Emeklerken bileğim dinlenmiş gibi. Acısı azıcık daha az, diyecekken, zzzzt yine çakıyor o şimşek, kahretsin.

Bir sahil daha var, çeşme de var demişti Tolga. Suyu soğuktur, ona bandıracağım bileğimi.

İlerliyorum. Yalnızım. En arkadayım. Herkes gitti. İnanıyorum kendime. Gücüme. Azmime. Öğrendiklerime. Layık olacağım hayatın bana verdiği armağanlara ve farkındalıklarıma. Gözüm açıldı benim. Devam.

Geldiğim sahilde denize sokuyorum bileğimi, çok iyi geliyor buz gibi su.

Hesap yapıyorum, biraz panikliyorum. Son 5-6 km nasıl olacak? Hadi gayret. Topallayarak ilerliyorum. Saatler de yollar da geçmek bilmiyor. Akşam üstü oluyor, hâlâ zamanım var. Yapabilirim.

Canım çok acıyor. Varmak istiyorum, bu acıyı bitirmek ve artık başlamak istiyorum.

Bizde ümit var. Öyle hızlı koşmak istiyorum ki finişe... Kırmızı elbisemi giymek istiyorum, yeni gelin gibi, kına gecesi yapacağım.

3 km kala sesler duyuyorum. Damla, Memnune ve Aylin Savacı Armador. Likya Yolu Ultra Maratonu'nu ilk bitiren o. Yine bitirdi. Gerisin geri yola düşmüş beni karşılamaya, almaya gelmiş.

"Bakiye Abla seni çok merak etti, ne oldu bu kıza diye diye."

"Ara; iyi, geliyor de."

Arıyor... Damla dünyaya haber salıyor, Yonca geliyor diye. Kemal Abi de gelmiş. Bir rampadan ineceğim. İnecek hâlde değilim. Minicik taşlar ayağımın altında kayıyor, ben basamıyorum. Bir bakıyorum, Aylin eğilip yolumdaki taşları temizliyor. Daha neler... Ama kural diyorum. Yonca saçmalama diyor herkes. Aylin, "bana da yaptılar bunu Yonca, yardımı al ve mutlu ol" diyor.

"Süre..." diyorum.

Kemal Abi, "Kızım bitirdin, süre müre dert etme. Bitti bu iş!" diyor.

"Gerçekten mi?"

Omuzlarına tutunarak iniyorum rampayı.

Phaselis Antik Şehri'ne girişte, beni takip eden okuyan birileri önüme çıkıyor, günlerdir sizi takip ediyorum diye boynuma sarılıp ağlıyor, beni tebrik ediyor. Ben de ağlıyorum.

Artık finişe son 1 km kaldı.

Kemal Abi, "Bırakın kendi gitsin artık," diyor. O sırada bir gelin ve damat var önümde. Evrenden mesaj yağıyor diyorum. Bizde ümit var. Nasıl ellerimizi kavuşturduğumuz aklıma geliyor. Beraber ağlayışımız. Sarılmamız. Her gün en az 20 saniye sarılmalarımız. Başta çok uzun gelip sonradan 20 dakika olsa doyamadığımız.

Son 1 km! Herkes sağa sola kaçışıyor. Video çeken çekene.

Ambulans sirenleri duyuyorum. Davul, müzik, sirenler, inliyor Phaselis Antik Şehri.

Kaçılın Yonca geliyor, ULTRA YONCA!

Topallarken, azıcık koşmaya yelteniyorum, güçleniyor adımlarım, koşuyorum, ama nasıl...

Finişe son 500 metre, son 400 metre...

Gerçek mi bu?

Gerçek.

Son 100 metre tüm koşanlar, organizasyon, rahmetli demeye dilim varmayan Onur Çam ve tüm Goshots ekibi... Alkışlar... Özge, Tolga, Ecem, Özgür, Damla, Aksa... herkes karşımda.

Bakiye Duran karşımda duruyor.

Gözleri dolu dolu! Kollarını açmış.

Finişten geçiyorum.

255 km 890 metre.

70 saat 9 dakika 27 saniye.

Likya Yolu Ultra Maratonu'nu benden daha geç bitiren kimse olmadı.

En sonuncu ben bitirdim!

İlk 3 Türk Kadını!

Bir yanımda Aylin, bir yanımda Bakiye Abla. Beni ortalarına alıp ellerimden tutuyorlar, kollarımızı kaldırıyoruz havaya! Aylin, Yonca, Bakiye. Biriz.

Likya Yolu Ultra Maratonu'nu bitiren ilk üç Türk kadını.

"Bakiye Abla, sen olmasan ben bu yola çıkamazdım." diyorum.

"Başarını kimseye mal etme. Yola çıkan da sensin, koşan da. Ama çok merak ettim seni kız, son dakika aklımı aldın," diyor. Sarılıyoruz.

Bir bira getiriyor ekip. Şlök diye açıyorum kutuyu. Dikiyorum kafaya.

Ohhh, yarasın. Köpükleri taşıyor elime koluma.

Güçlü ve keyifliyim.

Her Şey Nasıl Devam Ediyor...

Kendimi büyürken o kadar kaybetmişim ki, Yunus Emre gibi yollara revan olup koşa koşa yeniden buldum. "Kaybolmadan, acıdan geçmeden hidayete varılmıyor," diye boşuna dememiş Hacı Bektaş. Rotadan şaştım da kendime kavuştum. Yolumu bulmaya çalışırken yaptığım hatalardan doğurup büyüttüm bu kızı.

Likya sonrası, Dünya Patika Koşusu Olimpiyatları diyebileceğim UTMB'de koşmaya hak kazandım. 2 kez gittim koştum. Ironman 70.3 de yaptım.

Likya Yolu Ultra Maratonu'nu yapıldığı her sene, toplamda 11 kez koştum. Daha neler neler koştum. Ve neleri koşamadım. Koştukça duruldum. Kaçmak için, bulmak için, kaybolmak için, şaşmak için, ağlamak için, susmak için, dinlemek ve duymak için koştum.

Kendimden koşarak kaçtım, koşarak kendime vardım.

Su, Ekmek ve Ayna

Yola çıkmak, yolda ve hayatta kalmak, yola devam edebilmek için tek ihtiyacım bu üçlü.

Su... onsuz hayat yok.

Ekmek.... onsuz gücün eksik.

Ayna... kendi gerçeğinle yüzleşip nelerin sorumluluğunu alıp nelerin sorumluluğunu almayacağına dair o kararı vermek için gerekiyor. İcabında ateş yakıp yolunu aydınlatacak da yine o ayna.

Umut, aktif eylem gerektiriyor ve kısmet, gayrete âşık. Ben de.

Mezuniyet Zamanı

Şu anda Şikago uçağındayım, Sevgili Okur.

Uçak karanlık. Çoğunluk uyuyor. Ben kitabımın bu son cümlelerini yazıyorum ve ayrılık zor geliyor. Yüzümde hınzır bir gülümseme, tatlı bir tebessüm.

Yan koltuğumda bir çocuk. Kıpır kıpır. Annesi sürekli özür diliyor, ben de önemli değil diyorum. Yaşasın çocuk ve hareket.

Destina'nın mezuniyetine gidiyorum. Ben Bodrum'dan bindim, Arda Dubai'den. Aslan Cem'le buluşacağız Berkeley'de. Çok özledim hepimizi, birlikte olmayı. Hep birlikte Los Angeles'a arabayla geçeceğiz. Ailecek planladık. Hayal kurduk.

Birbirimizi yollarda düşe kalka, dura koşa büyüttük. Yolcuyuz biz. Mezun oluyoruz teker teker.

İşte böyle. Her şey yolunda. Ben yine ve hep yollarda.

Yolda başladı bu kitap, havada bitti.

Yonca, Benim Adım, 4 Yapraklı Yonca

Bir yaprağım Umut; diğerkâmlık adına, hem kendimin hem bütünün hayrına.

Bir yaprağım Aşk; "BİR" olmak adına. Doluyum, doluya akıyorum.

Bir yaprağım İnanç; doğa(m)la uyum adına.

Bir yaprağım Şans; bolluk, bereket adına.

Arıyım, zeytinim... Neşenin, hayat coşkusunun, duygularla hemhal olmanın ta kendisiyim! Kalbim bu. Atıyorsa ekosu inişli çıkışlı, sağlıklı yaşam belirtisi.

Hayatı yaşamak için hareket hâlinde, ocağım şu biricik bedenim.

Benimle birlikte koştuğunuz için müteşekkirim.

Az önce uçakta kitabımı bitirdim!
10 Mayıs 2024, Hava saati 23.22